让世界斯文起来

李德建

中华人文素养教程

# 国学

中华优秀传统文化修习教程
全国少儿人文品格涵养教程
世界华人家学文化传承教程

李德臻 主编
潘新国 编审
黄灵庚 学术指导

浙江大学出版社
ZHEJIANG UNIVERSITY PRESS

# 君子人格：人文素养教育之境

## ——《中华人文素养教程》序

余潇枫 *

（一）

凡人都有其人格，因而人人都是“格”中之人。人格是人的总体形象，现代君子人格是人的价值生命的至高体现，也应是独立人格与公民人格的完好整合。

人至少有“五格”，即体格、性格、品格、资格和规格。体格表征的是一种“生理自我”，通常代表人的外表、容貌和给人的印象等，体格既有先天的因素，又有后天可塑造的可能。性格表征的是一种“心理自我”，通常指人的性格、气质、能力等，是人的心理动力机制的总和。品格表征的是一种“道德自我”，通常指能区分人的高尚与卑下的品质、境界、道德水准以及人的尊严等，是人在后天的行为习惯养成与接受教育过程中形成的德性。资格表征的是一种“法律自我”，通常指法律对人的权利与义务的规定，或是作为主体的权利、义务的确认与获得。规格表征的是一种“角色自我”，不同的社会角色有不同角色行为方式的统一性规定和固定倾向性要求，这些往往通过规格来体现。这“五格”人人都有，各不相同，但五个“格”综合起来则表征的是人的“价值自我”，是人立于世、面于人、从其事的总体形象。

在汉语中，“格”有两种基本词性：一是作为名词的“格”，指定格、规格、格局等，与名词的格组成的相应名词词组有“品格”“性格”“风格”“格言”等，因而“人格”指称人是一种有规定、有准则、有限制的特殊存在物，在名词性的“格”的观照中，人是接受性的、顺从性的、被限定的“存在”；二是作为动词的“格”，指推究、框正、击、打、升等，与动词的格组成的相应动词词组有“格物”“格心”“格斗”“升格”等，因而“人格”指称人是一种行动者、否定者、创造者的存在物，在动词性的“格”

---

* 余潇枫，浙江宁波人，浙江大学公共管理学院教授、博士生导师，哈佛大学、牛津大学、中国社会科学院高级访问学者，中国首位“昆仑学者”，现为浙江大学全球领导力研究中心主任、浙江大学非传统安全与和平发展研究中心主任、中国高校国际政治研究会常务理事。著有《哲学人格》《人格之境：类伦理学引论》《国际关系伦理学》《比较行政体制：政治学理论应用》《非传统安全概论》等，译著《国际安全研究的演化》《女性主义与后现代国际关系》等，主编《中国非传统安全研究报告（蓝皮书）》《浙江模式与地方政府创新》等，主持“中国非传统安全能力建设”“中国非传统安全威胁识别、评估及应对”等多项国家级课题。

的观照中，人并不是一种顺从性的、被限定的“存在”，而是一种通过努力奋斗能创造自己本质的“生存”。提倡君子人格的塑造，强调的是在整合名词的格与动词的格的两种含义的同时，更多地凸显“生存”意义上的“格物”“格心”“格斗”与人的价值意义上的“升格”。

人格之所以重要，是因为人生活在一个属于人的世界之中，离开人的世界，人就与本然世界的一棵树、一块石头、一只兔子没有什么不同的意义。人格之所以被视作为“人之为人”的标志，还是因为人格是以理性为导引的人的价值动力源，它给予人以主动选择与创造的可能。

## （二）

西方社会有民主政治的渊源，由于民主政治的实施需要社会个体的最大可能的参与，故西方社会多崇尚个体示范意义上的“独立人格”。

古希腊雅典法庭曾以“亵渎神”与“蛊惑青年”为由判处苏格拉底死刑，但法庭却同时给苏格拉底留置了可以赎走，也可以逃狱的可能。然而苏格拉底放弃逃生，也不听学生们的规劝，选择了喝毒芹汁而死的方式，并发表演说试图来催醒雅典民主的“沉沦”，成为哲学史上千古传颂的故事。苏格拉底不惜以自己的生命，去维护自己的信仰和人格的尊严，所追求的正是“独立人格”的弘扬。马克思称赞苏格拉底是“哲学的化身”，并称赞他不是作为“神的形象，而是作为人的形象的代表者”。

康德认为人类心灵中最为景仰和敬畏的是“头顶的星空与心中的道德律”，因而，人格说到底就是人的理性崇高性的体现，人格独立问题是“最高伦理学”的研究对象。康德提出了关于独立人格的三大理性判据。其一是精神自由，即理性的自由，理性是人区别于物的标志，自由是整个纯粹理性的“拱心石”，世界上的一切事物都要经过人的理性的“批判”才能逼近真理。其二是意志自律，人格是受意志支配的理性“实体”，其有效性取决于意志的自律性，意志自律表明人要为自我立法，人负有特殊的道德使命，人对自己的意愿与选择要承担责任。其三是良心自觉，即人的善良心、义务感、内心法则，就是人对普遍道德律的绝对尊重，特别是良心自觉强调人不仅要“合于道德”，而且更要“本于道德”，只有“本于道德”才真正体现了人的自觉意义上的良心。康德的独立人格理论强调了人是目的，人格的尊严无价，为人格的塑造建构了理性的价值坐标。

后来黑格尔对康德的独立人格判据进行了“修正”，添加了第四个判据，即“经济自主”。黑格尔认为没有经济自主，人的生存便没有坚实的现实支撑，便没有真正的独立人格可言。黑格尔的修正，在现实性的意义上可以说是一种必要的“完善”，然而在合理性的意义上或许可以说是对康德的一种深深的“误读”。

## （三）

中国有贤人政治的渊源，贤人政治是通过榜样的力量激发人们共同努力完成天下大业，故中国社会多追求贤人示范意义上的“君子人格”。

君子人格所蕴含的是道德向高标准看齐与境界向高层次升华的意识自觉，凸显的是正直、正派、正当、正气与正义的价值取向。中国人的所有的德性之学都可以用“君子之道”四字所囊括。中国传统政治思想的一大特点是强调为政者为先的“正心、诚意、修身、齐家”的表率作用，进而才能有“治国、平天下”的可能。中国历史上的禅让制度，大禹治水三过家门而不入的舍小家为大家精神，无数仁人志士为国奉献等等，都是中国式的“君子人格”在历史语境中的践行。

儒家的君子人格是“内圣外王”的最高追求，是以礼为前提，以人伦为核心的对“仁”的追求。孔子认为，“贤人”“圣人”必须是“仁者”，有“仁”才有人的价值和人格，同时，人格又是平等的，“人皆可以为尧舜”。儒家对君子人格的塑造主要体现在对“仁、智、礼、义、信、勇”六大美德的追求上。仁者不忧，强调的是仁者“爱人”，对外以爱心对世间万物，对内则要心性和谐，不被那些自己努力达不到的东西，那些为时运所制约的东西，那些人人皆不可抗拒的东西所骚扰，达到不忧不烦的心与物的统一。智者不惑，强调的是智者“知人”，即因知识渊博而心胸开阔，因技能精熟而善解难题，因智慧高深而有自知之明。义者不悔，强调以应当性与合理性处理人际关系，使事事得其所宜，用义而非利作为人格境界的评价尺度，“君子喻于义，小人喻于利”“不义而富且贵，于我如浮云”。信者不欺，强调诚实与信用在现实生活中的重要性，“与朋友交，言而有信”“道千乘之国，敬事而有信”；信还是立身处世的基础，“民无信不立”，信者不欺，贵在不自欺亦不欺人。勇者不惧，强调的是道德之勇、合乎礼义之勇、呈现浩然之气之勇，孔子认为，“仁者必有勇”，勇者未必有仁，如果说仁、智、勇是天下之“达德”，那么勇与义、礼、智的关系是：勇而无义则为盗，勇而无礼则为乱，勇而无谋则不取。

对中国人来说，仁、智、礼、义、信、勇是构成君子人格的基本要件。孟子较好地继承了孔子的儒家学说与人格理论，提出了永世流传的“大丈夫”型的君子人格，其具体的表述是：“居天下之广居，立天下之正位，行天下之大道，得志与民由之，不得志独行其道。富贵不能淫，贫贱不能移，威武不能屈。”而“富贵不能淫，贫贱不能移，威武不能屈”的大丈夫人格正是仁、智、礼、义、信、勇的集中体现，也是君子人格的典型写照。

## （四）

无论是西方的独立人格还是中国的君子人格均需要与现代法治社会的公民人格相整合，需要通过对公民的现代人文素养教育而实现传统人格的现代化转型。美国学者英格尔斯则对现代社会的现代公民人格进行了长达几十年的研究，他认为人格三要素是“心理”“观念”“行为”，这些都切切实实地表现在日常生活之中。现代人格即是“现代心理”“现代观念”“现代行为”诸要素的集合。英格尔斯强调，人的现代化是社会现代化的前提，而人格现代化又是人的现代化的前提；如果国民在心理、观念和行为上都没有转变为现代人格，不仅其国家称不上是现代化的国家，而且其“失败和畸形发展的悲剧结局是不可避免的”。

现代公民人格为“独立人格”与“君子人格”的现代转型提供了新的理论范式。现代君子人格必须是以现代独立人格为前提的人格，同样现代独立人格也必须以现代君子人格为价值取向，两者又以现代公民人格为其基础。现代公民人格是以法治为前提的非人身依附型的独立人格。可以说，公民人格既是一种道德规范，又是一种法律约束，还是一种责任自觉。当然，在价值排序上，公民人格是基础性的，现代君子人格则是公民人格的价值提升，更具有高位的价值性。

人无独立的人格意识，人是“无我”的，人就属于了实体化和人格化了的那个集群（群落或族群），而君子人格首先是人有独立的君子意识，把自己与小人相区别；同时，君子意识又高于公民意识，如果说公民的价值标准是“合于义务”的话，那么君子的价值标准是“本于义务”。现代君子人格要求在人的生存中发挥创造性的潜力与示范性的张力，以真理为归依，以天下为已任，在整合与超越“本然世界”与“应然世界”的“适然世界”中实现人之为人的至高境界。

人文素养教育为培养现代君子人格提供了重要的路径，也为现代年青追求人格之境提供了重要的可能。君子是“有道”之人，有“人文素养”则是“有道”的前提与基础，“君子坦诚”“君子安贫”“君子使物”“君子崇德”“君子博智”等都是君子的人文素养的具体表现。培养现代君子人格的人文素养教育之所以重要，是因为人格化了的世界需要有崇高的人文价值追求。如果说，英国文化的人格化代表是“绅士”的话，那么中国文化的人格化代表则是“君子”。

总之，君子人格是中国人所必然向往与追求的至高价值范式。君子人格是“良知人格”，是“正义人格”，是“勇者人格”，是中华民族人文素养教育之境。在现代社会，无论物质多么丰富、生活多么喧嚣，也无论信息多么刺激、思想多么暴激，只有确立“自觉为人”的君子人格，才使我们有可能在精神家园的寻找中，永远地自主，持续地升华，才使我们有可能去真正导引那生命的律动，去拓展体现“人之为人”的价值生命的无限边界。《中华人文素养教程》正是以其“源于经典，承于主流，彰于特色，重于涵养，便于教学”的原则为现代君子人格的培养提供了正统化、家学化、生态化、实用性、广览性特征的教学文本。“邂逅书香门第里的自己，回归诗礼家国中的斯文”——当代人需从国学中汲取文化营养，以自觉的精神确立君子人格。

“让世界斯文起来”，这是李德臻博士按照孔子大同思想提出的世界愿景。在斯文世界里，“人活在上帝与牛顿之间”，这是历代仁人志士孜孜追求的终极目标，是未来中国乃至全球最生态、最和美、最理想的社会形态，也是人类臻及“诗意栖居”生存范式的一个永续和合的适然境界。

是为序。

余潇枫

二〇一八年八月十二日于浙江大学求是园

# 博文约礼：人文素养教育之维

## ——《中华人文素养教程》序

董　平 *

李德臻先生主编和十多位专家学者鼎力勖襄而成的《中华人文素养教程》付梓之际，希望我能写个序。蒙李先生青眼，聘我为该教程的“首席专家”，下面我就《素养教程》稍谈一些感想。

中国是世界上最早开化而进入文明的国度之一，教育无疑是摆脱野蛮而进入文明的根本有效方式，因此中国也是世界上最早形成独特教育传统的国度之一。生活在两千五百多年前的孔子是中国平民教育的开创者。某种意义上我们可以说，中国历代的教育都是在孔子思想的指引之下的，是对孔子的教育理念、实践方法的继承与贯彻，由此而实现了中国教育的历史绵延。宋朝人有句话，叫做“天不生仲尼，万古如长夜”，这当然并不是说如果没有孔子太阳就不出来了，天下就一团漆黑了，而是说孔子的思想及其德性实践精神照亮了中国人的心灵世界，启迪了中国文化的精神情怀，从而使人们能够沿着文明的道路不断前行，而终究跻身于精神超拔的光大高明之域。

人因教育而进入文明。文明是每一个人的内在向往，是人类基于自身生存而产生的本原性价值关切。孔子最早倡导“有教无类”，充分体现他在教育上的平权意识。人人都能够而且应该接受教育，经由教育而共同转进于文明的创造，共同享有文明的成果，从而以文明化成天下，协和万邦，确乎是儒家的基本社会理想。这一理想的实现必须以教育为基础。只有人人实现其德性的自觉，并具备自我德性的现实表达能力，作为人群的社会才可能呈现出良序美俗。因此在孔子那里，教育的根本目的就是要使人成为人，由“自然人”而成为“社会人”，由“个体”而成为“主体”。孔子说“主忠信”，即是要以“忠信”为“主本”而建立起自我的全人格。能以“忠信”为本，以之为安身立命的根基，既内有所主，则外在言行方

---

* 董平，浙江衢州人，现为浙江大学求是特聘教授、哲学系中国哲学博士生导师，担任浙江大学中国思想文化研究所所长、浙江大学佛教文化研究中心主任。兼任中国哲学史学会副会长、中华孔子学会副会长、中国孔子基金会学术委员、浙江省文史研究馆馆员、浙江省稽山王阳明研究院院长等职。曾在央视《百家讲坛》主讲《名相管仲》《传奇王阳明》。主要研究方向为先秦儒家道家哲学、宋明理学与浙东学派、王阳明心学、中国佛教哲学，兼及印度哲学。著有《陈亮评传》《陈亮文粹》《天台宗研究》《浙江思想学术史——从王充到王国维》《老子研读》《王阳明的生活世界：通往圣人之路》《先秦儒学广论》《宋明儒学与浙东学术》等著作，《王阳明全集》（合作）《邹守益集》《杨简全集》等古籍整理著作，以及《东方宗教与哲学》《世界名人论中国文化》（合作）等译著。

有根据，由是而人格得以健全。这一健全人格，即孔子所谓“君子”。“君子”是人格健全的人，是为“成人”。

今天讲教育，都必以“成才”为目的，而不以“成人”为目的，这实在是今日教育的最大误区。孔子讲“君子不器”，最为今日讲教育的人所误会，以为“不器”就是不要求“成才”，而不“成才”就是教育的失败。我坚信孔子之所以从事民间教育事业，定然是为了要培养人才，并且是站在“道”的绝对高度，要培养出能够保持文明传承的种子人才。然而孔子为何要说“君子不器”呢？我们一定要晓得，任何人才的成就，都必须以个体人格的健全与完善为基础性前提。一个对“真己”全然无所知晓，心无所主，而事实上又为人格不健全的人，他连个人的生活责任都承担不起，如何能够指望这样的人来承担起国家大事，能够担当起民族复兴之大业？孔子讲“君子不器”，就是要求人们不要把教育本身当作达成未来功利目的的工具，不能把功利目标作为知识的目的，而要一意“为己”，关注自身人格的健全与完善。只有在健全人格的基础上才可能有事业的真正开拓，惟以“不器”为前提，方能最后“成器”，像子贡那样成为“瑚琏之器”，是为重器美器。达成人格的自觉、健全、完善，即是“成己”，“成己”是“成物”的前提，惟“成己”方能“成物”。所以在儒家的传统理念中，“成己，仁也；成物，智也。”“成己”与“成物”的统一，既是“不器”与“成器”的统一，也是“仁”与“智”的统一。这种统一在现实中的确实体现，即是健全人格的表达，以此健全人格为基础，才有事业的成就，是为“君子”。

今天讲教育，又都讲“素质教育”，而人们的做法，大抵给学生塞进一大堆“基础知识”，以为这样做了，就叫做“素质教育”。这又是关于“素质教育”的一大误区。其实人的“素质”，就是人的本原性实在状态。经验生活中，个人的一切成就，都必须是以此“素质”为根基的现实发展。真正的“素质”，就是人在现实中安身立命的基础。照我的看法，孔子才是最早的“素质教育”的提倡者。我们每一个人之所以能够接受教育，通过教育之所以能够成为“君子”，教育作为培养人的“后天的”经验活动之所以可能，都是因为我们人人都“先天地”具有自己的本原“素质”。这个“素质”既是本原的，就不可能是后天习得的，而只能是“天赋的”，所以孔子确信“天生德于予”，孟子坚信“恻隐之心”“羞恶之心”“辞让之心”“是非之心”是人之所以为人的内在根据，“非由外铄我也，我固有之也”。孔子所说的“天德”、孟子所说的“四端之心”，人人生来具足，是“天之所予我者”，不由外铄，非关后天，所以便是人的本原“素质”。正是“素质”的原在才使教育成为可能，因为教育的功能与作用，实际上只在于使受教育者能够自觉到自己有此“素质”的本在，从而使人们能够自觉地加以进一步的封植涵养而使其强固壮大，并锻炼出能够将这些“素质”清晰地、恰当地表达于自己的现实生活之中的能力。在这一意义上，教育其实是人自身本原德性的一种能力呈现，它并不意味着把与人的自身“素质”不相关的东西塞进去，而是意味着要把人的本原“素质”启迪出来。孟子讲“存心养性”，就是强调“素质”的涵养；讲“扩而充之”，就是“素质”表达能力的培养，这就是“素质教育”。如此“素质”，即是德性，德性的表达即是德行；如此“素质”，即是“真己”，“真己”的实现即是“成己”。孔子强调“学以为己”，就是要通过学习的手段与方式使人们能够自觉地意识到“真己”的存在，并将“真己”自身的存在性切实地体现于现实生活之中。如此“真己”的现实表达，不只是德行之善，不只是素质之真，而且是人文之美，所以孔子赞赏“素以为绚”，孟子坚持“充实之为美”。真、善、美的统一原本不只是一种理论，而更是基于“素质”的自我表达而体现在人的生命实践过程之中的。“充实”即是“诚”，外在言行与内在“真己”的相互同一，内外一致，叫做“诚”。“诚”让人快乐，所以孟子说“反身而诚，乐莫大焉”，是为幸福。

教育是要让人幸福，不是要人痛苦。幸福是由于作为本原“素质”的“真己”得到了真实的现实体现而在主体那里所产生的一种快乐，是由于人的本原实在实现了其本身而产生的一种合目的性的内在感受，因此它是内源性的，而不是依赖于外物的。真正的“素质教育”，便是通达于这种“真乐”的途径。

《中华人文素养教程》是依循传统而注重“素质教育”的。其《国学》全书六个单元：“孝”“仁”“义”“礼”“智”“信”，推主编之意，盖欲以“百善孝为先”来奠定学行之根基，而继之以仁义礼智信的实践工夫，可谓紧扣人的“素质”，而深切于今日教育之所需。每课之内容，既有统说，又有原典，既有扩展性阅读材料，又附有思考题，可谓体例完备，而语言简洁，明快通达，尤适合于少年学子。该教程还将诗教、礼教、乐教、历史、家学以及家国情怀、审美趣味、生态理念等等，渗透于《古筝》《围棋》《书法》《国画》《生活美学》诸才艺课程之中，旨在全面涵育学子的生活品味，借以变化气质而转进于“斯文”的雅致。惟自身文雅，方能承继“斯文”之传统而参与于文明的共建。

颜回赞叹孔子，称“仰之弥高，钻之弥坚，瞻之在前，忽焉在后。夫子循循然善诱人，博我以文，约我以礼，欲罢不能。既竭吾才，如有所立卓尔！”中国的传统教育所指向的，从来都不只是一个书本上的学问，而要求须将所学的东西落实于现实的日常生活中去。博学于文，终须归于“约之以礼”，要体现到人在现实中的各种交往情境中去。《中庸》说：“博学之，审问之，慎思之，明辨之，笃行之。”一切学问思辨的为学功夫，最终也是要落实到“笃行之”的实践中去的。惟有实践才是一切学问思辨的最后意义与价值所在。我们在这样的“学”与“习”的双重互动之中不断开明自己的德性，不断磨砺自我德性的表达能力，不断展开心身一元的完善人格，不断趋向于真善美统一的光明而崇高的世界，我们将因此而享有人生的幸福。

是为序。

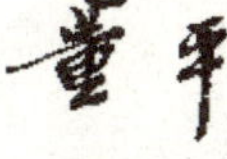

二〇一八年九月二十日于浙江大学中国思想文化研究所

# 前言

以浙江大学、西泠印社、中国美术学院、中国围棋协会、浙江师范大学、浙江音乐学院等院校机构的知名学者为学术指导，由浙江大学出版社出版，凝聚着二十多位专家学者、十多位专职编辑人员和三十多位国学才艺任课教师心血与智慧的《中华人文素养教程》（简称《素养教程》），历时三载，六易其稿，终于问世了。

## 甲、教程编写的时代背景

教育部关于《完善中华优秀传统文化教育指导纲要》，以弘扬爱国主义精神为核心，从爱国、处世、修身三个层面概括了中华优秀传统文化教育的主要内容：

一是开展以天下兴亡、匹夫有责为重点的家国情怀教育。引导青少年学生深刻认识以祖国的繁荣为最大的光荣，以国家的衰落为最大的耻辱，增强国家认同，培养爱国情感，树立民族自信，形成为实现中华民族伟大复兴而不懈努力的共同理想追求。

二是开展以仁爱共济、立己达人为重点的社会关爱教育。引导青少年学生正确处理个人与他人、个人与社会、个人与自然的关系，学会心存善念、理解他人、尊老爱幼、扶残济困、关心社会、尊重自然，培育集体主义精神和生态文明意识，形成乐于奉献、热心公益慈善的良好风尚。

三是开展以正心笃志、崇德弘毅为重点的人格修养教育。引导青少年学生明辨是非、遵纪守法、坚韧豁达、奋发向上，自觉弘扬中华民族优秀道德思想，形成良好的道德品质和行为习惯。通过家国情怀、社会关爱和人格修养三个层面的教育，培养青少年学生做有自信、懂自尊、能自强，高素养、讲文明、有爱心、知荣辱、守诚信、敢创新的中国人。

## 乙、人文素养的古今诠释

“人文”一词，最早出现于《易经》贲卦的彖辞：“刚柔交错，天文也。文明以止，人文也。观乎天文，以察时变；观乎人文，以化成天下。”三国时期王弼解释：“止物不以威武，而以文明，人文也。”宋代程颐诠释：“天文，天之理也；人文，人之道也。”人文，本义为人的道德层面上的品质、风貌和精神境界。素养，乃平时之教养，是人通过教育和实践等途径日积月累起来的整体素质。素养包括政治素养、人文素养、艺术素养、科学素养、职业素养、技能素养、业务素养以及体质素养、心理素养等。其中，人文素养是素养的核心，是人们学习知识内化后而生成的气质修养——高尚的思想品德、稳定的心理素质、良好的思维方式、自觉的行为操守、优雅的审美情趣、和谐的人际关系，以及正确的世界观、人生观和价值观。一个人具有良好的人文素养，最终会体现在崇真、向善、尚美的人生德性品格之中，它不仅可以长效地促进个人的全面发展，还对民族昌盛、社会进步有着至关重要的作用。

## 丙、素养教育的当代意义

《汉书》云："马不伏历，不可以趋道；士不素养，不可以重国。"在中国，素养教育源远流长，历朝历代皆将其作为立国之本、树人之基。同时，素养教育也是当代之国策，代表着 21 世纪中国教育和世界教育的方向。素养教育强调家学文化熏陶、社会风气影响、学校教育培养和个人日常修行等多元教育，从本质上揭示了素养教育的模式与方法——传承与创新并存、国学与家学共融、道统与新知同在、认知与践行并重。因而，相对于应试教育、技能训练、职业培训而言，素养教育是对教育规律最直接、最全面、最深刻的揭示与阐释。素养教育的目的，是为了唤醒人的良知，重塑人的信仰，启发人的智慧，陶冶人的情操，砥砺人的意志，五个方面相互关联，构成了人的整体素养，涵盖了人的全部精神世界和人生智慧。素养教育将人文素养作为人的第一要素，强调教育的第一责任是通过"传道、授业、解惑"的教学活动帮助受教育者树立正确的世界观、人生观和价值观，掌握"修身、齐家、治国、平天下"的经世才能。素养教育始终遵循格物致知、知行合一的原则，将个人的思想品行、担当精神、好学敬业、审美情趣、家国情怀作为衡量一个人素养水平的基本标准。

## 丁、素养教程的编写意图

《关于实施中华优秀传统文化传承发展工程的意见》指出，围绕立德树人根本任务，遵循学生认知规律和教育教学规律，按照一体化、分学段、有序推进的原则，把中华优秀传统文化全方位融入思想道德教育、文化知识教育、艺术体育教育、社会实践教育各环节，贯穿于启蒙教育、基础教育、职业教育、高等教育、继续教育各领域。以幼儿、小学、中学教材为重点，构建中华文化课程和教材体系。编写中华文化青少年读物，开展"少年传承中华传统美德"系列教育活动，创作系列绘本、童谣、儿歌、动画等。修订中小学道德与法治、语文、历史等课程教材。

综观非学历教育培训机构所采用的国学（含启蒙国学，下同）教材，至今未有真正意义上的教材，一直来以传统读本代教材，千篇一律，一成不变。艺术教材也存在一个偏颇的问题，只强调"技"的教学，忽视了"道"的层面，培养出来的学生，其作品缺少创意、缺少灵气，缺少思想境界。楼宇烈先生提出："中国艺术注重表意，讲究体悟，修养道德自觉，强调'以道统艺，由艺臻道'，借由艺术上通下达，实现对世俗尘嚣的超越，并最终实现自我精神的提升。"就国学教材而言，至少需具备五个要素：一是具有主题鲜明的中华传统文化教育思想，二是按照课程大纲内在文化体系编排的单元体例，三是符合学生年龄心理特征安排的教学内容，四是适合课堂教学活动开展而设置的思考题，五是以家学文化为背景、以诗礼相成为模式、以知行合一为原则设置的实践练习；就传统才艺教材而言，除基础知识和基本技能教学外，还需要有德育、美育的渗透，有诗情的融合，有通识教育，有课外广览的延伸。基于此，我们于 2015 年 9 月定规划、聚人才、举财力、分步骤启动“中华人文素养教程研发工程”（简称“素养教程”研发工程）。“素养教程”研发工程建设分三个阶段完成：

“一五”期间（2015—2019），前三年完成《素养教程》课程大纲的编制；完成《素养教程》国学、古筝、围棋（级位卷）、书法（楷书卷）、国画（花鸟卷）、生活美学（茶艺、花艺、香艺、女红、服饰、妆容）教程的编著与出版；后两年完成与《素养教程》相配套的《素养体验式教学案》的编写与出版。

“二五”期间（2020—2024），前三年完成《素养教程》诗教、琴箫、围棋（段位卷）、书法（篆隶卷）、国画（山水卷）、心性美学（太极、品诗、知礼、赏乐、鉴宝、颐生）等科目教程以及相配套《素养体验式教学案》的编著与出版；后两年启动针对国内贫困地区和海外华人家庭少儿免费学习的《启蒙诗礼乐》公益教育云课程的编著。

“三五”期间（2025—2029），前三年完成《素养教程》家学、胡笛、象棋、书法（行草卷）、国画（人物卷）、非遗民俗工艺（陶艺、沙艺、布艺、纸艺、扎编、皮影）等科目教程以及相配套《素养体验式教学案》的编著与出版；后两年完成《启蒙诗礼乐》公益教育云课程的编著。

## 戊、素养教程的编写特色

1. 编辑方针：课程大纲遵循“明德养正，精艺博学；诗礼相成，知行合一”的教学理念，围绕人文素养教育“唤醒正念良知，启迪理性智慧，激发审美雅趣，培育家国情怀，涵养斯文品质”五大重点，把国学文化精神渗透于各科目教程之中，通过教学全面提升学员的人文素养，培养有品德、有智慧、有担当、有家国情怀、有斯文大爱精神的当代才子佳人。

2. 编辑原则：源于经典，承于主流，彰于特色，重于涵养，便于教学。

3. 教程特征：正统化、家学化、生态化、实用性、广览性，这些特色恰好与教育部教材改革目标不期而遇，成了部编新教材的有益补充。

（1）正统化——正心笃志、崇德弘毅、仁爱共济的淑世精神教育。教程以中华优秀传统文化为源泉，将诗教、礼教、乐教、经学、史学、美学和君子精神渗透于人文素养教育课程之中，注重“为天地立心，为生民立命，为往圣继绝学，为万世开太平”的励志教育，强调知人论世能力、守正创新意识和审美情趣的教育，为学员启明德的品性，确立善的正念，播撒诗的种子，教化礼的言行，培育艺的情趣，在学习才艺的过程中接受中华传统美德的熏陶，在潜移默化中逐渐形成健康的人格和正确的世界观、人生观、价值观，进而涵养当代才子佳人的浩然正气、聪明才智和斯文品质。

（2）家学化——诗礼相成、立己达人、经国济世的家国情怀培养。教程着眼于以书香门第为代表的世代相传的中华家学，追溯历代家学渊源，充分汲取传统家训、家书、治家格言和孝经、弟子规、百家姓等宝贵的家学资源，提炼其精华渗透于诸课程之中，强调和家睦邻、推己及人、立己达人，崇尚见贤思齐、与人为善、成人之美，弘扬国家和民族大义，培育青少年“修身、齐家、治国、平天下”的家国情怀，并逐渐内化为自强不息、厚德载物的君子精神和“穷则独善其身，达则兼济天下”的士人品格。

（3）生态化——道法自然、天人合一、和合共生的生态良知回归。“乾知大始，坤作成物”，中华书香文化源于宇宙乾坤，植根于自然厚土。教程坚持将人文素养教育放置于生态文化的大背景中，《素养教程》共出现动物名称187种、植物名称215种，注重自然规律、乾坤通识传授，强调珍爱自然、敬畏自然、向自然学习、与自然和谐相处，旨在让学员领悟生生之德、仁民爱物、民胞物与的生态道德，萌生人类应有的恻隐之心，确立人与自然万物和合共生的观念，进而内化为自觉维护斯文世界的深情大爱。

（4）实用性——文脉贯通、一经三纬、知行合一的课程体例架构。课程结构始终以历代优秀传统文化为经线，并与基础知识、基本技能、审美情趣三个维度交织而成；体例编排以知行合一为原则形成教学、自学、课外亲子体验活动“三位一体”的课程结构；内容的选取、难度量度的确定，均考虑到教师撰写教案和实施教学的参考实用性。使用本教程组织教学或自学时，可根据不同家庭文化背景、年龄特征和原有知识水平，把握好难易度，让学员在愉悦、思考、自觉的状态下学习传统文化，以提高学习效果。

（5）博览性——增加阅读、开阔视野、培养能力的课外学习导向功能。教程以主题设置单元，单元伊始设有“单元概述”，以起到挈领引导作用；单元末尾设有“教学建议”，其中“广览博学”按照科目为学员提供国学阅读书目、古筝练习曲目、围棋名局精粹、书画名作欣赏、生活美学雅集领略等导向性文献提示。在遵循正宗经典原则的基础上，依据单元主题，适度增设一些注重文化背景和情境的，具有代表性、权威性、针对性的文献，以增加教程广览博学的功能，便于教师、家长、成人学员和一些学习能力较强的少儿学员增加阅读量和练习强度，提高才艺专业度，开阔文化视野，并逐步养成自觉查阅文献和习修才艺的良好习惯。

“路漫漫其修远兮，吾将上下而求索”。传承中华书香文化，涵养当代才子佳人，通过推行全民人文素养教育“让世界斯文起来”，是历史赋予华夏民族的伟大使命，任重而道远，需要一代代仁人志士的不懈努力。在中华人文素养教程研发方面，我们只是率先做出探索性的实践，意在抛砖引玉，以期有更多志同道合之士投入人文素养教程建设，有更多的优秀教程不断问世。

莫问“同予者何人”——当国教家学的本质回归人文素养教育，当书香文化成为大众的人文信仰，当我们的下一代自觉地“邂逅书香门第里的自己”，当全社会自信地“回归诗礼家国中的斯文”之时，你我一道漫步在五千年中华文化朗照的“斯文世界”之中……

李任臻

丙申年二月初三于杭州五云山泊云居（初稿）

戊戌年六月初六于杭州六和圩荻湾里（定稿）

# 目　录

# 《中华人文素养教程·国学》编辑说明

《全民阅读“十三五”时期发展规划》指出：“阅读是人类获取知识、增长智慧的重要方式，是一个国家、一个民族精神发育、文明传承的重要途径。中华民族有着优良的读书传统，崇尚读书、诗书继世之风绵延数千年。”中华人文素养教育的基础是阅读经典和习修才艺，关键是涵养德性正气、培育心智才华和审美情怀，终极目标是提升中华民族人文素养和文化自信，培养积极向善、知书达理、敢于担当、具有家国情怀和修齐治平能力的当代才子佳人。《中华人文素养教程·国学》（以下称《国学》）的编写方针是，为养成少年儿童和家庭成员的阅读习惯、阅读方法和阅读风气，提供正统、规范、有时代特征的通用教程。

## 一、《国学》教程单元主题

《国学》教程按照“传承中华书香文化，涵养当代才子佳人”的办学宗旨，“明德养正，精艺博学；诗礼相成，知行合一”的教育理念和“博观约取，厚积薄发；循序渐进，推陈出新”的教学原则设置课程大纲，教程以中国传统“孝”文化为根基，以“五常”思想为主题，安排 6 个单元，每个单元安排 6 篇课文，一共 36 课。教学课时建议：小学中高年级阶段，每篇课文拟安排 4 课时，加上任课教师自行安排的单元串讲、阶段复习、各类知识性竞赛，整本教程需要讲授 160 课时；小学低年级阶段，每篇课文拟安排 6 课时，需通过教学案细化增加一些故事、诗歌唱诵等内容，以增加教学的趣味性和降低学习难度，总课时为 240 课时；幼儿阶段，每篇课文拟安排 8 课时，需通过教学案细化增加一些故事、诗歌唱诵和游戏等内容，以增加教学的趣味性和降低学习难度，总课时为 320 课时。

“孝”是一种以血缘为纽带，维系家庭、社会伦常关系稳定的文化，是中华民族凝聚力的核心，是民族文化认同的精神基础。中华民族是一个有着浓郁家国情怀的民族，历史上流传着许多孝敬父母、忠君爱国的动人事迹，至今仍为人们津津乐道、啧啧传颂，成为培育中华传统美德的母本。仁、义、礼、智、信，即儒家推崇的“五常”思想准则和行为规范，是中华传统文化的核心价值观之一。它是先哲们对各种道德规范长期提炼升华而成的。孔子认为，“仁”最基本也是最崇高的道德，为人处世最基本的准则是仁德，君王治国的最高境界也是仁德；孟子提出“仁、义、礼、智”

并列的“四端”，即四个端正的准则；董仲舒在“四端”的基础上加上“信”，并向汉武帝建议将“仁、义、礼、智、信”作为五种常行之德，大力提倡、培养和推广。从此，“五常”成了一套完整的道德行为规范体系，成为中国几千年来最重要的人伦纲常。

作为中华民族传统的核心价值观——“孝”和“五常”，摆脱了时间、空间等具体条件的限制，起到了凝聚民族精神、维系民族文化的育化作用。在中国历史发展的长河中，各种思想、学说不断碰撞、对立与相互影响，正是因为有了以“孝”为基础和以“五常”为核心的价值理念，中华文明才具有无比坚强和牢固的凝聚力，能容纳不同的文化元素，使其共聚交融于一个极富弹性的文化结构之中，以形成川流不息、经久弥新、与时俱进的中华文化。这就是五千年中华文明生生不息、周行不殆的真义奥秘所在。

将“孝”和“五常”诸儒学范畴纳入《国学》教程中，不仅是因为其在五千年中华文明史上具有人文素养教育的重要价值，还在于其能为当代国人洗濯乖戾之气、涵养浩然之气、增强文化自信、传承书香家学和培养当代才子佳人，提供宝贵的思想资源和人文气场。当然，随着社会现实条件的改变，儒家的“五常”需要经历时代的扬弃，我们在编辑教程时，遵循“取其精华，去其糟粕”的原则，力图使优秀传统文化具有时代价值。

## 二、《国学》教程课文体例

每篇课文围绕单元主题，按照“历史典故”“典籍阅读”“明德养正”“书香家学”“诗文吟诵”“说文解字”“乾坤通识”“知学思考”“知行合一”等序列编排，力求做到德育与智育、国教与家学、主题与通识、阅读与思考、讲授与练习、课内与课外以及正统性与趣味性、历史意义与时代价值的融合统一、相得益彰。

《国学》教程适合于少年儿童不同层面的教学和成人进修，教师组织教学或学员自学时，可根据实际情况控制好难易度，把握好侧重点，以取得良好的教学效果。

“典籍阅读”部分按照难易度分为两个层次，其中“启蒙阅读”内容根据单元主题选择《弟子规》《三字经》《百家姓》《千字文》《颜氏家训》《朱子家训》和《声律启蒙》《笠翁对韵》《幼学琼林》《龙文鞭影》等国学启蒙读本，适合于幼少年学习；“进士阅读”内容根据单元主题选择《大学》《中庸》《论语》《孟子》和《诗经》《尚书》《礼记》《周易》《春秋》，以及《老子》《庄子》《孙子兵法》等“诸子百家”经典和《孝经》《女儿经》《古文观止》等传统通俗读本，适合于少年和成人进修。

“知学思考”和“知行合一”，分别为课堂思考题和家庭亲子教育练习题。课堂教学和家庭教育时，需根据不同的家庭文化背景、学员年龄特征、原有文化知识水平选用，掌握好难易程度，重在温故知新，理论联系实际，提高观察、思维、想象和实操能力。

每个单元之后，设有“本单元教学建议”，以供课堂教学和学员自学参考，其中“广览博学”提供了一系列古典文献篇目，旨在为学员的课外学习起到导向作用，培养学员自觉阅读的良好习惯。

## 三、《国学》教程特色优势

《国学》教程，适合于少年儿童不同层面的教学和成人进修，具有自己的特色和优势，概括起来，主要有三个方面：

第一，按思想主题和教育心理规律设置“课程单元体系”，改变了以读本代教程的旧式做法——填补了国内“国学启蒙教程”的空白；

第二，将中华民族“书香门第”世代相传的，以孝道、人伦为根基和以家国情怀为旨归的“家学文化”纳入教学体系——用良好家风来涵养人的浩然正气；

第三，注重汉字渊源的追溯和传统“诗礼文化”的传承——涵育既有经世才华又有审美情怀、斯文优雅的当代才子佳人。

由于时间紧、任务重、现成文献缺乏等诸多原因，该教程存有一些不足之处，恳请有关专家学者、国学教师和广大读者不吝赐教，以便今后修正完善。

潘利国

丙申年立春于杭州

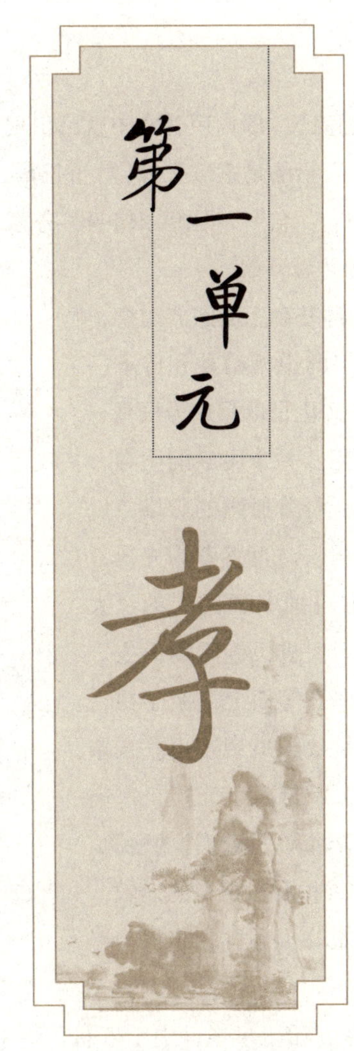

# 第一单元

# 孝

# 本单元概述

“夫孝，德之本也。”孝文化源远流长，殷商甲骨文中就已出现“孝”字。“孝”字上为老、下为子，意思是子承其亲、顺其意。“孝悌（tì）”指的是孝敬父母、尊重长辈、友爱兄弟及关爱幼者的伦理行为，推及一切皆加礼敬，善待他人，名曰行“仁”，是儒家修身、齐家、治国、平天下的基础，故曰“百善孝为先”，即一切德性善行从孝顺父母开始。

孝，最初的含义是建立在祖先崇拜基础上的宗族道德，体现一种追溯（sù）血缘、不忘祖宗的道德精神和传承门风祖业的家族责任感。也就是说，孝文化是以祖宗为根基、血统为脉络、家庭为载体的传统文化。一个民族的生存、延续和发展，都是从祖宗根基出发，沿着血统的脉络，以家庭的方式大宗小支分流延伸下来的。“百善孝为先”，从孝的基本精神出发，可以扩展出对国家和民族的“大孝”——“为维护国家尊严而死，为促进民族延续而生”的大忠大义。《礼记》曰：“自仁率亲等而上之至于祖，自义率祖顺而下之至于祢（mí），是故人道亲亲也。亲亲故尊祖，尊祖故敬宗，敬宗故收族，收族故宗庙严，宗庙严故重社稷（jì）……。”孝是家国情怀和民族精神的根源。中国人的家国情怀，不仅是对家族的维护和对祖先的崇敬，而且包含着对家乡故土的眷（juàn）恋以及对国家主权的捍卫和民族文化的传承与弘扬。

《孝经·开宗明义》说：“夫孝，始于事亲，中于事君，终于立身。”“事亲”即孝敬父母，尽家庭责任，它是孝的开始，是最为基础的孝道；进而是“事君”，即忠于皇帝、报效国家，为社稷万民尽职尽责；最终是“立身”，身立然后方可言孝，儒家所崇尚的“立身”即“立德、立功、立言”。所以，“立身”便是行大孝，便是践行大忠大义，进而便成了“先天下之忧而忧”的国事关怀和“达则兼济天下”的博爱精神。

中国人不管身处何地，都自觉称自己是炎黄子孙，把热爱国家和热爱家庭、民族认同和家族认同、尽忠和尽孝结合在一起。质言之，孝文化是血统和道统的思想根源，亲亲之孝是忧国爱民、尽忠报国的重要精神力量。也就是说，善事父母之孝是古代士人奋发进取的思想源泉和精神动力，而建功立业是孝敬父母、光宗耀祖的终极境界。所以《孝经·开宗明义》说：“扬名后世，以显父母，孝之终也”。儒家所倡导的孝，其行为必须符合社会规范，受到社会赞誉，使父母感到欣慰，为家族增光添彩，扬名于后世。在封建士人的视域里，以子女身份尽孝和以臣子身份尽忠是同出一辙(zhé)、一脉相承的。正如《孝经·广扬名》所论：“君子之事亲孝，故忠可移于君；事兄悌，故顺可移于长；居家理，故治可移于官。是以行成于内，而名立于后世矣。”这就是儒家的家国概念，是孝亲与大忠大义密不可分的家国情怀。

本单元的主题是“孝”，安排了“行孝”“事亲”“顺和”“赡（shàn）养”“报国”“承业”六篇课文。课程内容和教学目标，是引导学员了解孝的基本概念、行孝的方式和现实意义。通过学习《亲尝汤药》《扇枕温衾（qīn）》《芦衣顺母》《劝婆孝祖》《岳母刺字》《子承父业》等历史典故，阅读《弟子规》《孝经》《三字经》《论语·里仁》《论语·学而》《千字文》《幼学琼（qióng）林》《礼记·内则》《大学》等有关孝道的内容，接触《颜氏家训》《袁氏世范》《命子迁》《庭训格言》等书香门第、名门望族的家学文化，吟诵孟郊《游子吟》《诗经·凯风》、蒋士铨（quán）《岁末到家》、白居易《燕诗示刘叟（sǒu）》、岳飞《满江红·写怀》、张籍《秋思》等古诗文，明白孝是人之为人最基本的良知底线，从小确立“百善孝为先”的观念，孝从日常小事做起、从今天做起，孝子忠臣是家国情怀的人本体现；通过“明德养正”教学，懂得百善孝为先、家和万事兴、报效国家是大孝等道理；通过了解谦称与尊称、重阳、年龄称谓、四大圣母、祖宗十八代等通识，知道世代流传的通用常识，以扩大知识面。

【历史典故】

## 亲尝汤药

汉文帝刘恒，是刘邦的第四个儿子。刘恒从小就懂得孝顺，对母亲敬重有加。

有一次，刘恒的母亲患了重病，一病就是三年，卧床不起。刘恒日夜守护在母亲床前，常常目不交睫①，衣不解带②。他天天为母亲煎药，每次给母亲吃药前，总要自己先尝一尝，好知道汤药苦不苦、烫不烫，自己觉得差不多了，才给母亲喝。

汉文帝对母亲很孝顺，对百姓很爱护，他的孝顺和仁德感动了天下人，加上他治国有方，采取安定边疆、轻徭薄赋③、与民休息④的一系列政策，国家出现一派兴旺景象。他的儿子刘启也是一位大孝子，他继位为汉景帝后，以父亲为楷模继续以仁德治国，实施“仁慈恭俭⑤、以德化民⑥”方略，大力发展农业，老百姓安居乐业，国力进一步增强。

汉初两代皇帝以孝为本，以德化民，以仁治国，共同开创了中国历史上的空前盛世，史称“文景之治⑦”。

**注释：**

①目不交睫：没有合上眼皮，形容夜间不睡觉或睡不着。②衣不解带：因事过度操劳，以致不能脱衣安睡。解带，解开衣带，指脱衣。③轻徭（yáo）薄赋（fù）：减轻徭役（yì），降低赋税。轻、薄，指减轻、减少。徭，徭役。赋，赋税。④与民休息：给（jǐ）予人民调养生计，振兴经济。与，给予。休息，休养生息。⑤仁慈恭（gōng）俭：仁爱、慈善、恭敬、俭约。⑥以德化民：以恩惠来感化百姓。⑦文景之治：西汉文帝、景帝两代四十年左右的时间，政治稳定，经济生产得到显著发展，历来被视为封

建社会的盛世，史称“文景之治”。

**启示：**

百善孝为先。父母身体不好，儿女要坚持悉心照顾，这是做儿女的对父母最基本的孝顺。

## 【典籍阅读】

### 1. 启蒙阅读

高[①]曾(zēng)[②]祖[③]，父而身[④]。身而子，子而孙。自子孙，至玄[⑤]曾[⑥]。乃九族[⑦]，人之伦[⑧]。

——《三字经》

**注释：**

①高：高祖，曾祖父的父亲。②曾：曾祖，祖父的父亲。③祖：祖父。④身：自身。⑤玄：玄孙。⑥曾：曾孙。⑦九族：九代，依次为高祖、曾祖、祖父、父、自身、子、孙、曾孙、玄孙。⑧人伦：指封建礼教所规定的君臣、父子、夫妇、兄弟、朋友及各种尊卑长幼关系。

**译文：**

高祖父生曾祖父，曾祖父生祖父，祖父生父亲，父亲生我，我再生儿子，儿子再生孙子，儿子、孙子再接下去，就是曾孙和玄孙。从高祖父到玄孙共九代，称为九族，代代延续，繁衍（yǎn）生息。

### 2. 进士阅读

子曰：“父母之年，不可不知也，一则以喜[①]，一则以惧[②]。”

——《论语·里仁》

**注释：**

①喜：高兴，愉快。②惧：惧怕，担忧。

**译文：**

孔子说：“父母的年龄，不可以不记在心里。一方面为他们的长寿而高兴，一方面为他们年事已高而担忧。”

仲尼居[①]，曾子侍(shì)[②]。子曰：“先王有至德要道[③]，以顺天下，民用和睦，上下无怨。汝(rǔ)[④]知之乎？”曾子避席[⑤]曰：“参(cān)不敏，何足以知之？”子曰：“夫(fú)孝，德之本也，教之所由生也。复坐，吾[⑥]语(yù)汝。身体发肤，受之父母，不敢毁[⑦]伤，孝之始也。立身行道，扬名于后世，以显父母，孝之终也。夫孝，始于事亲，中于事君，终于立身。《大雅》云：‘无念尔祖，聿(yù)修厥(jué)德[⑧]。’”

——《孝经·开宗明义章》

**注释：**

①居：即“踞（jù）”，一种坐姿，两脚底和臀部着地，两膝上耸。②侍：伺候，在旁边陪着。③至德要道：至为高尚的品行、至为重要的道德。④汝：你。⑤避席：离席起立，表示敬意。⑥吾：我。⑦毁：破坏损害。⑧无念尔祖，聿修厥德：不要忘记你祖宗的德行，要努力去发扬先祖的美德啊！聿，助词。厥，那、那个。

**译文：**

孔子在家里踞坐，学生曾参坐在一旁陪着。孔子问：“先代的帝王有一种至为高尚的品行、至为重要的道德，能使天下人心归顺，百姓和睦相处，上上下下不论尊卑都没有怨恨和不满。你知道那是什么吗？”曾子连忙起身离席，回答说：“学生我不够聪敏，不知道是什么。”孔子说：“那就是孝。孝是一切德行的根本，也是所有品行教化产生的根源。你回来坐下，我讲给你听。人的身体四肢、毛发皮肤，都是从父母那里得来的，所以要特别地爱护，不敢损毁伤残，这是孝的开始。人在世上遵循仁义道德，建功立业，显扬名声于后世，从而使父母显赫荣耀，这是孝的终了。孝，最初从侍奉父母做起，然后效力于国君，最终建功立业，功成名就，这是孝最圆满的结果。《诗经·大雅》说：‘不要忘记你祖宗的德行，要努力去发扬先祖的美德啊！’”

## 【明德养正】

中国有句古话：“百善孝为先。”尽孝与否，要看子女对父母是不是发自内心的孝顺，与贫富贵贱无关。孝心是不论任何情形，不辞任何艰辛，不图任何回报，尽心尽力去做自己能做到的事，让父母安心、舒心、幸福。孝敬父母要从今天做起，从日常一言一行做起，切不可等到将来富贵了再给父母敬奉贵重的东西，因为能孝敬、赡养父母的日子时时刻刻在减少，等你富裕了、发达了，可能父母已老得不会享受生活了，甚至不在人世了。为了不留下终身遗憾，应该趁父母健在时及时行孝。

## 【书香家学】

凡[①]人尽孝道，欲得父母之欢心者，不在衣食之奉养也。惟[②]持善心，行合道理，以慰父母而得其欢心，其可谓[③]真孝者矣。

——清·康熙（xī）《庭训格言》

**注释：**

①凡：大凡，大概，表示概括一般的情况。②惟：唯独，只有。③可谓：可以说是，可以称为。

**译文：**

一个人要尽到孝道，讨得父母的欢心，不在于衣食方面的奉养。只有保持一颗善良的心，一举一动符合为人子应有的道理，以此告慰父母而得到他们的欢心，才称得上是真正的孝顺。（“衣食之奉养”是最基本的孝道，“持善心，行合道理”是大孝。）

## 【诗文吟诵】

### 游子[①]吟[②]

唐・孟郊

慈母手中线，游子身上衣。
临行密密缝，意恐[③]迟迟归[④]。
谁言[⑤]寸草[⑥]心，报得三春晖(huī)[⑦]。

**注释：**

①游子：离家远游久居外乡的人。②吟：诗体名称。③恐：担心。④归：回来，回家。⑤言：说。⑥寸草：小草。此处喻指子女。⑦三春晖：形容母爱如春天温暖、和煦（xù）的阳光。三春，旧称农历正月为孟春，二月为仲（zhòng）春，三月为季春，合称三春。晖，阳光。

**译文：**

慈母手里拿着针线，为远行的儿子缝制新衣。

临行前一针针密密地缝，怕儿子很久才回来衣服破损。

谁能说子女像小草的那点孝心，能够报答春晖般的慈母恩情呢？

**赏析：**

本诗以一个平常而又典型的生活细节揭示了母爱的伟大：母亲为临行的儿子赶制新衣，担心他出门很久才能回家，就把针脚缝得很细密，希望衣服能更结实一点。慈母的一片笃（dǔ）爱之情一针一线地缝进衣服中，随着儿子走过千里万里。全诗画面简洁，语言朴素，清新流畅，表达了作者真挚的孝心和浓郁的亲情，动人心弦。

**作者：**

孟郊（751—814），字东野，湖州武康（今浙江湖州）人，唐代诗人，曾任溧（lì）阳县尉。作者仕途失意，饱尝世态炎凉，此时愈觉亲情可贵，写出了这首发于肺腑、感人至深的颂母之诗。他的诗多写世态炎凉、民间苦难，有《孟东野诗集》。

## 【说文解字】

**字源：**

孝，甲骨文孝＝老（“老”字的省略，意为长者）＋子（子，儿子，后代），表示儿子背着或搀扶着老人。

**释义：**

孝，善于侍奉父母的人。字形采用“老”“子”会意，表示“子承老”。

**演变：**

| 甲骨文 | 金文 | 篆书 | 隶书 | 草书 | 楷书 | 行书 |
| --- | --- | --- | --- | --- | --- | --- |
| 孝 | 孝 | 孝 | 孝 | 孝 | 孝 | 孝 |

## 【乾坤通识】

### 羊羔跪乳

古人将牛、羊、马、狗分别视为“忠、孝、节、义”的代表动物，其中“羊”是“孝”的代表。羊十分感恩母亲生养之恩，从出生到老死，其呼叫声始终不离“妈妈”，而且羔羊吃奶都是跪着的。《春秋繁露》云：“羔食于其母，必跪而受之，类知礼者。”民间流传着这样一个小故事：

很早以前，一只母羊生了一只小羊羔。羊妈妈很疼爱小羊，白天吃草把它带在身边，晚上睡觉用身体暖着它，别的动物欺负它，羊妈妈就保护它。

有一次，羊妈妈正在喂小羊吃奶，一只母鸡走过来说：“近来你瘦了很多，是不是吃进去的东西都让小羊吸去了？你看我，活得多自在！”羊妈妈回答说：“孩子还小，关爱和保护它们是做母亲的责任！”母鸡走后，小羊问羊妈妈：“我该如何报答您的养育之恩？”羊妈妈说：“只要你有孝心就够了。”小羊听后，自感难以报答慈母的一片深情，便“扑通”跪倒在地，连声呼叫“妈妈，妈妈……”。从此，小羊每次都跪着吃奶，感激妈妈的哺（bǔ）乳之恩。这就是“羊羔跪乳”的故事，羊因这一行为被人们赋予了“至孝”和“知礼”的特性。

## 【知学思考】

1. 理解“百善孝为先”，讨论：怎样才能做到孝？

2. 情景思考：阅读下面的小故事，说说你对母爱有了哪些新的理解，思考我们为什么要孝敬父母。

在 5.12 汶（wèn）川大地震中有一位伟大的母亲，为救自己在襁（qiǎng）褓（bǎo）中的孩子，她用自己纤弱的身躯抵挡那垮塌下来的房子而献出了自己的生命，身下躺着她只有几个月大的孩子。因为母亲的身体庇（bì）护，孩子毫发未伤，被抱出来时，依然安静地睡着。救援人员在包着孩子的被子中发现了一部手机，手机屏幕上是一条已经写好的短信："亲爱的宝贝，如果你能活着，一定要记住我爱你。"大灾难面前母爱创造了一个看似不可能的奇迹。

## 【知行合一】

1. 向家人和朋友讲述《亲尝汤药》的故事，像刘恒那样三年如一日照顾病床上的母亲，你能做到吗？今后应该怎样照顾年老体弱的家人？

2. 和家人一起朗读、背诵孟郊的《游子吟》，体会天下第一爱——母爱，回想母亲是怎样养育子女的，说说自己是怎样孝顺父母的。

3. 和家人一起理解、书写"孝""百善孝为先"。

4. 素养提升训练：

（1）阅读"谁言寸草心，报得三春晖"，母爱是世界上最伟大、最无私的爱。选取与妈妈相处的某个事例写一篇关于母爱的生活日记。

（2）联系实际，理解"惟持善心，行合道理，以慰父母而得其欢心，其可谓真孝者矣"的意思，以《我想做一件让妈妈欢心的事情》为题讲述或记叙一则小故事。

5. 全家人一起阅读《孝经》，记住和理解"夫孝，德之本也，教之所由生也""身体发肤，受之父母，不敢毁伤，孝之始也。立身行道，扬名于后世，以显父母，孝之终也"。

【历史典故】

## 扇枕温衾[1]

东汉时期，江夏安陆（今湖北孝感）出了个大孝子，名叫黄香。他从小就很懂事，对父母孝敬有加，特别是对体弱多病的母亲照顾得很周到。黄香九岁的时候母亲不幸去世了，他非常痛惜，常常黯然[2]泪下。

母亲去世后，黄香把全部孝心倾注于父亲，将父亲的生活起居照顾得无微不至。夏天，黄香怕父亲热得睡不着，就用扇子把父亲用的枕头和席子扇凉，然后请父亲入睡；冬天，黄香怕父亲受冻着凉，就先躺进冰冷的被窝，等被子和褥[3]子变得温暖，再请父亲睡下。

日复一日，年复一年，黄香的孝行感动了左邻右舍，村里人编了顺口溜（liū）赞美他："冬月温衾暖，炎天扇枕凉，儿童知子职，千古一黄香。"后来，顺口溜传到了江夏太守刘护的耳中，他亲自到安陆查明实情上奏朝廷，请皇帝表彰（zhāng）黄香的孝行。皇上御（yù）书"天下无双，江夏黄香"牌匾（biǎn）赐予黄香，号召全国官民大行孝道。

**注释：**

①衾：被子。②黯（àn）然：心里不舒服、情绪低落的样子。③褥（rù）：垫被。

**启示：**

孝顺是做人最基本的道理，孝顺要从小开始，从今天开始，从平日里对父母温言细语开始，从家里点点滴滴的小事做起。

## 【典籍阅读】

### 1. 启蒙阅读

冬则温，夏则清（qìng）[①]，晨则省（xǐng）[②]，昏则定。出必告，反[③]必面，居[④]有常，业[⑤]无变。

——《弟子规》

**注释：**

①清：清凉。②省：探望，问候。③反：同“返”，回来。④居：生活起居。⑤业：学业，事业。

**译文：**

侍奉父母要用心体贴，让父母冬暖夏凉；早晨起床后要先探望父母，向他们请安问好；晚上也要向父母请安，将今天家里的情况告诉父母。离家外出时，要告诉父母到哪里去，办什么事，需要多长时间，如果在外多天要及时寄信向父母报平安，回家后还要当面禀（bǐng）报，让父母安心；平时生活起居要有规律，不要随意改变学业和事业，以免父母担忧。

### 2. 进士阅读

子曰：“父母在，不远游[①]，游必有方[②]。”

——《论语·里仁》

**注释：**

①游：出行，离家在外。②方：即“常”，固定不变。

**译文：**

孔子说：“父母在世，不去远方游历；如果要远出游历，一定要有明确的去处。”

君子务本[①]，本立而道[②]生。孝弟（tì）[③]也者，其为仁之本与[④]！

——《论语·学而》

**注释：**

①务本：致力于根本。②道：此处指孔子提倡的“仁道”，即治国做人的基本准则。③孝弟：孝顺父母，敬爱兄长。弟，同“悌”。④与：通“欤”（yú），语气词。

**译文：**

君子致力于根本的事务，根本建立了，治国做人的基本准则就随之产生了。孝顺父母、友爱兄长，这就是施行仁道的基础。

## 【明德养正】

家庭生活是社会生活的缩影，一个人用什么样的态度对待家庭、家人，走出家门就可能用什么样的态度对待社会、他人。所以，孝指引着人的善，用善意、善言、善行对待社会、他人，人们就会和气，社会就会和谐，世界就会和平。古人要求子女孝顺父母，具有积极向善的社会意义。所以，中国人祖祖辈辈都重孝，都崇尚“百善孝为先”。

## 【书香家学】

吾家风教，素为整密，昔在龆龀（tiáochèn）①，便蒙诱诲。每从两兄，晓夕温清，规行矩步②，安辞定色③，锵（qiāng）锵翼翼④，若朝严君焉。赐以优言，问所好尚⑤，励短引长⑥，莫不恳笃⑦。

——《颜氏家训·序致》

**注释：**

①龆龀：指童年。龆与龀均指儿童换牙。②规行矩步：言行举止守规矩，谨慎端正。③安辞定色：言语神色从容平和。④锵锵翼翼：小心翼翼。⑤问所好尚：询问喜好与崇尚的东西。⑥励短引长：磨去缺点，引导发扬长处。⑦恳笃：恳切，诚心。

**译文：**

我家的门风家教向来严谨，我还小的时候，就受到引导教诲。常常跟随两位兄长，早晚侍奉双亲，言行举止谨慎端正，言语神色从容平和，恭敬有礼，就像拜见威严的君王一样。双亲常常劝勉鼓励我们，关心我们的好恶，磨去我们的缺点，引导发扬我们的长处，每句话都是十分恳切。

## 【诗文吟诵】

### 邶（bèi）①风·凯风②

凯风自南，吹彼棘③心。棘心夭（yāo）夭④，母氏劬（qú）劳⑤。
凯风自南，吹彼棘薪（xīn）。母氏圣善，我无令人⑥。
爰（yuán）⑦有寒泉？在浚（xùn）⑧之下。有子七人，母氏劳苦。
睍睆（xiànhuǎn）⑨黄鸟，载好其音。有子七人，莫慰母心。

**注释：**

①邶：古国名，在今河南汤阴东南邶城镇。②凯风：和暖的风，指南风。③棘：酸枣树。④夭夭：茁壮茂盛的样子。⑤劬劳：辛苦劳累。⑥令人：品德美好的人。令，善、美好。⑦爰：句首语气词，无义。

用在句首或句中，起调节语气的作用。⑧浚：卫国的地名。⑨睍睆：形容鸟毛色美好或鸣叫声清和圆转。

**译文：**

和煦的风来自南方，吹在枣树的嫩芽上。枣树的芽心嫩嫩，母亲养儿很辛劳。

和煦的风来自南方，枣树成柴迎风成长。母亲明理又善良，儿不成器难回报。

寒泉的水刺骨的凉，源头就在浚邑（yì）旁。母亲养育七个儿，儿子长大却累坏您。

黄雀子婉转地鸣唱，声音动听又嘹亮。母亲养育七个儿，难以宽慰母亲，做儿女的深感愧疚。

**赏析：**

本诗先写母亲为养育子女长年操劳，身躯如同酸枣枝条随风弯曲，赞美了母爱的伟大与无私；后写母亲虽有七个子女，年老了却还在辛苦劳作，子女深感愧疚。全诗朴素平实，告诫人们要时刻记住母爱，好好孝顺父母，如果等到想孝敬而父母却不在了，将会遗憾终生。

**作者：**

《诗经》是中国最早的一部诗歌总集，收集了从西周初年到春秋中叶大约500年间的诗歌，共305篇。《诗经》分为风、雅、颂三部分，赋、比、兴三种不同的表现手法，许多篇章广泛而深刻地反映了2500年前漫长历史时期的社会风貌，在中国乃至世界文化史上都占有重要的地位。

## 【说文解字】

**字源：**

亲，是“親”字的简体字。親，金文 = （辛，刑具，受刑，这里读作“至”，古代音近通用。至，亲密的意思。）+ （見，探望），两个符号合起来表示亲密关系。

**释义：**

親，通“至”，表示关系非常亲密者。字形采用“見”作形旁，“亲”作声旁。

**演变：**

| 甲骨文 | 金文 | 篆书 | 隶书 | 草书 | 楷书 | 行书 |
| --- | --- | --- | --- | --- | --- | --- |
| 缺 | 親 | 親 | 親 | 親 | 親 | 親 |

## 【乾坤通识】

### 谦称与尊称

在我国古代，人际交往很讲究礼仪。一般来说，在言谈或书札（zhá）来往中，提到自己要用谦称，而称呼对方需用尊称。

古人将谦称和尊称概括为“家大舍（shè）小令外人”的七字诀：

**家大**　当着别人称自己的长辈和年长的平辈时，冠（guàn）以“家”字。如称父亲为家父、家君、家尊或家严，母亲为家母或家慈，叔父为家叔，哥哥为家兄等等。

**舍小**　舍的意思也是家，但属于谦词（如称自己的家为寒舍）。对别人称呼比自己辈分小或年龄小的家人时，冠以“舍”字。如舍弟、舍妹、舍侄、舍甥（shēng）等等。

**令外人**　令者，美好也。凡是称呼对方的家人，无论辈分大小、男女老少，都可冠以“令”字以示敬重或赞美。如称别人的父亲为令尊，母亲为令堂，妻子为令阃（kǔn）、令夫人，哥哥为令兄，妹妹为令妹，儿子为令郎，女儿为令嫒（ài）（爱）等等。

当然，除了家、舍、令，还有许多词语被用来作为谦称和尊称，大家可以在生活中多多留意。

## 【知学思考】

1. 孝敬父母是中华民族的传统美德，我国自古就有许多与孝有关的名言和小故事，例如“乌鸦反哺”“戏彩娱亲”等。想一想，你还知道哪些与孝有关的名言或小故事。

2. “给父母买好吃好穿的，安排父母出国旅游才叫孝顺，我现在还小没收入，等将来赚钱了再来孝顺父母。”这种想法对吗？为什么？

## 【知行合一】

1. 向家人和朋友讲述《扇枕温衾》的故事，对照黄香，说说自己哪些方面还做得不够。今后要怎样照顾父母以及家里的老人？

2. 和家人一起吟诵《邶风 · 凯风》，理解诗歌的大概意思，说说子女应该怎样孝敬父母。

3. 和父母、朋友一起理解、书写“亲”“君子务本，本立而道生。孝弟也者，其为仁之本与”。

4. 素养提升训练：

（1）阅读“出必告，反必面”，你平时做到了吗？联系自身经历写一篇生活日记。

（2）联系实际，理解“父母在，不远游，游必有方”的意思，以此讲述或记叙一则故事。

5. 家庭小测试：传统的“谦称与尊称”知多少？

6. 和家人一起学一个与“孝”有关的成语，回学堂后与同学们分享。

第三课　顺从

【历史典故】

## 芦衣顺母

闵损[1]，字子骞，春秋时期鲁国人。他是孔子的弟子，在孔门中以德行与颜渊并称，孔子曾赞扬他的孝行："孝哉，闵子骞！"

闵损很小的时候生母就去世了，父亲娶了后妻，又生了两个儿子。继母很偏心，经常虐待[2]他，冬天时给自己亲生的两个儿子穿棉絮做的棉衣，给他穿的却是装着芦花的"棉衣"。闵损经常冻得四肢僵[3]硬、脸色发紫，却从未有一句怨言，对继母仍然很孝敬。

有一天，父亲外出办事，让闵损为他驾车。寒风呼啸[4]，闵损身上的衣裳根本抵挡不住严寒。他冻得全身发抖，一失手，驾车的辔鞍[5]就掉了，引起马车很大的震动。父亲生气地斥责并鞭打他，芦花随着打破的衣缝飞了出来，父亲方知闵损受到虐待，顿时大怒，返回家要休逐后妻。闵损却跪求父亲饶恕[6]继母，他说："留下母亲，也就我一个人受委屈；如果休了母亲，可怜三个儿子都要孤单了。"父亲听后十分感动，就没有休妻。继母听说之后，十分愧疚[7]，悔恨自己以前的所作所为，从此待闵损如同亲子，一家人生活和和睦睦[8]。

**注释：**

①闵（mǐn）损：尊称闵子，孔子弟子，在孔门中以德行与颜渊并称。②虐（nüè）待：指用残暴狠毒的手段对待某些人或某些事物。虐，侵害，残害。③僵：僵硬，不活动。④呼啸（xiào）：（风）发出高而长的声音。⑤辔（pèi）鞍（ān）：辔，驾驭牲口的缰绳。鞍，套在骡（luó）马背上便于骑坐的东西。⑥饶恕：指原谅过错、冒犯或失礼之处，不计较过错。

⑦愧疚：指感觉对不起他人，很歉疚，惭愧。 ⑧和和睦睦：和好相处，不争吵。

**启示：**

人非圣贤，孰(shú)能无过？父母有时也会犯错，子女不可因此而忤(wǔ)逆，而应理解、体谅父母，并用适当的方式让父母知道过错，帮助其改正错误。

## 【典籍阅读】

### 1. 启蒙阅读

亲爱我，孝何难，亲恶(wù)[①]我，孝方贤。亲有过，谏(jiàn)[②]使更，怡(yí)吾色，柔吾声。谏不入，悦[③]复谏，号泣[④]随，挞(tà)[⑤]无怨。

——《弟子规》

**注释：**

①恶：讨厌，憎恨。 ②谏：对尊长、君王直言劝诫，规劝。 ③悦：高兴，愉快。 ④号泣：号啕大哭。泣，有眼泪没有声音的哭。 ⑤挞：用鞭棍等打人。

**译文：**

父母喜欢我，孝顺他们并不难；父母不喜欢我，我一样孝顺才难能可贵。父母有过错，要小心劝说他们改正，劝说时要和颜悦色，态度诚恳，声音柔和。如果父母听不进劝说，不可操之过急，要耐心等待时机再继续劝说；如果父母仍然不接受，甚至生气，我们哪怕痛哭流涕也要恳求其改正错误，纵然遭到责打也要无怨无悔，以免使父母陷于不义的大错。

### 2. 进士阅读

子曰："事父母，几(jī)谏[①]，见志[②]不从，又敬不违[③]，劳而不怨[④]。"

——《论语·里仁》

**注释：**

①几谏：婉言劝说。几，微。 ②志：意。 ③违：违背。 ④劳而不怨：辛苦而不怨恨。怨，埋怨、抱怨、怨恨。

**译文：**

孔子说："侍奉父母，对他们的过错婉言规劝。见自己的规劝父母不愿听从，还是要对他们恭恭敬敬，不忤逆违抗，辛劳而不怨恨。"

曾子曰："若夫[①]慈爱[②]、恭敬、安亲、扬名，则闻命矣。敢问子从父之令，可谓孝乎？"子曰："是何言与[③]？是何言与？昔者，天子有争(zhèng)臣[④]七人，虽无道，不失其天下；诸侯有争臣五人，虽无道，不失其国；大夫有争臣三人，虽无道，不失其家；士有争友，则身不离于令名；父有争子，则身不陷于不义。故当不义，则子不可以不争于父，臣不可以不争于君，故当不义则争之。从父之令，又焉得[⑤]为孝乎！”

——《孝经·谏诤(zhèng)章》

**注释：**

①若夫：句首语气词，用在句首或段落的开始，表示另提一事。②慈爱：年长者对年幼者仁慈、关爱。慈，仁爱，和善。③是何言与：这是什么话。④争臣：指能直言谏君、规劝君主过失的大臣。争，同“诤”。⑤焉得：怎么算得上。焉，怎么，哪儿。

**译文：**

曾子说：“像慈爱、恭敬、安亲、扬名这些孝道，已经听过老师的教诲了，我想请教的是，做儿子的遵从父亲的命令，就能称得上是孝顺了吗？”孔子说：“这是什么话呢？这是什么话呢？从前，天子身边有七位直言劝谏的诤臣，因此，纵使天子无道，还不至于失去天下；诸侯身边有五位直言劝谏的诤臣，诸侯虽然无道，还不至于亡国；大夫身边有三位直言劝谏的臣属，大夫虽然无道，还不至于丢掉封邑；士人身边有直言相劝的朋友，那么他就不会失去美好的名声；父亲身边有敢于直言力争的儿子，就不会陷入不义之中。因此，若是父亲有不义的行为，做儿子的不可不规劝力阻；若是君王有不义的行为，做臣子的不可不直言谏诤。对于不义的言行，一定要谏诤劝阻。做儿子的若（不论是非）一味遵从父亲的命令，又怎么称得上是孝呢？”

## 【明德养正】

闵损的顺从和大度挽救了有可能再一次分崩（bēng）离析的闵家，免除了两个弟弟失去亲娘的忧患，这份至孝也赢得了回报，改善了家人之间的关系，维持了闵家的幸福。父母有错时，子女有义务规劝其改正，以避免其陷入不义，使家庭保持良好的声誉。一个家庭的幸福只有靠每个人无怨无悔的付出才能圆满。家人团聚在一起，使整个家庭保持一种和谐、向善的气氛，乃人间一大乐事。

## 【书香家学】

人之有子，须使有业。贫贱而有业，则不至于饥寒；富贵而有业，则不至于为非。凡富贵之子弟，耽(dān)[①]酒色，好博弈，异衣服，饰舆(yú)马[②]，与群小为伍，以至破家者，非其本心之不肖(xiào)[③]，由无业以度日，遂(suì)[④]起为非之心[⑤]。

——《袁氏世范》

**注释：**

①耽：沉溺（nì），入迷。②舆马：车马。舆，车中装载东西的部分，指代车。③不肖：一般是称不孝之子为不肖，也指不才、不正派、没有出息等。肖，相貌相似。④遂：于是，就。⑤为非之心：违背道义、良知的心思。非，不是，违背。

**译文：**

人有了自己的孩子，必须使其有某种职业。贫穷之家的孩子有职业，就不至于受饥寒之苦；富贵之家的孩子有职业，就不至于胡作非为。大凡富贵之家的孩子，沉溺于酒色，喜欢赌博和穿华丽的衣服，喜欢装饰自己的车马，与不务正业的小人做同伴，甚至导致家庭破败，这并不是因为他们本心不好，而是因为他们没有职业，无所事事，于是就产生了违背道义、良知的心思。

## 【诗文吟诵】

### 岁末到家

清·蒋士铨

爱子心无尽，归家喜及辰(chén)①。
寒衣针线密，家信墨痕新。
见面怜②清瘦，呼儿问苦辛。
低徊(huái)③愧人子④，不敢叹风尘⑤。

**注释：**

①及辰：及时，正赶上时候。此处指过年之前能够返家。②怜：心疼。③低徊：低着头迟疑地徘徊。④愧人子：有愧于自己作儿子的未能尽到孝养父母的责任，反而让父母为自己操心。⑤风尘：此处指旅途的劳累辛苦。

**译文：**

爱子之心没有穷尽，最高兴的事莫过于儿子在过年前能及时回家。

缝制的寒衣还看得清密密麻麻的针脚，家书里的字迹墨痕就像刚写的一样。

看见儿子瘦了母亲十分心疼，呼叫着我细问一个人出门在外的艰难。

母亲啊，儿子已经愧对您了，不忍心诉说漂泊在外所受的风尘之苦，以免您伤心。

**赏析：**

本诗是作者除夕赶回家中，深感母亲对自己的关怀之情而写。全诗质朴无华，却细腻地刻画出久别回家母子相见时悲喜交集的复杂感情，母亲的欣喜之状和儿子的愧怍（zuò）之情跃然纸上。

**作者：**

蒋士铨（1725—1785），字苕（tiáo）生，号清容，江西铅（yán）山人，清代戏曲家、文学家，曾任翰林院编修。精通戏曲，工诗古文，与汪轫（rèn）、杨垕（hòu）、赵由仪并称“江西四才子”，诗与袁枚、赵翼合称“江右三大家”。有《忠雅堂集》。

## 【说文解字】

**字源：**

顺，是“順”字的简体字。順，金文 = （川，水贯穿流通，表示水通畅无阻碍。）+ （页，象头），表示点头应顺、顺从。

**释义：**

顺，梳理，使之顺畅有序。字形采用“頁”“巛”会意。

**演变：**

| 甲骨文 | 金文 | 篆书 | 隶书 | 草书 | 楷书 | 行书 |
|---|---|---|---|---|---|---|
| | | | | | | |

## 【乾坤通识】

### 九九重阳

“重阳”之意源于《易经》。《易经》以“六”为阴数，以“九”为阳数，九月九日，两九相重，月日并阳，所以称为“重阳”，也叫“重九”。重阳节风俗众多，如登高、插茱（zhū）萸（yú）、赏菊、饮菊花酒等。

重阳登高最早见于梁代吴均《续齐谐记》：东汉时，汝南的汝河一带瘟（wēn）疫（yì）流行。有个名叫桓（huán）景的人，师从道士费长房学消灾救人的法术。有一天，费长房告诉桓景：“眼下，瘟疫又在害人，你快回去搭救父老乡亲吧！九月九日，月日并阳，阳气旺盛，那天召集人们登高，把茱萸装入红布袋里，扎在胳膊上，饮下菊花酒，就能辟邪消灾。”桓景立即拜别师父，马不停蹄地赶回乡里，遍告乡亲辟邪消灾之术。不久，此法就传遍乡里乡外。九月九日那天，汝河一带的人们都把茱萸装入红布袋里，扎在胳膊上，登高喝菊花酒。傍晚，人们返回家园，家中“鸡犬牛羊，一时暴死”，而人们却免受灾殃。从此，重阳登高避灾的风俗世代相传。

描写重阳节的诗词，历代层出不穷。魏文帝曹丕（pī）有“岁月往来，忽复九月九日”之句。唐代李白《九日登巴陵置酒望洞庭水军》云：“九日天气清，登高无秋云。造化辟川岳，了然楚汉分。”王维《九月九日忆山东兄弟》云：“独在异乡为异客，每逢佳节倍思亲。遥知兄弟登高处，遍插茱萸少一人。”宋代李清照《行香子》：“天与秋光，转转情伤，探金英知近重阳。薄衣初试，绿蚁新尝，渐一番风，一番雨，一番凉。”晏（yàn）几道《阮（ruǎn）郎归》：“天边金掌露成霜，云随雁字长。绿杯红袖称重阳，人情似故乡。”

1989 年，国家将农历九月九日定为老人节，倡导全社会树立尊老、敬老、爱老、助老的风气。2006 年，重阳节被国务院列入首批国家级非物质文化遗产名录。

人生最大的幸福就是一家人团聚、平安、健康。“家有老人，幸福满门”，父母康寿是子女的福气，孝顺的第一要事就是要让父母和家中老人安康长寿。

## 【知学思考】

1. 父母身体不适或很疲劳时，你是怎样照顾的？

2. 父亲昼夜打麻将，小明知道后与父亲因为这件事大吵大闹。小明的做法对吗？为什么？你能用《弟子规》中的话劝诫小明吗？

## 【知行合一】

1. 向家人和朋友讲述《芦衣顺母》的故事，如果你是闵损也会这么做吗？为什么？

2. 和父母、朋友一起吟诵蒋士铨的《岁末到家》，记住和理解诗句“寒衣针线密，家信墨痕新”。

3. 和父母、朋友一起理解、书写“顺”“人之有子，须使有业。贫贱而有业，则不至于饥寒；富贵而有业，则不至于为非”。

4. 素养提升训练：

（1）阅读“亲有过，谏使更”，父母有过错时你是怎么做的？你会劝说他们改正吗？

（2）了解家乡重阳节的习俗，和父母一起做一件孝敬爷爷奶奶、外公外婆的事情，然后以《敬老》为题讲述或记叙一则真实的故事。

5. 阅读《劝孝歌》，记住和理解“儿行千里路，亲心千里逐”。

【历史典故】

## 劝婆孝祖

明朝时期，浙江绍兴有一户姓杨的人家，娶了一个名叫刘兰姐的童养媳，年仅十二岁，却很明事理，对家人恭敬殷勤[①]。她婆母王氏经常冒犯长辈，言辞粗暴无礼。刘兰姐经常偷偷地给祖母送吃的，但她毕竟年少，很多事力不从心。于是，她想出一个办法要规劝婆母尽心赡养[②]祖母。

一天深夜，刘兰姐来到王氏的房间长跪不起，王氏问其缘故，刘兰姐流着泪说："儿媳担忧婆母将来老了无人赡养啊！"

婆母不解地说："我有儿子和你这位懂事的儿媳，怎么会无人赡养？"

刘兰姐不慌不忙地说："您是我的榜样，您的一言一行我都记在心上。我天天见您这样对待祖母，日后您老了，我也会像现在您对待祖母一样对待您的。那时您多么伤心啊！"

王氏疑虑了："你为什么不学好样而学坏样呢？"

刘兰姐反问说："难道您没听说'檐水[③]滴滴流，家风代代传'吗？"

王氏只觉得全身一阵阵寒颤（zhàn）。

刘兰姐接着说："祖母长寿是我们家的福气，我们都应善待老人，不做忤逆的子女。祖母的今天就是您的明天，您的今天就是我的明天，恳求您要三思而行呀！"

王氏恍然大悟[④]，流泪说："你小小年纪如此明事理，让我感到惭愧啊！"

从此，王氏痛改前非[⑤]，对待祖母温柔恭顺，尽心赡养老人，一家人和和睦睦。有诗颂曰："二六女儿明大义，看婆骂祖逆亲意；入房跪劝悔前非，示范儿孙行孝字。"

**注释：**

①殷（yīn）勤：情意恳切，热情周到。②赡养：指子女或

晚辈在经济上为父母或长辈提供必需的生活用品和费用的行为。③檐（yán）水：屋檐口流下来的雨水。檐，屋檐，房顶伸出墙外的部分。④恍然大悟：对某事情一下子明白过来、突然醒悟。恍，忽然。⑤痛改前非：彻底改正以前所犯的错误。痛，彻底。非，错误。

**启示：**

“檐水滴滴流，家风代代传”，上代人是下代人的榜样，你今天怎样对待家里的老人，将来你老了，下一代人就怎样对待你。

## 【典籍阅读】

### 1. 启蒙阅读

资①父事②君，曰严与敬。孝当竭力，忠则尽命③。临深履薄（lǚ bó）④，夙（sù）兴温凊⑤。似兰斯⑥馨（xīn）⑦，如松之盛。

——《千字文》

**注释：**

①资：供养。②事：服侍，侍奉。③尽命：献出生命。④临深履薄：面临深渊，脚踩薄冰，比喻小心谨慎，惟恐有失。深，指深渊。履，踩踏。薄，指薄冰。⑤夙兴温凊：要早起侍候父母让他们感到冬暖夏凉。夙，早。凊，清凉。⑥斯：同“之”。⑦馨：散布很远的香气。

**译文：**

供养父亲、侍奉君王，要严谨恭敬。孝顺父母要竭尽全力，忠于君王即使献出生命也要在所不惜。侍奉君王要如临深渊、如履薄冰般小心谨慎；供养父母要早起晚睡，知冷知热。忠孝德行像兰草那样芳香四溢，像青松那样茂盛不衰。

### 2. 进士阅读

始祖曰鼻祖①，远孙曰耳孙。父子创造，曰肯构肯堂②；父子俱贤，曰是父是子。祖称王父，父曰严君。父母俱存，谓之椿萱（chūnxuān）并茂③；子孙发达，谓之兰桂腾（téng）芳。桥木④高而仰，似父之道；梓（zǐ）木⑤低而俯，如子之卑。

——《幼学琼林·祖孙父子》

**注释：**

①鼻祖：始祖，最早的祖先。②肯构肯堂：原意是儿子连房屋的地基都不肯做，哪里还谈得上肯盖房子。后反其意而用之，指修缮（shàn）房屋，用来比喻子承父业。③椿萱并茂：椿树和萱草都茂盛，比喻父母都健康。椿，椿树，因椿树长寿，古人用以喻指父亲。萱，萱草，称忘忧草，古人用以喻指母亲。④桥木：即乔木，指树身高大的树木。桥，通“乔”，高。⑤梓木：梓树，枝条低而下垂。

**译文：**

家族的始祖叫鼻祖，远代的孙子叫耳孙。子承父业叫肯构肯堂，父子都有贤名叫是父是子。祖父又称王父，父亲也称严君。父母都健在，好比椿萱并茂；子孙都发达，好比芝兰桂树先后散发芬芳，称为兰桂腾芳。乔木高大而枝叶昂仰，好似做父亲的威严；梓木枝条低而下垂，如同做儿子的卑恭。

孝子之养老也，乐其心，不违其志，乐其耳目，安其寝处，以其饮食忠养[①]之，孝子之身终，终身也者，非终父母之身，终其身也。是故父母之所爱亦爱之，父母之所敬亦敬之，至于犬马[②]尽然[③]，而况于人乎！

——《礼记·内则》

**注释：**

①忠养：诚敬奉养。 ②犬马：臣子对君主的自喻，指像狗、马一样忠诚，甘愿服役奔走。 ③尽然：全都这样，完全如此。

**译文：**

子女孝顺父母，首先要使他们内心快乐，不违背他们的意愿；其次是言行循礼，使他们听起来高兴，看起来快乐，使他们起居安适，饮食侍候周到，直到孝子死而后已。所谓终身孝敬父母，不是说终父母的一生，而是终孝子的一生。所以，哪怕父母已经去世，他们生前所爱的，自己也要爱；他们生前所敬的，自己也要敬；就是对他们喜欢的犬马也要一样喜欢，更何况对他们敬爱的人呢！

## 【明德养正】

赡养家里的老人是孝顺的基础，是子女的应尽义务，也是为人最起码的道德底线。家庭人伦之爱维系了中华民族几千年，展现出人最本真的亲情之爱。这种亲情之爱源于血缘，体现于平日点点滴滴的相互关怀，不存在恩惠、图报、趋利等世俗观念，是人们感情生活中的一方净土。纵观社会现象，做子女的孝顺自己的父母大多数人都能做到，而夫妻孝敬对方的父母就会出现很多不尽如人意的现象，因为两代人之间没有直接的血缘关系。但如果夫妻之间能换位思考，把对方的父母当作自己的父母，赡养老人就成了自然而然的事情，孝顺就会成为良好的家风，并且会代代相传。

## 【书香家学】

人之孝行，根于诚笃[①]，虽繁文末节[②]不至，亦可以动天地、感鬼神。尝见世人有事亲不务诚笃，乃以声音笑貌缪(miù)[③]为恭敬者，其不为天地鬼神所诛(zhū)[④]则幸矣，况望其世世笃孝而门户昌隆者乎！苟能知此，则自此而往，凡与物接，皆不可不诚，有识君子，试以诚与不诚较其久远，效验[5]孰[6]多？

——《袁氏世范》

**注释：**

①诚笃：诚恳真挚。②繁文末节：过分繁琐的仪式和礼节。文，规定、仪式。节，礼节。③缪：诈伪。④诛：责罚。⑤效验：成效，效果。⑥孰：哪个。

**译文：**

人们的孝行，根源在于诚恳真挚的情感，即使有某些繁琐的规定或礼仪没有做到，也能感动天地鬼神。（我）曾经看到世上有些人侍奉父母双亲不诚恳真挚，却以虚假的表面戏假装恭敬，他们不被天地鬼神责罚就算是幸事了，又怎么能期望世代子孙至孝和家族昌隆呢？人们如果真能明白这个道理，那么此后，待人接物、侍奉双亲都不可不真诚，有见识的君子们，不妨试着将真诚的行为与不真诚的行为相比较，看怎样更久远一些，看哪种做法的效果更好一些。

## 【诗文吟诵】

### 燕诗示刘叟

唐·白居易

叟有爱子，背叟逃去，叟甚悲念之。叟少年时，亦尝如是。故作《燕诗》以谕(yù)之矣。

梁上有双燕，翩翩[1]雄与雌。
衔(xián)泥两椽(chuán)[2]间，一巢生四儿。
四儿日夜长，索食声孜孜(zī)[3]。
青虫不易捕，黄口[4]无饱期。
觜(zuǐ)[5]爪虽欲敝(bì)[6]，心力不知疲。
须臾(yú)[7]十来往，犹恐巢中饥。
辛勤三十日，母瘦雏(chú)[8]渐肥。
喃(nán)喃教言语，一一刷毛衣。
一旦羽翼成，引上庭树枝。
举翅不回顾，随风四散飞。
雌雄空中鸣，声尽呼不归。
却入空巢里，啁啾(zhōu jiū)[9]终夜悲。
燕燕尔勿悲，尔当返自思。
思尔为雏日，高飞背母时。
当时父母念，今日尔应知。

**注释：**

①翩翩：鸟飞轻疾的样子。 ②椽：装于屋顶以支持屋顶与屋瓦的木条。③孜孜：燕子的叫声。④黄口：指小燕子。小鸟刚出生时嘴巴为黄色。⑤觜：嘴。⑥敝：疲惫，困乏。 ⑦须臾：顷刻，一会儿。 ⑧雏：幼鸟。⑨啁啾：鸟叫声。

**译文：**

屋梁上来了一对燕子，翩翩飞舞，一雄一雌。燕子衔泥在椽间垒（lěi）窝，一窝生下四只乳燕。

四只乳燕日夜成长，求食的喳喳声叫个不停。青虫不易捉，黄口小燕似乎从未吃饱。

双燕用爪抓，用嘴衔，气力用尽，不知疲倦地捕食。一会儿就往返十来次，还怕小燕子们在窝里挨饿。

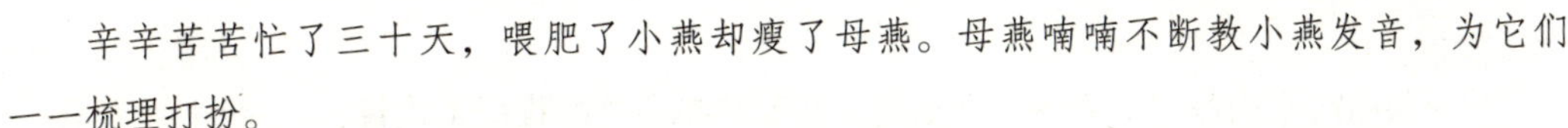

辛辛苦苦忙了三十天，喂肥了小燕却瘦了母燕。母燕喃喃不断教小燕发音，为它们一一梳理打扮。

当小燕羽毛丰满，引上庭院的树枝，拍拍翅膀头也不回就随风飞散了。

雌雄双燕，在空中叫喊，声嘶力竭，也唤不回小燕。只好回到空荡荡的窝里，通宵悲鸣！

老燕啊，不要悲叹，你们应当回想从前：想想你们的小燕子的时代，也同样羽毛丰满了就远走高飞，抛弃父母。

那时父母多么挂念，今天你们应该有体会了吧！

**赏析：**

本诗运用大量的修辞，描写了双燕筑巢、哺雏、教飞等过程，劝诫那些不顾父母痛苦而远走高飞的子女，强调若要子女对自己尽孝，自己应先带头对父母尽孝，全诗生动简洁，富有感情，拳拳之心溢于言表。

**作者：**

白居易（772—846），字乐天，号香山居士，祖籍太原（今属山西省）人，唐代现实主义诗人，曾任杭州刺史、太子少傅等职。白居易与元稹（zhěn）共同倡导新乐府运动，世称“元白”，与刘禹锡并称“刘白”。他的诗歌题材广泛，语言平易通俗。有《白氏长庆集》。

## 【说文解字】

**字源：**

家，甲骨文 = （宀，房屋、居所）+ （豕 shǐ，是“豭”的省略，是公猪，引申为雄性），表示以男性为主的家庭。

**释义：**

家，居住的地方。字形采用“宀”作形旁，省略了“豭”的“豭（公猪）”作声旁。

**演变：**

| 甲骨文 | 金文 | 篆书 | 隶书 | 草书 | 楷书 | 行书 |
| --- | --- | --- | --- | --- | --- | --- |
| 家 | 家 | 家 | 家 | 家 | 家 | 家 |

## 【乾坤通识】

### 年龄的称谓

古人的年龄有时不用数字来表示，而是用一些与年龄有关的雅词来代替：

**初度**　初生的婴儿。

**赤子、襁褓**　不满周岁的婴儿。

**牙牙**　婴儿学语之声，指一岁。

**孩提**　幼儿初知发笑，指两三岁。

**垂髫**（tiáo）　三四岁至八九岁，孩子九岁之前不扎辫子，头发自然垂下。

**始龀、龆年或髫年**　指男孩八岁，女孩七岁，此时换牙，脱去乳齿，长出恒牙，叫龀。

**总角**　八九岁至十三四岁的少年。九岁之后，将头发分两边各扎一个结，形如两个羊角。

**九龄、指数之年**　指九岁。十岁以下称黄口。

**幼学**　指十岁，又称外傅（出外就学，老师称外傅）之年。

**金钗**（chāi）**之年**　指女孩十二岁。

**豆蔻**（kòu）**之年**　指女孩十三四岁。豆蔻初夏开花，初夏不是盛夏，比喻人还未成年。

**舞象**　指男子十五岁至二十岁。

**束发、及笄**（jī）　少男少女到了十五岁，将头上的两个总角解散。男孩扎成一束髻（jì）表示成童，称为束发，又称志学之年，意为少男十五应立志于学习；女孩则用笄子盘起头发，称为及笄，开始学习各种女红（gōng）才艺。

**碧玉年华、破瓜之年**　指女孩十六岁。瓜字可以分割成两个八字，合起来为十六。

**桃李年华**　指女子二十岁。

**弱冠**（guàn）**、加冠之年**　指男子二十岁。古代男子二十岁行冠礼，表示已经成人。由于这个年龄的男子体犹未壮，所以又称弱冠。

**花信年华**　花信，即开花时期，指女子二十四岁。

**而立之年**　指男子三十岁。立，立身、立志之意。孔子说“三十而立”，男子三十岁就要担当起为人生、家庭、国家而建功立业的责任了。

**不惑之年**　指男子四十岁。不惑即对人生、事理不迷惑不糊涂之意。

**知命之年**　指男子五十岁。知命即知天命，谋事在人，成事在天，人到知命之年，能淡然看待人生得失进退和世态炎凉。

**花甲之年**　古时用天干和地支相互配合作为纪年，六十年为一甲子，也称一个花甲。

**古稀之年**　古人一般至七十岁辞官家居，不再出远门，安心在家，颐养天年。

**耄（mào）耋（dié）之年**　指八九十岁，表示很老的意思。古代大臣过八十岁就可以允许拄着拐杖入朝，故八十又称杖朝之年。

**鲐（tái）背之年**　由于年岁很高，人背部的褶（zhě）皱如同鲐鱼的斑（bān）纹，所以九十岁称鲐背之年。

**期颐之年**　语出《礼记·曲礼上》：“百年曰期颐[1]。”人至百岁，饮食、居住等各方面都全靠子孙孝养，所以生年满百称期颐之年。

## 【知学思考】

1. 学了《劝婆孝祖》的故事有什么启发？如果你的妈妈对你的爷爷奶奶（或者你的爸爸对你的外公外婆）不孝顺，你会劝说父母尽孝吗？怎样劝说？

2. 情景思考：你觉得小林的说法正确吗？为什么？

小林成绩优异，父母对他的期望很高，他对自己的要求也很高，每天一回家就马上学习。最近学校开展孝敬父母的活动，要求学生在家能帮助父母承担一些家务劳动。但小林却说：“学习成绩优秀就是孝敬父母，其他都是不重要的。”

## 【知行合一】

1. 向家人和朋友讲述《劝婆孝祖》的故事，说说你的父母是怎样孝顺爷爷奶奶和外公外婆的。

2. 和父母、朋友一起吟诵白居易的《燕诗示刘叟》，理解“檐水滴滴流，家风代代传”。

3. 和父母、朋友一起理解、书写“家”“人之孝行，根于诚笃”。

4. 素养提升训练：

（1）阅读“孝子之养老也，乐其心，不违其志”，你平时做到了吗？你有没有做过让父母伤心的事情？结合自身经历写一篇生活日记。

（2）理解“人之孝行，根于诚笃”的意思，说说自己是怎样对待父母的，请以《爸爸妈妈，我

[1] 期颐：百岁老人。期，期待；颐，供养。

想对你们说》为题写一封家书。

5. 家庭小测试：传统的年龄称谓知多少。

6. 谚语是广泛流传于民间的言简意赅(gāi)的短语，一般都是以口语形式流传下来的、通俗易懂的、能表达一个完整意思的短句。阅读下列谚语并说说大概意思：

（1）朝霞不出门，晚霞行千里。

（2）今冬麦盖三层被，来年枕着馒头睡。

（3）饭后百步走，活到九十九。

（4）冬吃萝卜夏吃姜，不用医生开药方。

（5）人不可貌相，海水不可斗量。

（6）若要人不知，除非己莫为。

（7）良药苦口利于病，忠言逆耳利于行。

（8）笑一笑，十年少；愁一愁，白了头。

（9）路遥知马力，日久见人心。

（10）刀不磨要生锈，人不学要落后。

【历史典故】

## 岳母刺字

北方金国南侵，北宋朝廷无力抵抗，被金兵占领了都城汴梁[①]，掳[②]走了皇帝钦（qīn）宗、太上皇徽宗。这一年，河南又遇大旱，颗粒无收，瘟疫盛行，百姓苦不堪言。岳飞一家人苦守清贫，生活很艰难。

洞庭湖起义军首领闻知岳飞是一位文武双全的人才，特差部将王佐(zuǒ)携（xié）带金银珠宝前来聘请。岳飞坚辞不受：“岳飞生是宋朝人，死是宋朝鬼！”王佐只得收拾礼物离开。

王佐走后，岳母在中堂摆下香案，焚(fén)香点烛，拜过天地祖宗，让岳飞跪在地上说：“你甘守清贫，不贪富贵，具有仁人志士的气节，我很欣慰。就怕我死后，你一时失志，做出不忠之事，半世芳名岂不丧于一旦？故我今日祝告[③]天地祖宗，要在你背上刺下‘尽忠报国’四字。”说完便提笔在岳飞的背上写下“尽忠报国”，然后又用绣花针将其刺好，随后将墨醋涂上，刺好的字便永不褪色。岳飞叩谢母亲训子之恩。

后来，宋康王赵构继位，为高宗。朝廷传下圣旨召岳飞进京受职，率兵讨贼，图复中原。临行前，母亲叮嘱他勿忘尽忠报国，为保卫江山社稷鞠躬尽瘁[④]。

从此，岳飞开始了戎（róng）马人生，领军英勇作战，屡败金兵，力图恢复中原。后来，以秦桧(huì)为首的投降派私通金国，诬(wū)蔑(miè)岳飞谋反，将其打入监狱。审讯中，岳飞脱下上衣，露出“尽忠报国”四个大字，雄健刚劲，气贯长虹[⑤]。最终，秦桧以莫须有[⑥]的谋反罪名将岳飞毒死于临安风波亭。

宋孝宗时，岳飞冤狱被平反，改葬于西湖畔栖霞岭。岳母训子“尽忠报国”的故事和民族英雄岳飞的美名千古流传。

**注释:**

①汴（biàn）梁：北宋的首都，在今河南省开封市。②掳（lǔ）：抢取。③祝告：谓祷（dǎo）告于神灵。④鞠躬尽瘁（cuì）：指恭敬谨慎，竭尽心力去效劳。鞠躬，弯腰以示小心、谨慎。尽瘁，竭尽辛苦。瘁，劳累。⑤气贯长虹：气势磅（páng）礴（bó），像是要贯通天空的长虹一样。形容正气旺盛，精神崇高。⑥莫须有：也许有。指无中生有，罗织罪名。

**启示:**

古话说，“自古忠孝两难全”，其实，效忠与尽孝并不矛盾，一些有远见、明大理的父母希望子女能为国建功立业、光宗耀祖，晚辈以尽忠报国的行为完成长辈的心愿，这本就是一种更高层次的孝顺。所以，古代仁人志士都把“国”视为自己的“大家”，效忠国家是大孝。

## 【典籍阅读】

### 1. 启蒙阅读

父母呼，应勿缓[①]，父母命，行勿懒[②]。父母教，须敬听，父母责，须顺承。

——《弟子规》

**注释:**

①缓：慢，延期，延迟。②懒：懒散，不勤快。

**译文:**

听到父母呼唤，要及时回答，不能慢吞吞地拖延；父母有事差遣（qiǎn），要立刻动身，不可推辞偷懒。父母教导我们做人处世的道理，要恭敬地聆听；父母批评责备时，要顺从接受，不可强（qiǎng）词夺理。

乐殊[①]贵贱，礼别尊卑。上和下睦，夫唱[②]妇随。外受傅[③]训，入奉母仪。

——《千字文》

**注释:**

①殊：不同。②唱：通“倡”，倡导。③傅：师傅。

**译文:**

音乐要根据身份的贵贱有所不同，礼仪要依据地位的高低有所区别。长辈与晚辈要和睦相处，丈夫倡导的妻子要相随顺从。在外接受师傅的训诲，在家遵从母亲的教导。

**2. 进士阅读**

子曰："君子之事亲孝，故忠可移于君；事兄悌，故顺可移于长；居家理[①]，故治可移于官[②]。是以行成于内，而名立于后世矣。"

——《孝经·广扬名》

**注释：**

①居家理：把自己的家庭治理得当。②官：即官府。

**译文：**

孔子说："君子侍奉父母以尽孝道，所以对父母的孝心可化为对国君的忠心；侍奉兄长知道顺和，所以能把对兄长的顺和变作对上司的尊敬顺和；管理家事有条有理，所以能把理家能力用于做官办公务上。因此，在家里养成了美好的品行，在外也必然会有美好的名声，从而流芳百世。"

古之欲明明德[①]于天下者，先治其国；欲治其国者，先齐其家[②]；欲齐其家者，先修其身[③]；欲修其身者，先正其心；欲正其心者，先诚其意；欲诚其意者，先致其知[④]，致知在格物[⑤]。物格而后知至，知至而后意诚，意诚而后心正，心正而后身修，身修而后家齐，家齐而后国治，国治而后天下平。

——《礼记·大学》

**注释：**

①明明德：彰明美德。第一个"明"指彰显、发扬；第二个"明"含有高尚、光辉的意思。②齐其家：将自己家庭或家族的事务安排管理好。③修其身：锻造、修炼自己的品行和人格。④致其知：使自己获得知识。致，求得。⑤格物：认识、研究世间万物。

**译文：**

古代那些要想在天下发扬光明正大品德的人，先要治理好自己的国家；要想治理好自己的国家，先要管理好自己的家庭和家族；要想管理好自己的家庭和家族，先要修养自身的品性；要想修养自身的品性，先要端正自己的思想；要想端正自己的思想，先要使自己的意念真诚；要想使自己的意念真诚，先要使自己获得知识；获得知识的途径在于认识、研究万事万物。通过认识、研究万事万物后才能获得知识；获得知识后意念才能真诚；意念真诚后思想才能端正；思想端正后才能修养品性；品性修养后才能管理好家庭和家族；管理好家庭和家族后才能治理好国家；治理好国家后才能天下太平。

## 【明德养正】

听从父母的正确教诲，是孝道极其重要的一部分。将孝道的仁爱之心向外延伸展开，就是兄弟之道、夫妻之道、朋友之道、君臣之道。这就是古人所说“忠臣必出于孝子”的道理。

报效国家是仁人志士世代相传的美德，是国人不可缺少的传统美德。从人文情怀而言，“修身、齐家、治国、平天下”是儒家学说的整体概念，古代仁人志士都有浓郁的家国情怀，始终把国家利益和家庭利益紧紧地联系在一起；从现实意义而言，没有国家的安全就不会有家庭的安宁和幸福，所以人们常常说保家卫国；从孝道含义而言，为国家建功立业是家族的荣耀，是长辈对晚辈的托付，是子女对父母尽的大孝。有家国情怀的人，能自觉地将国家的兴亡与家庭荣辱（rǔ）、个人进退紧密地联系在一起，在国家危难时会义无反顾地放弃家庭和个人利益，责无旁贷地报效国家，甚至将杀身成仁、为国捐躯看作家庭和人生的无上光荣。

## 【书香家学】

吾人燕居①之时，惟宜言古人善行善言。朕(zhèn)②每对尔等多教以善，尔等③回家，各告尔之妻子④，尔之妻子亦莫不乐于听也。事之美，岂有⑤逾⑥此者乎！

——清·康熙《庭训格言》

**注释：**

①燕居：退朝而处；闲居。②朕：我，我的。秦始皇时起专用作皇帝自称。③尔等：你们，你们这些。尔，你、你的。④妻子：指妻子和儿女。⑤岂有：哪有。⑥逾：越过，超过。

**译文：**

我们闲居的时候，只应该讲说古人的善行、善言。我每次都教诲你们要多行善事，你们回家后也要把我的话告诉你们的妻子儿女，你们的妻子儿女都是乐于听从善言的。世上的美事，还有超过这件事的吗！

## 【诗文吟诵】

### 满江红·写怀

南宋·岳飞

怒发冲冠(guān)①，凭栏处，潇潇(xiāo)②雨歇。抬望眼，仰天长啸③，壮怀激烈。三十功名尘与土④，八千里路云和月⑤。莫等闲⑥，白了少年头，空悲切！　靖(jìng)康耻⑦，犹未雪。臣子恨，何时灭！驾长车，踏破贺兰山⑧缺。壮志饥餐胡虏(lǔ)肉，笑谈渴饮匈奴血。待从头，收拾旧山河，朝天阙(què)⑨。

**注释：**

①怒发冲冠：气得头发竖起，以至于将帽子顶起，形容愤怒至极。②潇潇：形容雨势急骤。

③长啸：情绪激动时撮口发出清而长的声音。④尘与土：细小，形容微不足道。⑤云和月：披星戴月。⑥等闲：轻易，随便。⑦靖康耻：靖康二年（1127），金兵攻陷汴京，掳走徽、钦二帝，这是北宋王朝的耻辱。⑧贺兰山：贺兰山脉位于宁夏回族自治区与内蒙古自治区交界处。⑨朝天阙：朝见皇帝。天阙，本指宫殿前的楼观，此指皇帝生活的地方。

**译文：**

我愤怒得头发竖了起来，帽子被顶起来了。独自登高凭栏远眺，暴风骤雨刚刚停歇。抬头远望天空，不禁仰天长啸，一片报国之心充满心怀。三十多年来虽已建立一些功名，却像尘土般微不足道，南北转战八千里，经过多少风云。好男儿，要抓紧时间为国建功立业，不要等年老时徒自悔恨悲切。

靖康之变的耻辱，至今仍未洗雪。作为臣子的愤恨，何时才可消失！我要驾上战车向贺兰山进攻，将贺兰山踏为平地。我满怀壮志，打仗饿了就吃敌人的肉，谈笑渴了就喝敌人的血。等我重新收复旧日山河，再带着捷报朝见皇帝！

**赏析：**

这是一首气壮山河、光耀日月的词作。全词气势磅礴、满腔忠愤，抒发了作者唯以报国为念的爱国情怀、任重道远的自励之意和抗金复国、“还我河山”的决心，字里行间无不透出“尽忠报国”的民族气节。

**作者：**

岳飞（1103—1142），字鹏举，相州汤阴（今河南安阳）人，南宋抗金名将、民族英雄、军事家，曾任枢（shū）密副使等职。岳飞坚持以抗金保国为己任，以尽忠来完成大孝，位列南宋“中兴四将”之一，却被秦桧诬陷杀害。有《岳忠武王文集》。

## 【说文解字】

**字源：**

国，是“國”的简体字。國，甲骨文[illegible]=[illegible]（戈，武力）+[illegible]（口，即“郭”，城墙、城邑），表示有武力护卫的城邑、疆域。

**释义：**

國，邦国。字形采用“囗”“或”会意。

**演变：**

| 甲骨文 | 金文 | 篆书 | 隶书 | 草书 | 楷书 | 行书 |
| --- | --- | --- | --- | --- | --- | --- |
| | | | | | | |

## 【乾坤通识】

### 四大贤母

古人云："闺（guī）阃乃圣贤所出之地，母教为天下太平之源。"母亲是孩子的启蒙老师，母亲的一言一行无不影响着孩子思想观念、言行规范和生活习性的形成。历史上诸多名人都深受其母品行之熏（xūn）陶（táo）。这些母亲中，最为著名的是"四大贤母"，她们分别是：

**孟母仉（zhǎng）氏** 战国时孟子的母亲，孟母三迁，择邻而居，为儿子的教育选择良好的环境。

**陶母湛（zhàn）氏** 东晋陶侃（kǎn）的母亲，截发延宾[1]，封坛退鲊[2]（zhǎ），让儿子结交更好的朋友，懂得清廉。

**欧母郑氏** 北宋欧阳修的母亲，欧阳修少时家贫，欧母以荻（dí）画地[3]，教他认字。

**岳母姚氏** 南宋岳飞的母亲，岳母刺字，"尽忠报国"的家训使岳飞成为闻名于世的民族英雄。

## 【知学思考】

1. 做子女的大多知道父母养育孩子不容易，也想多陪伴父母或做些家务事以尽孝心，但总因学习或工作太忙没时间尽孝。这是一个现实问题，你是怎样解决的？

2. 父母呼唤小明，小明不仅不答应，还不按父母的要求去做。小明的做法你赞成吗？为什么？你能用《弟子规》中的话劝诫小明吗？

---

[1] 截发延宾：陶侃的好友范逵（kuí）来家里做客，但陶家一贫如洗，无法招待客人。陶母湛氏就把头发剪下来卖给乡人，置办菜肴（yáo），招待客人，又把垫在床上的草席子切碎喂范逵的马。

[2] 封坛退鲊：陶侃曾担任过监管渔业的小官，有一次，他托人给母亲送了一坛腌（yān）鱼，陶母湛氏得知这坛腌鱼是公家的之后，原封不动地退回给了陶侃，并附上书信说："拿公家的东西孝敬我，不仅对我没有好处，还会增加我的忧虑。"陶母的这一举动，教育和影响了陶侃的一生。

[3] 以荻画地：欧阳修四岁时父亲去世，家境贫寒，没有钱供他读书，欧母郑氏便用荻草杆当笔，在沙地上教欧阳修写字。欧阳修在母亲的教导下反复练习，一丝不苟。

## 【知行合一】

1. 请父母讲《岳飞传》里感人的故事，回学堂与同学分享。

2. 学唱歌曲《满江红》，理解、书写“三十功名尘与土，八千里路云和月。莫等闲，白了少年头，空悲切”。

3. 和家人、朋友一起理解、书写“国”“行成于内，而名立于后世”。

4. 素养提升训练：

（1）阅读“父母教，须敬听，父母责，须顺承”，你平时做到了吗？结合自身经历谈谈体会。

（2）阅读理解“莫等闲，白了少年头，空悲切”的意思，说说自己平时是怎样珍惜时间的，以《惜时》为题讲述或记叙一则真实的故事。

5. 家庭小测试：中国古代“四大贤母”是哪几位，你能讲讲她们的故事吗？

6. 歇后语是一种短小、风趣、形象的语句，也叫俏皮话。它由前后两部分组成：前一部分起“引子”作用，后一部分起“后衬”作用。通常说出前半截，“歇”去后半截，就可以领会和猜想出它的本意。对一对下面这些歇后语：

例：姜太公钓鱼——愿者上钩

关公进曹营——（　　　　）

刘备借荆州——（　　　　）

张飞穿针——（　　　　）

周瑜打黄盖——（　　　　）

菜刀切豆腐——（　　　　）

铁打的公鸡——（　　　　）

秀才遇到兵——（　　　　）

小和尚念经——（　　　　）

十五只吊桶打水——（　　　　）

大水淹了龙王庙——（　　　　）

【历史典故】

## 子承父业

司马迁是西汉伟大的史学家、文学家、思想家，创作了中国第一部纪传（zhuàn）体通史《史记》，为“二十五史”之首，被鲁迅誉为“史家之绝唱，无韵之离骚[①]”。

司马迁的父亲司马谈是汉武帝时的太史令。司马迁自幼受父亲影响，从小便立下大志，十岁开始阅读各类典籍，二十岁开始漫游全国。司马谈去世三年后，他继承父志，担任太史令，有机会博览皇家图书典藏[②]。精心准备四五年后，他正式开始编著《史记》。

正当专心著述之际，巨大的灾难突然降临到他的头上。天汉二年（公元前99），李广利（汉武帝宠姬 jī 李夫人的长兄）受命领兵三万攻打匈奴，打了败仗，几乎全军覆没，李广利仓惶而逃。汉代名将李广的孙子李陵当时担任骑都尉，带着五千名步兵坚持与匈奴作战。匈奴单（chán）于亲率三万骑兵把李陵的步兵团团围困住，李陵最终寡不敌众，为了掩护四百多汉兵突围，李陵自己被匈奴逮住，最终被迫投降。

李陵投降的消息震动了朝廷，汉武帝召集大臣商议李陵的罪行。大臣们都谴责李陵贪生怕死，而司马迁却说：“李陵率领五千步兵，深入敌人腹地，打击几万敌人，虽然兵败，但也无罪于大汉。他投降匈奴，一定是想寻找机会将功赎（shú）罪来报答皇上。”汉武帝听了勃然大怒，认为司马迁替李陵强辩是存心反对朝廷。司马迁被下监狱，受了腐刑。

司马迁痛苦不堪，几乎想自杀，但他想到要子承父业编著史书，下决心一定要活下来坚持把史书写完。司马迁想到：从前周文王被关在羑里[③]，写了《周易》；孔子周游列国的路上被困在陈蔡，编著了《春秋》；屈原遭到放逐，写出了《离骚》；左丘明眼睛失明，写出了《国语》；孙膑（bìn）被剜（wān）掉膝盖骨，写出了《孙膑兵法》；还有

《诗经》三百篇，大都是古人在心情忧愤的情况下著成的。我为何不效仿先贤，把这部史书写好呢？于是，他把从传说中的黄帝时代开始一直到汉武帝太始二年（公元前95）为止的这段历史，编写成一百三十篇、五十二万字的《史记》，对古代一些著名人物的事迹都作了详细的叙述。因此，《史记》也就成了我国一部伟大的历史著作，司马迁也成为我国古代伟大的史学家、思想家和文学家。同时，他在狱中忍受酷刑的痛苦而奋疾[④]著书，成了几千年流传的励志[⑤]案例。

**注释：**

①离骚：战国时期诗人屈原创作的文学作品。离，离别；骚，忧愁。②典藏（cáng）：收藏（图书、文物等）。③羑（yǒu）里：古地名，又称羑都，在今河南省安阳市汤阴县北4.5公里处，周文王曾被商纣囚禁于此。④奋疾：动作快速。⑤励志：奋发志气，把精力集中在某方面。

**启示：**

子承父业，将家学或家业一代代传承下去，发扬光大，是一种大孝，一种很有历史意义的孝敬文化。司马迁正是由于从小受到家学的熏陶，才造就了他崇高的人格，最终成就了他的伟大事业。

## 【典籍阅读】

### 1. 启蒙阅读

幼而学，壮[①]而行。上致君[②]，下泽[③]民。扬名声，显父母。光于前，裕[④]于后。

——《三字经》

**注释：**

①壮：成年。②致君：指辅佐君王，报效国家。③泽：施恩泽。④裕：丰富。

**译文：**

年幼时勤奋学习，长大后经世致用，上为国家效力，下替百姓谋福。既能声名远扬，给父母添荣耀，也能为祖先添光彩，并惠及子孙后代。

盖[①]此身发[②]，四大[③]五常，恭惟鞠养[④]，岂敢[⑤]毁伤[⑥]。

——《千字文》

**注释：**

①盖：发语词。②身发：身体头发。指人体全身上下所有的一切。③四大：儒家以天、地、亲、师为四大，道家以道、天、地、人为四大，佛家以地、水、火、风为四大。此处的“四大”采用儒家的学说，与“五常”相呼应。④鞠养：养育，抚养。⑤岂敢：怎么敢，不敢。

⑥毁伤：损毁伤害。

**译文：**

人的身体发肤和思维意识，是由天、地、亲、师养育教导和仁、义、礼、智、信准则规范而健全起来的。应该谨慎小心地加以爱护，怎么敢损毁伤害。

### 2. 进士阅读

人固[①]有一死，或重于泰山[②]，或轻于鸿(hóng)毛[③]。

——西汉·司马迁《报任少卿(qīng)书》

**注释：**

①固：本来，固然。②泰山：位于山东省泰安市中部，为中国名山，素有“五岳之首”之称。③鸿毛：鸿雁的毛，比喻极轻，微不足道。

**译文：**

人固然会有一死，但死的意义却不同，有的人死的意义像泰山一样重，有的像鸿毛一样轻。

为人臣者尽忠以顺职[①]，为人子者致孝以承业[②]。

——西汉·桓宽《盐铁论·忧边》

**注释：**

①顺职：服从所担负的职务；尽责。②承业：继承先代的基业。

**译文：**

作为官员，要尽忠国家以理顺职责所属的事业（为国家建功立业）；作为子孙，要尽孝以继承父亲及祖上的事业（使祖业发扬光大）。

## 【明德养正】

子承父业，祖上的事业得以发扬光大，这是一种大孝。但随着历史发展和时代变迁，社会事业在不断进步和扩展，业的内涵和外延在不断地更新、扩大，狭义的子承父业往往会因不符合现实条件而无以为继，这就需要我们用发展的眼光去看待子承父业。业不仅是一种实有的事业或产业，更是一种做产业或干事业的愿望、志向与能力，从而转化成自强不息、建功立业、光宗耀祖的信念与动力，以实现父辈们的心愿，这同样是子承父业，同样是一种大孝。

## 【书香家学】

太史公执迁手而泣曰：“余先周室之太史也。自上世尝显功名于虞(yú)夏[①]，典天官事[②]。后世中衰，绝于予乎？汝复为太史，则续吾祖矣。今天子接千岁之统，封泰山，而余不得从行，是命也夫，命也夫！余死，汝必为太史；为太史，无忘吾所欲论著矣。且夫孝始于事亲，中于事君，终于立身。扬名于后世，以显父母，此孝之大者。”

——《命子迁》

**注释：**

①虞夏：虞舜（shùn）王朝和夏朝。 ②典天官事：职掌天文的事。

**译文：**

太史公（司马谈）紧握儿子司马迁的手哭着说：“我们的先祖是周朝的太史。远在上古虞夏之时便显扬功名，职掌天文之事。后世衰落，今天要断绝在我手中吗？你接替担任太史，就可以继承我们祖先的事业了。当今天子继承汉朝千年一统的大业，在泰山举行封禅（shàn）仪式，而我却不能跟随，这是命啊，是命啊！我死后，你必定要做太史；做了太史，不要忘了我想要撰写的史书啊。况且孝道始于奉养双亲，进而侍奉君主，最终在于立身扬名。扬名后世来显耀父母便是最大的孝道。”

## 【诗文吟诵】

### 秋 思

唐·张籍

洛阳城里见秋风，欲作家书意万重[①]。
复恐匆匆说不尽，行人[②]临发[③]又开封[④]。

**注释：**

①意万重：形容要表达的意思很多。 ②行人：此处指捎信的人。③临发：将出发。④开封：把封好的信拆开。

**译文：**

洛阳城中吹来了一年一度的秋风，客居洛阳城的游子，不知家乡的亲人怎样了；写封家书问候平安，要说的话太多，一时间不知应从何处下笔。

信写好后，又担心匆忙中没有把自己想要说的话写完；捎信人即将出发时，我又拆开封好的信细看一遍后再给他。

**赏析：**

全诗借助寄家书时的思想活动和行动细节，真切细腻（nì）地表达了客居他乡的游子对家乡亲人深切的思念之情，朴素真实，至情至性。

**作者：**

张籍（约767—约830），字文昌，和州乌江（今安徽和县乌江镇）人，唐代诗人，曾任国子司业。其乐府诗与王建齐名，并称“张王乐府”。有《张司业集》。

## 【说文解字】

**字源：**

承，甲骨文 = （是符节）+ （双手托扶符节），表示向上托举。

**释义：**

承，既有捧授的意思，也有收受的意思。字形采用“手”“卩”“ ”会意。

**演变：**

| 甲骨文 | 金文 | 篆书 | 隶书 | 草书 | 楷书 | 行书 |
|---|---|---|---|---|---|---|
| | | | | | 承 | 承 |

## 【乾坤通识】

### 祖宗十八代

祖宗十八代是指自己上下九代的宗族成员，从上到下分别为：鼻、远、太、烈、天、高、曾、祖、父、子、孙、曾、玄、来、晜（kūn）、仍、云、耳。了解祖宗十八代，是古代家庭教育的一项重要内容，也是孝文化的组成部分。

上按次序称谓：父母，祖，曾祖（祖之父），高祖（曾祖之父），天祖（高祖之父），烈祖（天祖之父），太祖（烈祖之父），远祖（太祖之父），鼻祖（远祖之父）。

下按次序称谓：子，孙，曾孙，玄孙（曾孙之子），来孙（玄孙之子），晜孙（来孙之子），仍孙（晜孙之子），云孙（仍孙之子），耳孙（云孙之子）。

## 【知学思考】

1. 你的父母从事什么工作？你长大后愿不愿意从事与父母同样的工作？为什么？
2. 理解“人固有一死，或重于泰山，或轻于鸿毛”的意思，思考：如何做到重于泰山？

## 【知行合一】

1. 向家人和朋友讲述司马迁《子承父业》的故事，说说你家是否有祖传的事业，你会将其传承下去吗?

2. 和家人一起吟诵、背诵张籍的《秋思》，回忆一下，当你离开家乡一段日子，你会不会想家、想家乡，很想回到亲人的身边？这就是乡愁，就是思亲，是一种很真挚的情怀，你要学会用写诗、寄家书将其表现出来，以形成自己的家学文化。

3. 和家人一起理解、书写“承”“为天地立心，为生民立命，为往圣继绝学，为万世开太平。”

4. 素养提升训练：

（1）阅读“幼而学，壮而行”，你平时是怎样要求自己的？选取某个事例谈谈体会。

（2）体会张籍《秋思》中描绘的画面，尝试用这首古诗的意境改写成一则小故事。

5. 家庭小测试：“祖宗十八代”知多少。

6. 找一找下列“诗词之最”：

例：最难找的人——（ 只在此山中，云深不知处 ）

最害羞的人——（　　　　　　　　）

最多的愁——（　　　　　　　　）

最深的情——（　　　　　　　　）

最寂寞的时候——（　　　　　　　　）

最长的头发——（　　　　　　　　）

最大的门窗——（　　　　　　　　）

最长的瀑布——（　　　　　　　　）

# 本单元教学建议

**◎教学目标**

学习以“孝”为主题的历史典故，诵读、讲解相关国学典籍，在古圣先贤的智慧中理解并践行“孝”。

**◎教学重点**

1. 了解《弟子规》《孝经》等启蒙国学典籍的总体特征和主要内容。
2. 理解并初步掌握“孝”的概念和相关的历史典故、诗词、家训及汉字渊源等。
3. 了解一些传统文化通识。

**◎教学难点**

理解“孝”的内涵，并将孝的思想与日常行为相结合。

**◎广览博学**

1. 搜索、阅读《弟子规》。
2. 搜索、阅读《孝经》。
3. 搜索、阅读《曾国藩（fān）家书》。
4. 搜索、选读《史记》。

第二单元
仁

# 本单元概述

“仁”本指人与人之间相亲相爱、相互帮助等。孔子把仁作为最高的道德行为规范，构建了以仁为核心的伦理思想体系，包括孝、悌、忠、恕、礼、知、勇、恭、宽、信、敏、惠等内容。所以，仁列为五常之首，它是具有普遍意义的道德范畴和人格品性。

仁延伸的含义极广。首先，仁与孝。《中庸》说：“仁者，人也，亲亲为大。”仁，最初的含义是爱亲，它把亲近敬爱父母放在第一位，这就等于将仁与孝联系起来，并以孝作为基础。其次，仁与爱。《国语》说：“爱亲之谓仁”，这是最基本的仁爱；《孟子》说：“仁者爱人”，它扩展了爱亲的范畴，使仁突破了家族的界限，上升成为人类社会的道德准则；《论语》说：“夫仁者，己欲立而立人，己欲达而达人”，是一种大爱的境界。第三，仁与忠。《国语》说：“仁不怨君”“利国之谓仁”，仁体现在父子关系上是亲孝，体现在君臣关系上就是忠诚，体现在家国关系上就是尽忠报国。第四，仁与义。《论语》说：“己所不欲，勿施于人”，是仁者义举的道德底线；“志士仁人，无求生以害仁，有杀身以成仁”，是仁者的大义之举。第五，仁与智。《尚书》说：“予仁若考，能多才多艺，能事鬼神”，将仁比作考，而考即巧，巧就是心思灵敏、精妙，属于一种智。第六，仁与美。《诗经》说：“洵美且仁”“其人美且仁”，仁和美联系在一起，就成了一种美德。

本单元围绕“仁”的主题，安排了“仁德”“宽恕”“恻隐”“近贤”“忠正”“博爱”六篇课文。课程内容和教学目标，是引导学员了解仁的基本概念、达仁的方式和现实意义。通过学习《网开三面》《梁上君子》《释鹿得人》《孟母三迁》《魏徵（zhēng）直谏》《携民渡江》等历史典故，阅读《弟子规》《三字经》《千字文》《论语·卫灵公》《论语·里仁》《论语·颜渊》《论语·泰伯》《论语·雍（yōng）也》《论语·阳货》《孟子·离娄下》《文薮（sǒu）·耳箴（zhēn）》《岳阳楼记》《诸葛亮诫子训》《西铭（míng）》等有关仁德的典籍，接触《庭训格言》《朱柏庐治家格言》《诫皇族》《陆游家训》《袁氏世范》等书香门第、名门望族的家学文化，吟诵李世民《赠萧瑀（yǔ）》、杨万里《晓出净慈寺送林子方》、李绅（shēn）《悯农》、王冕（miǎn）《墨萱图·其一》、韩愈《师说》、杜甫《咏怀古迹·其四》等古诗文，明白仁是道德规范的核心，是最高的精神境界，从小确立为人处事要以“仁德为先”的观念，知道仁体现在父子关系上就是亲孝，体现在家国关系上就是尽忠报国；通过“明德养正”教学，懂得宽容恕人、凡事要留有余地、滴水之恩要涌泉相报、要有恻隐之心、要善于听取别人的意见、得人心者得天下等道理；通过了解四书五经六艺、五福临门、四季五行、四面八方、五谷六畜（chù）、梅兰竹菊“四君子”等通识，知道世代流传的通用常识，以扩大知识面。

【历史典故】

## 网开三面

有个猎人在野外四面设下猎网，并祷告[①]说："从天上坠(zhuì)落的、地上生出的、四方来往的禽兽[②]，都坠入我的网中。"

商汤见了，就对他说："这样的话，所有的禽兽很快就会被你灭绝的。除了桀[③]那样的暴君，谁还会做这种事呢？"商汤帮猎人收起三面的网，留下一面的网，教他重新祷告说："禽兽想向左去的就向左去，想向右去的就向右去，想向高处去的就向高处去，想向低处去的就向低处去，我只捕取那些触犯天命自投罗网[④]的。"

汉水南岸的人听说了这件事，感慨[⑤]道："商汤的仁德遍及禽兽了啊！"于是，四十个诸侯国自动前来归顺商汤。商汤网开三面，却笼络到了四十个国家的人心。

**注释：**

①祷告：告事求福。祷，教徒或迷信的人向天、神求助、求福。②禽（qín）兽：鸟类和兽类的统称。③桀（jié）：夏朝末代君王，暴虐荒淫（yín）。④自投罗网：比喻自动进入别人设下的埋伏。⑤感慨：有所感触而慨叹。

**启示：**

自然万物互相依存、互相制约、互相促进。所以，从生存条件上看，人类不能只顾眼前自身利益而恣（zì）意戮（lù）杀动物，毁灭植物，否则人类最终也逃脱不了大自然的惩罚；从事业发展上看，重仁德、有爱心、做事留有余地的人，才能赢得人们的拥护，才能成就大事业。

## 【典籍阅读】

### 1. 启蒙阅读：

夏有禹[①]，商有汤[②]，周文武[③]，称三王。夏传子，家天下，四百载，迁[④]夏社[⑤]。汤伐(fá)[⑥]夏，国号商，六百载，至纣(zhòu)[⑦]亡。

——《三字经》

**注释：**

①禹：史称大禹、帝禹，为夏后氏首领、夏朝开国君王。②汤：又称成汤、大乙等，商王朝的建立者。③周文武：周文王和周武王。文王是商末周族领袖，姬姓，名昌，统治期间，国力逐渐强盛。其子周武王，姬姓，名发，西周王朝的建立者。④迁：迁移，改变。⑤社：社稷，指国家政权。⑥伐：讨伐。⑦纣：纣王，商朝最后的君主，荒淫暴虐。

**译文：**

夏朝的开国君王是禹，商朝的开国君王是成汤，周朝的开国君王是文王和武王，他们因为贤能被后人称为“三王”。禹把帝位传给自己的儿子启，从此天下变成家族化，历时四百多年，夏朝的统治最终覆亡。夏桀在位时残暴无道，成汤带兵讨伐，胜利后建立了商朝，商朝历经六百年，到商纣王时灭亡。

### 2. 进士阅读：

仁者，人也，亲亲[①]为大。

——《礼记·中庸》

**注释：**

①亲亲：爱自己的亲属。

**译文：**

仁就是爱人，爱亲人是最大的仁。

王知夫苗乎？七八月之间旱[①]，则苗槁(gǎo)[②]矣。天油然作云，沛(pèi)然[③]下雨，则苗浡(bó)然[④]兴之矣。其如是，孰能御[⑤]之？今夫天下之人牧，未有不嗜(shì)[⑥]杀人者也，如有不嗜杀人者，则天下之民皆引领而望之矣。诚如是也，民归之，由水之就下，沛然谁能御之？

——《孟子·梁惠王上》

**注释：**

①旱：干旱，长时间不下雨。②槁：枯干。③沛然：充足、盛大的样子。④浡然：兴起的样子。浡，振作、兴起。⑤御：抵挡。⑥嗜：特别爱好。

**译文：**

大王您知道禾苗的情况吗？七八月间天气久旱，禾苗就干枯了。这时如果天上聚起乌云，畅快地下一场雨，禾苗就又茂盛地生长起来。像这样的话，谁能阻挡得住？当今天下的统治者，没有一个不喜欢杀人的。如果有不喜欢杀人的，普天下的老百姓就都伸长脖子盼着他了。如果这样，老百姓归服他就像水往低处流一样，势头汹涌，谁又能阻挡得了？

## 【明德养正】

商汤网开三面怜悯生灵，宅心仁厚，最终赢得天下归心。自古至今，明君贤臣以德服人，仁德在心，懂得世间万物皆相辅相成，只有怀着一颗仁爱之心，敬畏生命，追求天人合一，才能达到天时地利人和，才能达到社会稳定、人与自然和谐共存。

网开三面意味着给别人留一点余地，等于给自己留一点余地。老子认为，"知和曰常，知常曰明"，认识和谐的叫做常理，知道常理的叫做明智、明事理，和合共生是自然之道、万物生长之道。曾国藩说，"花未全开月未圆"是最好的惜福之道、保泰之法。月盈则缺，物极必反，凡事留一点余地才是最明智的。

## 【书香家学】

仁者以万物为一体，恻隐[①]之心，触处发现。故极其量，则民胞(bāo)物与[②]，无所不周。而语其心，则慈祥恺(kǎi)悌[③]，随感而应。凡有利于人者则为之，凡有不利于人者则去之。事无大小，心自无穷，尽我心力，随分各得也。

——清·康熙《庭训格言》

**注释：**

①恻隐：对受苦难的人表示同情；不忍。 ②民胞物与：民为同胞，物为同类，泛指爱人和一切物类。 ③恺悌：和乐平易，平易近人。

**译文：**

仁爱的人将万物看作一体，同等对待，同情心随处都能发现。所以最大限度地说，就是视百姓为同胞兄弟，视万物为同类，仁爱之心普及天下万物。说到他的心，则是慈爱和善、平易近人，随着感觉相应而生发。凡是对他人有益的事情就去做，凡是对他人不利的事情就放弃。不论事情大小，仁爱之心是无穷无尽的，要尽心尽力去做，大家各自按本分得到相应的东西。

## 【诗文吟诵】

### 赐萧瑀①

唐 · 李世民

疾风②知劲草③，板荡④识诚臣。
勇夫⑤安识义，智者⑥必怀仁。

**注释：**

①萧瑀：字时文，唐朝初年重臣，封宋国公。②疾风：大而急的风。③劲草：坚韧的草。④板荡：动荡之世。⑤勇夫：有胆量的人。⑥智者：有见识、有智慧的人。

**译文：**

在猛烈的风中才能看出什么样的草是坚韧的，在动荡局势里才能识别出什么样的人是忠诚的。

一勇之夫怎么懂得为国为民的真义，而有见识、有智慧的人心中必然怀有忧国忧民的仁爱之情。

**赏析：**

本诗诗意浅显，寓意深刻，通过赞美忠臣萧瑀的官德人品，揭示了智、勇、仁、义之间的关系。“疾风知劲草，板荡识诚臣”，极富哲理，形象而深刻地说明，只有在严峻危急的关头，才能看出一个人真正的品质和节操。

**作者：**

李世民（599—649），祖籍赵郡（今河北赵县），一说陇西狄（dí）道（今甘肃临洮 táo），即唐太宗，唐代政治家、军事家、诗人。李世民在唐朝的建立与统一过程中立下赫赫战功，公元626年称帝，开创了贞观之治。李世民爱好文学与书法。《全唐诗》录其诗1卷。

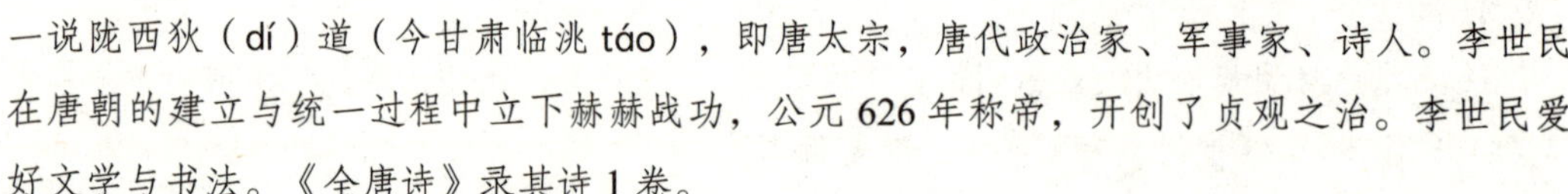

## 【说文解字】

**字源：**

仁，甲骨文 = （人）+ （二，《说文解字注》解释为“独则无耦，耦则相亲，故其字从人二”），表示人与人之间相互亲爱。

**释义：**

仁，亲爱。字形采用“人”“二”会意。

**演变：**

| 甲骨文 | 金文 | 篆书 | 隶书 | 草书 | 楷书 | 行书 |
|---|---|---|---|---|---|---|
| 仁 | 仁 | 仁 | 仁 | 仁 | 仁 | 仁 |

【乾坤通识】

## 四书五经六艺

### 1. 四书

四书包括《大学》《中庸》《论语》《孟子》，元代以后作为封建社会学校的教科书和科举取士的考试内容。《大学》是《礼记》中的一篇，提出三纲领（明明德、新民、止于至善）和八条目（格物、致知、诚意、正心、修身、齐家、治国、平天下），是南宋以后理学家伦理、政治、哲学的基本纲领。《中庸》也是《礼记》中的一篇，内容肯定中庸是道德行为的最高标准，提出“博学之，审问之，慎思之，明辨之，笃行之”的学习过程和认识方法。《论语》是孔丘弟子及其再传弟子关于孔子言行的记录，是代表儒家思想的主要典籍，从汉代起就成为学生的必读教材。《孟子》系战国时孟轲（kē）及其弟子万章等所著，一说是孟轲弟子和再传弟子关于孟子言行的记录，现存七篇，记载了孟轲的政治活动、政治学说以及哲学、伦理、教育思想等。

### 2. 五经

《诗》《书》《礼》《易》《春秋》合称五经。《诗》即《诗经》，是中国最早的诗歌总集，共 305 篇，分为风、雅、颂三类。《书》即《书经》《尚书》，是中国古代历史文献的汇编，约成书于公元前五世纪。《尚书·大禹谟（mó）》记载了“人心惟危，道心惟微；惟精惟一，允执厥中”[1]十六字心法，是中华民族的文化核心与灵魂。《易》即《易经》《周易》，内容包括《经》和《传》两部分。《经》主要是 64 卦和 384 爻（yáo），说明卦和爻为卦辞、爻辞；《传》包括解释卦辞、爻辞的七种文辞，共 10 篇。《礼》汉代指《仪礼》，是研究中国古代社会情况、儒家学说和文物制度的参考书，后世指《礼记》。《春秋》是一部编年体的历史，起于鲁隐公元年（公元前 722），终

[1] 相传，当尧把帝位传给舜以及舜把帝位传给禹的时候，所托付的是天下与百姓的重任以及华夏文明的传承，其谆（zhūn）谆嘱咐的便是以“心”为主题的这十六个汉字。大意是：人心是危险难安的，道心却微妙难明。惟有精心体察、守住初心，才能坚持一条不偏不倚（yǐ）的正确路线。

于鲁哀公十四年（公元前481），共242年，其最突出的特点是寓褒（bāo）贬（biǎn）于记事之中，被誉为“微言大义”之经典，后世也包括注解《春秋》的《左传》。

### 3. 六艺

六艺，奴隶社会时期学校的六门教育教学课程，即礼、乐、射、御、书、数，内容包括五礼、六乐、五射、五御、六书、九数。五礼，即吉礼、凶礼、军礼、宾礼、嘉礼。六乐，即云门、大咸、大韶（sháo）、大夏、大濩（hù）、大武等古乐。五射，即白矢（shǐ）、参（cān）连、剡（yǎn）、襄尺、井仪。五御，即鸣和鸾（luán）、逐水曲、过君表、舞交衢（qú）、逐禽左。六书即六甲，是古代学童练习写字的材料，因十天干和十二地支依次相配，其中有甲子、甲戌（xū）、甲申、甲午、甲辰、甲寅（yín），所以叫六甲。九数即九九乘法表，古代学校的数学教材。

## 【知学思考】

1. 理解“老吾老以及人之老，幼吾幼以及人之幼”的意思，说一说我们在生活中该怎样做到。

2. 理解“仁者，人也，亲亲为大”的意思，讨论：为什么“亲亲为大”？

## 【知行合一】

1. 向家人和朋友讲述《网开三面》的故事，说说商汤为什么要劝说猎人网开三面，这对他后来的大业起了什么作用？

2. 家庭小测试：谁能讲出“四书、五经、六艺”的名称。

3. 和父母、朋友一起理解、书写“仁”“老吾老以及人之老，幼吾幼以及人之幼”。

4. 素养提升训练：

（1）阅读理解“亲亲为大”的意思，说说你平时是怎样爱自己的亲人的，请选取某个事例谈谈体会。

（2）理解“民胞物与”的意思，你平时在公交车上会给老人、残疾人、孕妇让座吗？以《在公交车上》为题讲述或记叙一则小故事。

5. 查找三个与“仁”有关的成语，回学堂与同学分享。

第八课　宽恕

【历史典故】

## 梁上君子

东汉的陈寔[1]为人宅心仁厚[2]，处事公正，乡亲们碰到困难就会请他帮助。有一年，颍（yǐng）川的许（今河南许昌）一带闹灾荒，百姓过着饥寒交迫的日子，陈寔倾其家财到外地购得粮食以救济灾民。

一天晚上，一个窃贼[3]溜进陈寔家里，躲在屋梁上面准备盗窃。陈寔发现后，起身穿好衣服，把儿孙叫到一起，神情严肃地教育他们：“人不能不勤勉，不善良的人本性未必是坏的，只是沾染了坏习惯，就变成了这样。”儿孙们问：“这样的人指的是谁？”陈寔指着梁上的窃贼说：“就是那梁上的君子。”

窃贼很吃惊，赶忙跳下来磕头认罪。陈寔慢慢开导他说：“看你也不像坏人，你应该反省自己，自食其力[4]，做个好人。”当陈寔知道这窃贼家也遭了灾荒，家人已衣不遮体，以草根树皮充饥活命时十分同情，给了他二匹绢，嘱咐他一匹用于家人成衣，一匹用于去山东换粮种。窃贼千恩万谢而去。从此，整个县城再也没有窃贼了。

**注释：**

①寔（shí）：通“实”，确实，实在的意思。②宅心仁厚：心地仁慈厚道。宅心，居心。③窃贼：小偷，偷东西的人。窃，偷。贼，偷东西的人。④自食其力：凭自己的劳动养活自己。

**启示：**

有的人可能是因为生活所迫而无奈做了坏事，但如果他心怀愧疚，有悔改之心，那么我们就要宽容他，劝导和帮助他改过自新，做一个好人。

## 【典籍阅读】

**1. 启蒙阅读：**

凡取与[①]，贵分晓，与宜多，取宜少。将加人，先问己，己不欲[②]，即速已[③]。恩[④]欲报，怨[⑤]欲忘，报怨短，报恩长。

——《弟子规》

**注释：**

①与：给予。②欲：想得到某种东西或想达到某种目的的要求。③已：停止。④恩：好处，深厚的情谊。⑤怨：不满意，责备；仇恨。

**译文：**

财物的取得与给予，贵在清楚明白，宁可多给予别人，自己少取一些。（叫别人做事）把事情（的责任）加到别人身上之前，要先问问自己是否愿意，如果连自己都不愿意，就要立刻停止。受人的恩惠要报答，对人的怨恨要忘却，怨恨要尽快忘掉，恩情要长记不忘。

**2. 进士阅读：**

子贡问曰："有一言而可以终身[①]行[②]之者乎？"子曰："其'恕[③]'乎！己所不欲，勿[④]施于人。"

——《论语·卫灵公》

**注释：**

①终身：一生，一辈子。②行：本义是道路，引申为行走、通行、品行、执行、奉行、行为等。此处指奉行。③恕：原谅，宽容。④勿：不，不要。

**译文：**

子贡问道："有没有一个字是可以终生奉行的呢？"孔子回答说："那就是'恕'字吧！自己不喜欢的事情，不要强加给别人。"

君子所以[①]异[②]于人者，以其存心也。君子以仁存心，以礼存心。仁者爱人，有礼者敬人。爱人者，人恒[③]爱之；敬人者，人恒敬之。

——《孟子·离娄下》

**注释：**

①所以：原因，缘故。②异：不同。③恒：持久，经常。

**译文：**

君子之所以不同于一般人，是因为他的存心。君子把仁放在心上，把礼放在心上。有仁德的人爱别人，有礼的人尊重别人。爱别人的人，别人会长久地爱他；尊重别人的人，别人会长久地尊敬他。

## 【明德养正】

陈寔发现有窃贼入室，没有把其抓起来报官，更没有惩罚他，而是让家人和窃贼一起上了一堂特殊的德育课，既展现了自己宽容恕人的风度，又不失时机地教育晚辈和小偷怎样做人。陈寔的所作所为启发我们，凡事不要简单粗暴，要分析事物的本质，对犯了错误的人立足于教育帮助，往往能够收到更好的效果。

《弟子规》《论语》和《孟子》都告诉我们：滴水之恩要涌泉相报，自己不喜欢的不要强加于人，做人要包容大度，不要因一点小积怨耿耿于怀。

## 【书香家学】

居家①戒②争讼(sòng)③，讼则终凶；处世戒多言，言多必失。勿恃(shì)④势力而凌(líng)逼孤寡⑤，毋贪口腹而姿杀生禽⑥。乖僻(pì)⑦自是，悔误必多；颓惰⑧自甘，家道难成。狎昵(xiá nì)⑨恶少，久必受其累；屈志老成⑩，急则可相依。轻听发言，安知非人之谮(zèn)诉⑪？当忍耐三思；因事相争，焉知非我之不是？需平心暗想。

——《朱柏庐治家格言》

**注释：**

①居家：指在家的日常生活。②戒：防备；革除不良的思想、语言、行为等。③争讼：因事争论而诉讼。讼，在法庭上争辩是非曲直，打官司。④恃：依赖，仗着。⑤凌逼孤寡：欺凌逼迫孤儿寡妇。⑥恣杀生禽：无节制地捕杀鸟兽。恣，放纵。禽，泛指鸟兽等野生动物。⑦乖僻：指性格古怪、孤僻；性情乖张偏执。⑧颓惰：态度轻慢慵懒，做事懒惰疲沓。⑨狎昵：过于亲近，态度不庄重。⑩屈志老成：谦卑恭敬地去敬奉老成之人。老成，指有智慧、办事稳重的人。⑪谮诉：说别人的坏话，诬陷，中伤。

**译文：**

在家的日常生活，防备因事争论诉讼，争斗诉讼是不吉利的；处世不可多说话，话说多了一定会有失误。不要仗着势力欺凌逼迫孤儿寡妇，不要贪口腹之欲而无节制地捕杀飞鸟走兽。性格古怪、孤僻、自以为是的人，常常会多做令其懊悔的事情；颓废懒惰、沉迷不悟，是难以成家立业的。过于亲近品行恶劣的年少无赖，日子久了必然会受牵累；谦卑恭敬地去敬奉有智慧、办事稳重的人，遇到急难时可得到指导或帮助。不可轻信他人的说长道短，因为很难确定他是不是来拨弄是非的，所以要学会忍耐，要三思而行；因事与他人相争，很可能自己看待和处理事情中也有不对的地方，要冷静反省自己。

## 【诗文吟诵】

### 晓出①净慈寺②送林子方③

北宋·杨万里

毕竟④西湖六月中，风光不与四时⑤同。
接天⑥莲叶无穷碧⑦，映日荷花别样⑧红。

**注释：**

①晓：天亮。 ②净慈寺：全名“净慈报恩光孝禅寺”，与灵隐寺为杭州西湖南北山两大著名佛寺。 ③林子方：作者的朋友，官居直阁秘书。 ④毕竟：到底。 ⑤四时：春夏秋冬四个季节。此指六月以外的其他时节。 ⑥接天：像与天空相接。 ⑦无穷碧：因莲叶无边无际，呈现无穷尽的碧绿。 ⑧别样：宋代俗语，特别，不一样。

**译文：**

到底是西湖，六月里的时候，风光与其他季节不同。

碧绿的荷叶无穷无尽，好像与天空相接；荷花在阳光的照耀下显得格外艳丽鲜红。

**赏析：**

本诗通过对西湖美景的赞美，表达了作者对友情的珍惜。此诗开篇先写六月的西湖带给作者的总的感受，再具体描绘西湖荷花盛开的无限风光。“别样”一词，传神地描绘了六月西湖迥（jiǒng）异于平时的绮（qǐ）丽景色，含蓄地表达了作者对仕途的升降和名利的得失的淡然，以及对眼前美丽风光和朋友情谊的珍惜之情。

**作者：**

杨万里（1127—1206），字廷秀，号诚斋（zhāi），吉州吉水（今属江西省）人，南宋诗人，曾任国子博士、太子侍读、宝谟（mó）阁直学士等职。他的诗摆脱了江西诗派脱离生活，只在字句韵律上着意锻造的风气，形成了独具特色、对后世影响颇大的“诚斋体”。有《诚斋集》等。

## 【说文解字】

**字源：**

恕，篆文=（如）+（心），由己之心推及他人之心，表示追求仁爱。

**释义：**

恕，仁慈。字形采用“心”作形旁，“如”作声旁。

**演变：**

| 甲骨文 | 金文 | 篆书 | 隶书 | 草书 | 楷书 | 行书 |
| --- | --- | --- | --- | --- | --- | --- |
| 缺 | 恕 | 恕 | 恕 | 恕 | 恕 | 恕 |

## 【乾坤通识】

### 五福临门

“五福临门”中的五福一般是指长寿、富贵、康宁、好德、善终。长寿是命不夭折且福寿绵长；富贵是钱财富足且地位尊贵；康宁是身体健康且心灵安宁；好德是生性仁善且宽厚宁静；善终是生命临终时，没有遭到横祸，身体没有病痛，心里没有挂碍和烦恼，安详自在地离开人世。

五福的说法最早见于《书经·洪范》：“一曰寿，二曰富，三曰康宁，四曰攸（yōu）好德，五曰考终命。”这是我国古代人们关于幸福观的五条标准。后因避讳（huì），东汉桓谭（tán）于《新论·辨惑第十三》中把“考终命”做了修改，把五福改为“寿、富、贵、安乐、子孙众多”。后来演化为“福禄寿财喜”，则更符合世俗的要求。怎样的人才能得到五福呢？子曰：“智者动，仁者静；智者乐，仁者寿。”（《论语·雍也》）朱熹（xī）解释说，聪明的人通达事理，反应敏捷而又思想活跃，性情好动，就像水一样川流不息；仁厚的人安于义理，仁慈宽容而不易冲动，性情好静，就像山一样稳重不迁。所以，能得到五福的人，一定是善良的人、有智慧的人、仁智双全之人。

## 【知学思考】

1. 有的人总喜欢给别人起外号，被起外号的人会成为大家取笑的对象，从此便会背上沉重的心理包袱。你有过被人捉弄的经历吗？如果有，当时心里是什么滋味呢？自己不喜欢的事情可以强加给别人吗？为什么？

2. 情景思考：读下列短文，如果你是周小秒，你会怎样做？为什么？

周小秒与华敢是同班同学，又是邻居。周小秒是班里的学习委员，华敢很偷懒，学习成绩不好，老师安排周小秒结对帮助华敢，所以周小秒让华敢放学后来家里一起写作业。有一天，周小秒最喜爱的湖笔不见了，几天后，徽墨也不见了。会是谁拿走的呢？

暑假里的一天上午，周小秒去约华敢打乒乓球，走进华敢的卧室，在他零乱的书桌上发现了自己失窃的湖笔和徽墨。周小秒顿时火冒三丈，想当场质问华敢，但转而一想，如果当面揭穿他，今后他就不会再来找自己写作业了，自己向老师承诺过的事就完成不了了；如果不揭穿他，今后他还可能再偷东西，甚至小偷会变成大盗。周小秒左思右想，怎么也想不出一个周全的办法。

## 【知行合一】

1. 向家人和朋友讲述《梁上君子》的典故，然后阅读下列两段后续故事：

——窃贼拿了陈寔赠送的两匹绢，心想：陈寔不仅不惩罚我，而且还赠我绢布，开导我做一名自食其力的好人，我一定不能辜（gū）负他的一片好意。于是，他用一匹绢布为全家人做了几套衣服，一匹换成种子和粮食，从此做一个安分守己、勤俭持家、自食其力的好人。一年后，他全家人过上了丰衣足食的生活。

——窃贼拿了陈寔赠送的两匹绢，心想：陈寔不仅不惩罚我，而且还赠我绢布，他如此富裕真令人羡慕啊！我也要想办法尽快赚钱致富，到时候也像他一样过上大富翁的日子。于是，他用一匹绢布换了一些大米和酒肉，一匹卖了拿钱做赌注打算一夜致富。一个月后，大米酒肉吃光了，赌注也输光了。他重新做起偷鸡摸狗的勾当，有一次从梁上跌下来摔断了腿。从此，梁上君子变成了路上瘸（qué）子，靠乞讨度日。

（1）思考：窃贼得到陈寔的宽恕、开导和赠送后，可能会有上述两种结果，一是痛改前非，重新做人；二是不思悔过，重蹈覆辙。导致两种结果的根本原因是什么？

（2）理解成语“知恩图报”“安分守己”“勤俭持家”“自食其力”。

（3）联系实际，理解“君子慎始，差之毫厘，缪以千里”的意思。

2. 和家人一起吟诵杨万里的《晓出净慈寺送林子方》，说说杭州西湖“南屏晚钟”和“曲院风荷”这两个景点的特色。

3. 家庭小测试：“五福”的内容是什么？

4. 和父母、朋友一起理解、书写“恕”“福”“智者乐水，仁者乐山；智者动，仁者静；智者乐，仁者寿。”

5. 素养提升训练：

（1）理解“恩欲报，怨欲忘”的意思，回想自己是怎样报恩和忘却怨恨的，选取某个事例谈谈体会。

（2）阅读“接天莲叶无穷碧，映日荷花别样红”，以《荷花》为题创作一首诗歌。

6. 和父母一起猜谜语：

（1）上天从云，下界随虫。（打一动物）

（2）背板过海，满腹文章，从无偷窃行为，为何贼名远扬？（打一动物）

（3）屡试屡成。（打一动物）

（4）白天草里住，晚上空中游，金光闪闪动，见尾不见头。（打一动物）

（5）小小船，白布篷，头也红，桨也红。（打一动物）

7. 阅读《仁义胡同》的历史故事，思考：如果傅以渐依仗自己的权势，出面叫山东的地方官打招呼，那么事情将会怎样发展？会是怎样的结果？回顾一下，自己与邻居、同学或其他人有过矛盾吗？你是怎样处理的？

清朝顺治年间，山东聊城傅以渐在京为官时，家人曾因宅基地与邻居相争，家人写信给他，让他出面向山东的地方官打个招呼，予以照顾。他看信后，立即写了一封回信。家人展开一看，只有四句话："千里来书为堵墙，让他三尺又何妨；万里长城今犹在，不见当年秦始皇。"

家人读后，深知其意，就将宅墙退让三尺，与其争执的邻居知道后为之感动，也学着让出三尺。于是，两家之间出现了一条六尺宽的胡同。这件事，在乡里传为佳话。

有一年，康熙皇帝南巡路过聊城，知道此事并得知傅以渐做了许多有利于地方的义事，在百姓中口碑很好，顿生褒奖之心，挥笔题写了"仁义胡同"四个字，制成牌匾嵌立于胡同口的墙中。傅以渐的诗也被后人勒石，嵌入牌匾的下方。此后，"仁义胡同"便在聊城叫开了，一直沿用至今。

【历史典故】

## 释鹿得人

有一次，鲁国国君孟孙带随从进山打猎，臣子秦西巴跟随左右。途中，孟孙活捉了一头可爱的小鹿，于是就下令让秦西巴先将小鹿送回宫中，以供日后玩赏。

回宫的途中，秦西巴发现一头大鹿紧跟其后，不停地哀号。大鹿一叫，怀里的小鹿便应和，叫声凄惨。秦西巴顿时明白这是一对母子，于是动了恻隐之心，把小鹿放在地上。母鹿不顾危险，一下冲到小鹿身边，舔了舔小鹿的嘴，小鹿似乎心领神会，母子俩撒腿就往林子深处跑去。孟孙打猎归来，得知秦西巴放走了小鹿，火冒三丈，一气之下便将他赶出了宫门。

过了一年，孟孙的儿子到了念书的年龄，孟孙决定为儿子找一位品德和才华皆好的老师。臣子推荐的老师孟孙总觉得不满意，此时，他突然想起了被自己赶出宫去的秦西巴，心中豁然开朗[①]，立即命人去寻找秦西巴，拜他为太子师。

大臣们对国君的做法感到疑惑[②]，小心地问道："秦西巴当年自作主张，放走了大王钟爱的小鹿，犯下了欺君之罪。您现在反而请他来做太子师，这合适吗？"

孟孙笑了笑说："秦西巴不但学问好，更有很好的品德。他对一头小鹿都生恻隐之心，请他做太子师，我可以放心了。"秦西巴最终被拜为太子师，他的恻隐之心得到了大家的赞扬。

**注释：**

①豁（huò）然开朗：形容一下子明白了某种道理，心情十分舒畅。豁，宽阔。然，……的样子。开，宽阔。朗，明亮。

②疑惑：指对人和事物有疑虑、困惑。

**启示：**

地球是一个大家庭，如果人类为了自身的利益恣意地灭绝一些物种，生态环境就会失去平衡，人类就会失去安全和幸福。所以，古人早就告诫人们要有恻隐之心，不仅对贫困病残的人要有同情心，对其他弱小的生命也要如此，人类要与自然万物和谐相处，共同维护地球这个大家庭。

## 【典籍阅读】

### 1. 启蒙阅读：

景行（xíng）①维②贤，克念③作圣④。德建名立，形端⑤表正。

——《千字文》

**注释：**

①景行：指崇高光明的德行。 ②维：同“唯”，唯独。 ③克念：克制私念、妄念。 ④作圣：作为圣贤。 ⑤端：端庄。

**译文：**

高尚的德行，唯有向圣贤看齐；克制自己的妄念，才能成为圣人。德行建立起来了，名声自然会树立；心行举止端庄了，仪表自然就端正。

### 2. 进士阅读：

子曰：“富与贵，是人之所欲也，不以其道得之，不处也；贫与贱，是人之所恶①也，不以其道得之，不去也。君子去仁，恶乎成名？君子无终食之间违仁，造次②必于是，颠（diān）沛③必于是。”

——《论语·里仁》

**注释：**

①恶：讨厌，憎恨。 ②造次：匆忙、仓促。 ③颠沛：困顿挫折。

**译文：**

孔子说：“富裕和尊贵，是人们都想要的，如果不用正当的手段得到它，就不会心安理得的享用；贫穷与低贱，是人们都厌恶的，如果不用正当的手段摆脱它，那也是去不掉的。君子如果离开了仁德，名声能不坏掉吗？君子没有一顿饭的时间可以背离仁德，就是在匆忙、仓促和紧急时也一定遵循仁德，在困顿挫折时也不违背仁德。”

颜渊问仁。子曰：“克己复礼①为仁。一日克己复礼，天下归仁焉②。为仁由己，而由人乎哉③？”颜渊曰：“请问其目。”子曰：“非礼勿视，非礼勿听，非礼勿言，非礼勿动。”颜渊曰：“回虽不敏，请事斯[4]语矣！”

——《论语·颜渊》

**注释：**

①克己复礼：指约束自己，使每件事都归于西周“礼”所规定的道德规范，达到仁的境界。②焉：兼词，一般都用在句尾，有于是、于之的意思。③哉：表疑问或反诘，相当于“吗”“呢”；表感叹，相当于“啊”。④斯：这，这个，这里。

**译文：**

颜渊问什么是仁。孔子说：“约束自己，一切都按照礼的规定去做就是仁。一旦这样做，普天下的人就会按照仁德的标准去做了。修行仁德完全靠自己，难道还靠别人吗？”颜渊说：“请问修行仁德的具体要求。”孔子说：“不符合礼的事不看，不符合礼的话不听，不符合礼的话不说，不符合礼的事不做。”颜渊说：“我虽然不聪敏，请让我按照您说的这些话去做吧。”

## 【明德养正】

仁德、恻隐都是儒家所提倡的。孟子曾提出“四端”说，它是儒家思想的一个重要内容，也是他对先秦儒学理论的一个重要贡献。孟子的“四端”是指：“恻隐之心，仁之端也；羞恶之心，义之端也；辞让之心，礼之端也；是非之心，智之端也。”孟子认为，儒家“仁义礼智”准则来自于“恻隐、羞恶、辞让、是非”这四种情感，故称四端。所以，儒家要求人们要有最起码的恻隐之心、羞恶之心，学会辞让，学会明辨是非，自觉按照仁、义、礼、智的准则规范自己的言行。

此外，儒家非常强调节俭，把俭纳入“温、良、恭、俭、让”的仁德范畴（chóu）。子曰：“贤哉回也！一箪（dān）食，一瓢（piáo）饮，在陋巷，人不堪其忧，回也不改其乐。贤哉回也！”孔子极力推崇颜回“安贫乐道”的精神，认为生活勤俭是一种美德，贫穷还能守住仁德道义是一种很高的精神境界。当代社会，物质财富丰裕了，但所有的物质都是有限的，经不起浪费，需要人们珍惜、节俭。节俭要从平日的衣食住行做起，一滴水、一粒粮、一寸布、一张纸、一度电，都不得铺张浪费。

## 【书香家学】

夫帝子亲王，先须克己。每着一衣，则悯[1]蚕妇；每餐一食，则念耕夫。至于听断之间，勿先恣其喜怒。朕每亲临庶(shù)政[2]，岂敢惮(dàn)[3]于焦劳[4]！汝等勿鄙(bǐ)[5]人短，勿恃己长，乃可永久富贵，以保贞吉[6]。先贤有言：“逆吾者是吾师，顺吾者是吾贼。”不可不察也。

——唐·李世民《诫皇族》

**注释：**

①悯：哀怜，怜恤（xù）。②庶政：各种政务。庶，各种、众多。③惮：怕，畏惧。

④焦劳：焦虑烦劳。⑤鄙：轻蔑，看不起。⑥贞吉：指纯正美好。

**译文：**

作为皇亲贵戚，首先必须严格要求自己。每穿一件衣服，都要怜恤养蚕妇人的辛苦；每吃一顿饭，都要感念农夫的艰难。至于听取别人的言语时，一定要冷静思考、细致辨别，切不可凭自己的喜怒感情用事。我经常亲自处理各种烦杂的政务，怎么敢因为怕辛劳而推辞！你们不要看不起别人的短处，也不要依仗自己的长处而妄自尊大，只有这样才能拥有永久的富贵，以保一生吉祥顺利。先贤曾说过："敢于触犯我的人是我的老师，一味顺从我的人是害我之人。"不能不仔细辨别啊！

## 【诗文吟诵】

### 悯①农

唐·李绅

锄禾②日当午，汗滴禾下土。
谁知盘中餐③，粒粒皆辛苦。

**注释：**

①悯：哀怜，怜恤。②禾：谷类植物的统称。③餐：饭食。

**译文：**

农民在正午烈日下给庄稼锄草，汗水滴在禾苗生长的土地上。

有谁知道盘中的饭食，每粒都是农民用辛勤劳动换来的呢？

**赏析：**

李绅年轻时目睹农民终日劳作而不得温饱的现实，以同情和愤慨的心情写出了传诵千古的两首《悯农》诗，这是其二。"谁知"一句蕴意深远，凝聚了作者无限的愤懑（mèn）和真挚的同情，千百年来传诵不衰。

**作者：**

李绅（772—846），字公垂，无锡（今属江苏省）人，唐代诗人，曾任翰林学士、淮（huái）南节度使、中书侍郎等职。李绅是新乐府运动的参加者，《全唐诗》录有其诗。

## 【说文解字】

**字源：**

德，甲骨文=（行，道路）+（直，眼睛直视向前，不曲折，不犹豫），表示公正的道德。

**释义：**

德，升也。字形采用“彳”作形旁，“”作声旁。

**演变：**

| 甲骨文 | 金文 | 篆书 | 隶书 | 草书 | 楷书 | 行书 |
| --- | --- | --- | --- | --- | --- | --- |
|  |  |  |  |  |  |  |

## 【乾坤通识】

### 四季 五行 四面 八方 五谷 六畜

**四季** 指春、夏、秋、冬四个季节，一年四季，寒来暑往，春种夏耘（yún），秋收冬藏。

**五行** 指金、木、水、火、土，这五种常见的东西组合变化而产生各种事物，相生相克自有规则，说明事物普遍联系和相互影响的关系。

**四面** 东、南、西、北四个方位，合称四面。

**八方** 东、东南、南、西南、西、西北、北、东北八个方向，称为八方。

**五谷** 稻、黍（shǔ）、稷、麦、菽（shū），通常将稻谷、粟（sù）、麦、豆等庄稼合称五谷，是人类赖以生存的粮食。

**六畜** 马、牛、羊、猪、狗和鸡（禽），这六种动物本来是野生的，后来渐渐被驯（xùn）化，成为人类饲养的禽畜。

## 【知学思考】

1. 你看见小鸟、小动物会去追打捕捉吗？你看见公园里的小草被人践踏、鲜花被人采摘，会去劝阻吗？为什么？

2. 理解“谁知盘中餐，粒粒皆辛苦”，想想你还知道哪些古往今来关于勤俭节约的名言警句或故事，例如“历览前贤国与家，成由勤俭败由奢（shē）”。

## 【知行合一】

1. 讲述《释鹿得人》的典故，懂得做人要有恻隐之心，对弱小的生命要有怜悯、同情之心，不要去伤害它们。

2. 和家人一起吟诵、背诵李绅的《悯农》，领会“每一粒粮食都来之不易”，说说今后应该怎样节约粮食。

3. 和父母、朋友一起理解、书写“道”“德”“勿鄙人短，勿恃己长，乃可永久富贵，以保贞吉”。

4. 素养提升训练：

（1）阅读“锄禾日当午，汗滴禾下土。谁知盘中餐，粒粒皆辛苦”，说说平时你是怎样爱惜食物的，选取某个事例写一篇生活日记。

（2）理解“地球上最后一滴水将是人类的眼泪”，通过联想与想象讲述一则小故事，告诫身边的人爱惜地球上的资源。

5. 家里是不是经常有剩饭、剩菜倒掉？如果是，试一试劝父母爱惜粮食和蔬菜，尽可能少做一点；试一试帮助父母淘米、洗菜。

6. 观看电视剧《天下粮仓》和《天下粮田》，体会“国以土为基”“民以食为天”的含义。

第十课 近贤

【历史典故】

## 孟母三迁

孟轲[①]是孔子之后儒家学说的重要代表人物，他的学说与孔子的学说一起被合称为“孔孟之道”。

孟轲从小丧[②]父，全靠母亲日夜纺纱织布维持生活。孟母勤劳而有见识，希望儿子读书上进，早日成才。一开始，他们家住在墓[③]地附近，孟轲经常看到穿着孝服的送葬[④]队伍，哭哭啼啼地抬着棺材来到墓地。他觉得好玩，就模仿他们学了些祭拜[⑤]之类的事，玩起了办理丧事的游戏。孟母说：“这里不是你该呆的地方。”

后来，她把家搬到一个集市附近。在这里，孟轲看到的是来来往往的商人，玩起了做买卖的游戏。孟母又说：“这里也不是你该呆的地方。”

孟母第三次搬家了。这一次，搬到了学宫的附近，孟轲所接触到的是读书和学礼，他也跟着摇头晃脑念起书来，并学会了鞠躬[⑥]行礼和进退的礼节。孟母见了高兴地说：“这个地方你可以呆下去了。”

他们就在那里长期居住下来。在这种环境的熏陶[⑦]下，孟轲最终成为闻名天下的大儒。人们都说，孟母善于利用环境潜移默化[⑧]地教育孩子。

**注释：**

①孟轲：战国时期伟大的思想家、教育家，鲁国人，是继孔子之后的儒学大家，后世尊为亚圣，与孔子并称“孔孟”。②丧：丢失，失去。③墓（mù）：埋葬死人的地方。④葬：掩埋死者遗体。⑤祭（jì）拜：祭祀礼拜。⑥鞠躬：弯身行礼，以示恭敬。⑦熏陶：喻指人的思想行为因长期接触某些事物而受到好的影响。⑧潜移默化：指人的思想或性格不知不觉受到感染、影响而发生变化。潜，暗中，不见形迹。默，不说话，没有声音。

**启示：**

生活环境能够影响人的成长，小孩子要尽量避免去不健康的场所，使自己保持纯朴、向善、勤学、敬业等优秀品质，长大后成为拥有仁者品质的人才。

## 【典籍阅读】

### 1. 启蒙阅读：

能亲仁，无限好，德①日进，过日少。不亲仁，无限害，小人进，百事坏。

——《弟子规》

**注释：**

①德：本意是顺应自然、社会和人类客观规律去做事，它是众人奉行的为人处事最高准则。

**译文：**

能够亲近仁人君子，向他学习，真是再好不过了，这会使你的德行一天比一天进步，过错就会越来越少。如果不肯亲近仁人君子，就会有无穷的祸害，因为不肖的小人会来亲近你，日积月累，你的言行举止都会受影响，导致诸事的失败。

近贤①则聪②，近愚③则聩(kuì)④。

——唐·皮日休《文薮·耳箴》

**注释：**

①贤：指有德行有才能的人。②聪：聪明而有才智。③愚：指愚笨的人。④聩：不明事理。

**译文：**

接近有德行有才能的人，你就会聪明而有才智；接近愚笨的人，你就会不明事理。

### 2. 进士阅读：

子曰："里仁①为美。择不处仁，焉得知(zhì)②？"

——《论语·里仁》

**注释：**

①里仁：与仁人为邻，指住在有仁德的人近旁。②知：通"智"，明智、智慧。

**译文：**

孔子说："与有仁德的人做邻居，才是好的。选择住处不考虑与有仁德的人做邻居，怎么能算是明智呢？”

孔子曰：“吾死之后，则商[①]也日益[②]，赐（cì）[③]也日损[④]。”曾子曰：“何谓也？”子曰：“商也好与贤己者处，赐也好说不若己者。不知其子视其父，不知其人视其友，不知其君视其所使，不知其地视其草木。故曰与善人居，如入芝兰之室，久而不闻其香，即与之化矣；与不善人居，如入鲍（bào）鱼之肆（sì）[⑤]，久而不闻其臭，亦与之化矣。丹之所藏者赤，漆（qī）[⑥]之所藏者黑，是以君子必慎其所与处者焉。”

——《孔子家语·六本》

**注释：**

①商：指卜商，字子夏，春秋时晋国人，孔子的门生，“孔门十哲”之一。 ②益：增加。 ③赐：指端木赐，字子贡，春秋末年卫国人，孔子的门生，“孔门十哲”之一。 ④损：减少。 ⑤肆：店铺。 ⑥漆：漆树科落叶乔木，漆液是天然树脂黑色涂料。

**译文：**

孔子说：“我死后，子夏会比以前更有进步，但子贡却会有所退步。”曾子问：“为什么呢？”孔子说：“子夏喜欢与比自己贤明的人在一起，而子贡则喜欢与比不上自己的人在一起。不了解孩子，看看孩子的父亲就可以了；不了解某人，看看他周围的朋友就可以了；不了解君主，看看他派遣的使者就可以了；不了解地方的情况，看看地上的草木就可以了。因此，常和品行高尚的人在一起，就像进入种植芝兰的屋子，时间长了便闻不到香味，其本身已经充满香气了；与品行低劣的人在一起，就像到了卖鲍鱼的地方，时间长了也闻不到腥（xīng）臭味，其本身也已经满是腥臭了。丹砂（shā）里所蕴含的是红色，漆树里所蕴含的是黑色。所以君子必须谨慎选择朋友啊。”

## 【明德养正】

“性相近，习相远”，良好的环境对人的生活和成长是十分重要的。正因为孟母三迁，择邻而居，才使孟子很早就受到重礼、好学风习的熏陶，为他长大后致力于儒家思想的传承和弘扬，打下了坚实而稳固的基础，使之最终成为中国古代伟大的思想家、教育家、政治家、文学家、雄辩家。“出淤（yū）泥而不染”固然是一种高洁的境界，但需要强大的抵御能力，而更明智的选择是亲贤人、远小人、远离负能量，这是人人都可以做到的。

## 【书香家学】

后生才锐[①]者，最易坏。若有之，父兄当以为忧，不可以为喜也。切须常加简束[②]，令熟读经学，训之以宽厚恭谨[③]，勿令与浮薄者[④]游处。如此十许年，志趣自成。

——《陆游家训》

**注释：**

①锐：敏捷，灵敏。②简束：约束，管教。③恭谨：恭敬，谨慎。④浮薄者：游手好闲轻薄的人。

**译文：**

才思敏捷的年轻人，最容易学坏。如果有这样的子弟，作为父亲、兄长的应当忧虑，而不能看作是可喜的事。一定要经常加以约束管教，让他们熟读儒家经典，训导他们做人必须宽容、厚道、恭敬、谨慎，不让他们与游手好闲、轻浮浅薄的人来往。这样十多年后，正确的志向和情趣自然就会养成。

## 【诗文吟诵】

### 墨萱图[①]（其一）

元・王冕

灿灿萱草花，罗生[②]北堂下。
南风吹其心，摇摇为谁吐？
慈母倚门情，游子行路苦。
甘旨[③]日以疏，音问日以阻。
举头望云林[④]，愧听慧鸟[⑤]语。

**注释：**

①墨萱图：王冕画的水墨萱草图。②罗生：不规则地生长。罗，分散。③甘旨：美味的食物。④云林：隐居之所。此处指家乡方向远处朦胧的山林。⑤慧鸟：吉祥的鸟。此处是指杜鹃，又名杜宇、子规。其鸣叫声为“不如归去”，容易引起游子的乡愁。

**译文：**

灿烂的萱草花，散布在北堂的院子里。

温和的南风吹着萱草，摇摆着是为谁吐露芬芳？

慈祥的母亲倚门盼望孩子，远行的游子旅途如此艰难困苦。

对双亲的奉养日渐疏少，孩子的音讯都不能及时传到。

我抬头远眺家乡方向，看到一片朦胧的山林，听到慧鸟的叫声，乡愁油然而生，但身不由己，一时还不能回家看望母亲，心中十分惭愧。

**赏析：**

萱草花又称忘忧草，是中国的母亲花。古时游子远行时，会先在北堂种上萱草，以减轻母亲对孩子的思念，忘却烦忧。虽说忘忧，但母亲对游子的牵挂却终其一生，作者用萱草花暗喻浓浓的母爱，表达了在外游子对故乡母亲的深切思念和不能在母亲身边尽孝的愧疚。

**作者：**

王冕（1287—1359），字元章，号梅花屋主，浙江诸暨（jì）人，元代画家、诗人、篆（zhuàn）刻家。王冕的诗作多同情人民苦难，描写田园隐逸生活。有《竹斋诗集》。

## 【说文解字】

**字源：**

贤，是“賢”字的简体字。賢，甲骨文 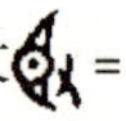 =  （臣，官吏）+ （又，抓持，掌握、管理），表示有管理才能的官吏。

**释义：**

賢，多才多能。有道德又有才能的人称为贤人。字形采用“貝”作形旁，“臤”作声旁。

**演变：**

| 甲骨文 | 金文 | 篆书 | 隶书 | 草书 | 楷书 | 行书 |
| --- | --- | --- | --- | --- | --- | --- |
|   |   |   |   |   |   |   |

## 【乾坤通识】

### 椿萱并茂

“椿萱并茂”指椿树和萱草都很茂盛，比喻父母都很健康。椿喻指父亲长寿，出自《庄子·逍遥游》：“上古有大椿者，以八千岁为春，八千岁为秋。”

椿树为落叶乔木，树体高大，是庭院、路旁绿化的优质植物，其嫩芽可食用，且有药用价值，古人用以喻指父亲。

萱草是多年生宿根草本植物，其花蕾可食用，营养丰富。萱草，有忘忧草、鹿箭、金针、黄花菜等别名，古人用以喻指母亲。《诗经·卫风·伯兮》：“焉得谖（xuān）草，言树之背。”“谖”通“萱”，萱草是忘忧之草。

椿萱合称喻指父母，古称父为椿庭，母为萱堂。清代程登吉著的《幼学琼林·祖孙父子》有“父母俱存，谓之椿萱并茂”之句。

## 【知学思考】

1. 星期天，你在家看书学习，顽皮的表弟吵吵闹闹干扰你，你会怎样处理？

2. “近朱者赤，近墨者黑”，比喻接近好人可以使人变好，接近坏人可以使人变坏。思考这句话与本课学习的哪些话意思相近，它们重点强调的是什么？你知道有哪些相关的故事或名言警句？

## 【知行合一】

1. 讲述《孟母三迁》的故事，体会环境对人成长的作用，建议每个家庭给孩子留一点可以用来安静学习的空间。

2. 吟诵王冕的《墨萱图·其一》，说说古时游子要远行时为什么会先在庭院里种上萱草。

3. 和父母、朋友一起理解、书写“贤”“近贤则聪，近愚则聩”。

4. 素养提升训练：

（1）阅读“能亲仁，无限好，德日进，过日少”，说说你平时在与品行好的小伙伴交往中学到了什么。

（2）理解“里仁为美”的意思，以《我的好邻居》为题讲述或记叙一则真实的故事。

5. 欣赏明代画家沈周的《椿萱图》，感悟作者对父母真诚的孝心和感恩之情。

第十一课 忠正

【历史典故】

## 魏徵[①]直谏[②]

唐贞观六年，有朝臣提议唐太宗往泰山举行封禅[③]大典，以显耀[④]大唐文治武功的盛世风貌，众大臣都附议，唯独魏徵极力劝阻。

唐太宗责问道：“我的功业不高吗？德行不厚吗？外邦[⑤]没有臣服[⑥]吗？年成不好吗？”

魏徵答道：“陛下功业虽高，但恩泽还未惠及全国；外邦的小国虽然已经臣服，但还未能满足其要求；年成虽然还不错，但仓库尚不够丰盈。因此，还没有到举行封禅大典的时候。”

唐太宗沉默不语，魏徵又说：“让刚病愈的人扛一石[⑦]米日行百里，是要累垮的。国家元气还没有完全恢复，就急于向上天报告大功告成是不妥当[⑧]的。封禅大典要耗费大量资财，如果遇上灾荒，风雨骤变，那后悔就来不及了。”他还说：“把池塘里的水抽干来捞鱼，明年就没有鱼了；把森林烧光去捕兽，明年就没有兽了。”唐太宗最终采纳了他的建议。

魏徵是历史上有名的忠正贤臣，他事事以国家利益为重，不仅给唐太宗讲解“民可载舟，亦可覆舟”“兼听则明，偏信则暗”的治国道理，主持制定了“偃武修文[⑨]，中国既安，四夷[⑩]自服”的治国方针，还经常直言进谏修正太宗的错误决策。

魏徵直谏，时常让唐太宗下不了台，但冷静后又为有这样忠谏之臣感到欣慰，心里更加钦佩[⑪]他的忠诚正直。魏徵去世后，唐太宗常常缅怀[⑫]他，曾很伤感地对众臣说：“以铜为鉴[⑬]，可以正衣冠；以古为鉴，可以知兴替；以人为鉴，可以明得失。今魏徵逝，一鉴亡矣。”

**注释：**

①魏徵：唐朝大臣，被后人称为“一代名相”。 ②谏：规

劝君主或尊长，使改正错误。③封禅：指中国古代帝王在太平盛世时祭祀天地的大型典礼。④显耀：显摆炫耀。⑤外邦：外国，此处指自治的地方州郡。⑥臣服：指屈服称臣，接受统治。⑦石（dàn）：容量单位，10斗等于1石。⑧妥（tuǒ）当：稳妥，适当。⑨偃（yǎn）武修文：停止武事，振兴文教。偃，停止。修，昌明，修明。⑩四夷（yí）：古指华夏族以外的四方少数民族。⑪钦佩：敬重佩服。⑫缅（miǎn）怀：怀念，追想（已往的人或事，含崇敬意）。⑬鉴：镜子。

**启示：**

为官要忠诚，做人要正直、要敢于说真话，不能阳奉阴违，表里不一。作为领导人要虚怀若谷，容得下持不同意见的人，听得进各种批评的建言，能采纳好的主张。

## 【典籍阅读】

**1. 启蒙阅读：**

闻过[①]怒，闻誉[②]乐，损友[③]来，益友却[④]。闻誉恐[⑤]，闻过欣[⑥]，直谅[⑦]士，渐相亲。

——《弟子规》

**注释：**

①过：责难，怪罪。此处指批评过错。②誉：称扬、赞美。③损友：对自己有害的朋友。损，减少。④却：退。⑤恐：恐惧，惊恐。⑥欣：快乐，喜欢。⑦直谅：正直诚信。

**译文：**

如果听到批评就生气，听到赞美就欢喜，那么坏朋友就会来亲近，良朋益友反而会逐渐疏远。反之，如果听到赞美就惊恐不安，听到责备却欢喜，那么正直诚信之士就会渐渐和你亲近了。

**2. 进士阅读：**

不以物喜，不以己悲；居庙堂之高[①]则忧其民，处江湖之远[②]则忧其君。是进亦忧，退亦忧。然则何时而乐耶（yé）[③]？其必曰“先[④]天下之忧而忧，后[⑤]天下之乐而乐”乎[⑥]。

——北宋·范仲淹《岳阳楼记》

**注释：**

①居庙堂之高：处在高高的庙堂上，意思是在朝廷上做官。庙堂，指太庙的明堂，古代帝王祭祀、议事的地方，此处借指朝廷。下文的“进”，即指“居庙堂之高”。②处江湖之远：处在僻远的江湖间，意思是不在朝廷上做官。下文的“退”，即指“处江湖之远”。③耶：文言疑问词，相当于“呢”或“吗”。④先：在……之前。⑤后：在……之后。⑥乎：文言叹词，相当于“呀”。

**译文：**

不因外物（好坏）和自己（得失）而或喜或悲。在朝廷上做官，就为百姓担忧；不在朝廷做官，也依然为国君担忧。于是，在朝为官也担忧，不在朝为官也担忧。那么他们什么时候才会感到快乐呢？他们一定会说：“在天下人担忧之前先担忧，在天下人快乐之后才快乐”吧。

曾子曰：“士不可以不弘（hóng）毅①，任重而道远②。仁以为己任③，不亦重乎？死而后已④，不亦远乎？”

——《论语·泰伯》

**注释：**

①弘毅：宽宏坚毅，刚强勇毅。此处指抱负远大，意志坚强。 ②任重而道远：比喻责任重大，路程遥远，要经历长期的奋斗。 ③己任：自己的责任或任务。 ④死而后已：形容为完成一种使命而奋斗终生。

**译文：**

曾参说：“士人不可以不刚强勇毅，因为责任重大，路途遥远。以实现仁德治国的政治主张为自己的使命，责任不是很重大吗？直到死亡才能停止，不是路途很遥远吗？”

## 【明德养正】

“以铜为镜，可以正衣冠；以史为镜，可以知兴替；以人为镜，可以明得失。”作为统治者的唐太宗如此重视谏言，作为贤臣的魏徵则以国家大业为重敢于直言，君臣相宜，成就了一段千古佳话。

“人非圣贤，孰能无过？”在现实中，人往往会陷入当局者迷的困境，这时候旁观者往往看得清，但大多数人是不会向我们提出批评的，只有真心朋友才会指出我们的过错，帮助我们去认识和改正错误。衷（zhōng）心的劝告、尖锐的批评，听起来可能会让人觉得不舒服，但对改正缺点错误确实很有好处。这样敢于直言相劝的朋友是最难能可贵的，值得我们好好珍惜。

## 【书香家学】

《虞书》①云：“宥（yòu）过②无大。”孔子云：“过而不改，是谓过矣。”凡人孰能无过，若过而能改，即自新③迁善④之机，故人以改过为贵。其实，能改过者，无论所犯事之大小，皆不当罪之也。

——清·康熙《庭训格言》

**注释：**

①虞书：《尚书》组成部分之一。相传是记载唐尧、虞舜、夏禹等事迹的书。 ②宥过：宽恕别人的过错。宥，宽容、饶恕、原谅。 ③自新：改过自新。 ④迁善：去恶为善，改过向善。

**译文：**

《虞书》上说："一时无意的过失，虽大也可以宽恕。"孔子说："有了过失而不改正，这才是真过失。"平常人谁能没有过失，如果有了过失而能够改正，这就是改过自新和去恶为善的机会，所以知错就改是人的可贵之处。其实，能够改正过失的人，无论所犯错误、过失是大是小，都不该严惩。

## 【诗文吟诵】

### 师 说（选段）

唐·韩愈

古之学者[①]必有师。师者，所以传道、受业、解惑也[②]。人非生而知之[③]者，孰能无惑？惑而不从师，其为惑也[④]，终不解矣。生乎吾前[⑤]，其闻[⑥]道也固先乎吾，吾从而师之[⑦]；生乎吾后，其闻道也亦先乎吾，吾从而师之。吾师道也[⑧]，夫庸知其年之先后生于吾乎[⑨]？是故[⑩]无贵无贱，无长无少，道之所存，师之所存也[⑪]。

**注释：**

①学者：求学的人。②师者，所以传道、受业、解惑也：老师，是用来传授道理、教授学业、解释疑难问题的。所以，用来……的。受，通"授"，传授。③生而知之：生下来就懂得道理。之，指知识和道理。④其为惑也：他所存在的疑惑。⑤生乎吾前：出生在我之前的人。乎，相当于"于"。⑥闻：知道，懂得。⑦从而师之：跟从（他），拜他为老师。师之，就是"以之为师"。⑧吾师道也：我（是向他）学习道理。⑨庸知其年之先后生于吾乎：哪管他的年龄比我大还是比我小呢？庸，岂、哪。知，了解、知道。年，此处指年龄。⑩是故：因此，所以。⑪道之所存，师之所存也：道存在的地方，就是老师在的地方。意思是谁懂得道理，谁就是自己的老师。

**译文：**

古代求学的人一定有老师。老师，是用来传授道理、教授学业、解答疑难问题的。人不是生下来就懂得道理的，谁没有疑惑呢？有了疑惑，如果不跟从老师学习，那些疑难问题，就始终不能理解了。出生比我早的，他懂得的道理本来就早于我，我应该跟从他以他为老师；生在我后面，如果他懂得的道理也早于我，我也应该跟从他以他为老师。我是向他学习道理的啊，哪里管他出生比我早还是比我晚呢？因此，无论地位高低贵贱，无论年纪大小，谁懂得道理，谁就是我的老师。

**赏析：**

《师说》是韩愈针对当时“耻学于师”的坏风气写的，他提出“古之学者必有师”“师者，所以传道、受业、解惑也”的观点，认为只有尊师重教，使遵行古人从师学习成为社会风尚，才能传承和弘扬仁义道德。

**作者：**

韩愈（768—824），字退之，河南河阳（今河南孟州）人，祖籍河北昌黎，世称“韩昌黎”，唐代文学家、哲学家、思想家、教育家，曾任国子祭酒、兵部侍郎、京兆尹等职。他的诗反映社会现实，关心政治得失，同情人民疾苦，朴素无华。他是唐代古文运动的创导者，是“唐宋八大家”之首。有《韩昌黎集》等。

## 【说文解字】

**字源：**

“正”，是“征”的本字。正，甲骨文 = （口，古“丁”字，是射箭的靶心，古代也称作“侯布”）+ （止，行走），表示行有准的，引申公正、正直。行军征战有目标，以正义讨伐不义，另造“征”字。

**释义：**

正，正直无偏斜。字形采用“止”作字根，指事符号“一”表示射箭的靶心。

**演变：**

| 甲骨文 | 金文 | 篆书 | 隶书 | 草书 | 楷书 | 行书 |
|---|---|---|---|---|---|---|
| | | | | | 正 | |

## 【乾坤通识】

### “第一”的雅称

“第一”的意思，是排在最前的、最好的。它还有很多雅称：

**鳌（áo）头** 鳌是传说中海里的大龟，鳌头是首要的部分，独占鳌头意为占据第一。

**榜首** 古代科举考试后列名张榜，榜首即列于全榜最前面的第一名。

**夺魁（kuí）** 魁指领头者，夺魁就是夺取第一。

**夺标** 标指的是给优胜者发的奖品，夺标就是夺取第一的意思。

**执牛耳** 古代诸侯订立盟约时，主盟者要亲手割牛耳取血，让每人尝一点血，所以后来便以执牛耳象征在某一方面居领导地位，意为第一。

**领衔**（xián） 衔是指在文件上签署的名字，领衔指署在众人之前的名字，即第一人。

**冠军** 在比赛中获第一名的人，称为冠军。秦末复辟的楚国君主楚后怀王熊心因赏识宋义的才学，封他为“卿子冠军”，位在项羽（担任次将）之上，节制北上救赵的楚军。从魏晋到南北朝，冠军又成为将军的一种官衔，叫“冠军将军”。后来人们就称比赛的第一名为冠军。

**桂冠** 古希腊常将月桂树叶编织成的帽子授予杰出的诗人或竞技比赛的优胜者，象征光荣，后桂冠被借以指代第一。

**肇**（zhào）**举** 开创之举，也含第一的意思。

## 【知学思考】

1. 你的朋友犯了错，你会当面指出他的错误吗？你有没有敢于直言的朋友？朋友当众指出你的缺点，你会怎样？

2. 理解“以铜为镜，可以正衣冠；以史为镜，可以知兴替；以人为镜，可以明得失”的意思，说说我们在平常生活中如何“以人为镜”。

## 【知行合一】

1. 讲述《魏徵直谏》的故事，讨论：“说真话、敢直言、对人忠诚正直是一种良好的品质，但提意见要因人而异，适可而止。”这句话对吗？为什么？请用事例说明。

2. 阅读范仲淹的《岳阳楼记》名句，理解“先天下之忧而忧，后天下之乐而乐”的意思，学习范仲淹忧国忧民的士大夫精神，从小学会关心家人、老师、同学和朋友，长大后关心国家和人民大众。

3. 和父母、朋友一起理解、书写“正”“先天下之忧而忧，后天下之乐而乐”。

4. 素养提升训练：

（1）阅读“过而不改，是谓过矣”，你是如何理解这句话的？你平时犯错了当父母或老师向你指出时，你是怎样想的，怎样做的？选取某一事例写一篇生活日记。

（2）阅读理解“古之学者必有师。师者，所以传道受业解惑也”，联系实际，以《我的老师……》为题讲述或记叙一则真实的故事。

5. 填完整下列歇后语，并向父母请教还有哪些常用的歇后语。

刘姥姥进大观园——（　　　）

刘姥姥出大观园——（　　　）

林黛玉葬花——（　　　）

晴雯（wén）撕扇子——（　　　）

坐山观虎斗——（　　　）

狗咬吕洞宾——（　　　）

小葱拌豆腐——（　　　）

【历史典故】

## 携[1]民渡江

刘备采用诸葛亮的计谋在新野大败曹军之后，移驻在樊城[2]。曹操为了报仇，分兵八路，亲率大军杀奔樊城而来。

曹军声势浩大，刘备兵微将寡，诸葛亮料定无法抵挡曹军，便劝刘备避其锋芒，放弃樊城，渡过汉水，往襄（xiāng）阳撤退。刘备不忍抛弃跟随他的百姓，便命人在城中遍告："曹兵将至，孤城不可久守，百姓愿随者，可一同过江。"城中百姓都心甘情愿跟随刘备撤退。刘备令关羽在江边安排船只，护送百姓渡江，人多船少，扶老携幼[3]，争先恐后[4]。刘备见此情景，悲恸[5]不已，他认为百姓遭受此难都是源于自己，于是想要投江自尽。左右急忙抱住相劝。刘备到了南岸，看到江北还有无数没有渡江的百姓望南招手呼号。刘备命令关羽火速催船渡百姓过江，直到百姓将要渡完，他才上马离去。

**注释：**

①携：带。 ②樊（fán）城：地名，属湖北省襄阳市。③扶老携幼：扶着老人，领着小孩，多形容欢迎、投奔、逃亡等场合人们成群结队而行的情况。 ④争先恐后：指争着向前，唯恐落后。 ⑤悲恸（tòng）：非常悲哀或悲伤痛哭。

**启示：**

"得民心者得天下"，刘备以博爱的大仁取得了民心，为实现他"匡（kuāng）扶汉室，一统天下"的大业奠定了基础。

## 【典籍阅读】

**1. 启蒙阅读：**

老[①]吾老[②]以及[③]人之老[④]，幼[⑤]吾幼[⑥]以及人之幼[⑦]。

——《孟子·梁惠王上》

**注释：**

①老：赡养、敬爱、敬重。②老：指自己的长辈。③及：连，关联。④老：指别人家的老人。⑤幼：抚养。⑥幼：指自己的孩子。⑦幼：别人家的孩子。

**译文：**

赡养孝敬自己的长辈时，要想到与自己没有亲缘关系的老人；抚养教育自己的小孩时，要想到与自己没有血缘关系的小孩。

夫君子之行，静以修身，俭以养德。非淡泊无以明志，非宁静无以致远。夫学须静也，才须学也。非学无以广才，非志无以成学。慆(tāo)慢[①]则不能励精[②]，险躁(zào)[③]则不能治性[④]。年与时驰(chí)[⑤]，意与岁去，遂成枯落，多不接世。悲守穷庐(lú)[⑥]，将复何及？

——三国·诸葛亮《诫子书》

**注释：**

①慆慢：放纵怠慢。②励精：指振奋精神，致力于某种事业或工作。③险躁：轻薄浮躁。④治性：修性，养性。⑤驰：奔跑，快跑。⑥庐：房屋，屋舍。

**译文：**

品德高尚、德才兼备的人，以宁静来提高自身的修养，以节俭来培养自己的品德。不看淡世俗名利就无法明确志向，不宁静身心就无法达到远大目标。学习必须专心致志，而才干来自刻苦学习。不努力学习就无法增长才干，不明确志向就无法学有所成。放纵怠慢就无法振奋精神，轻薄浮躁就不能陶冶性情。年华随时光而流逝，意志随岁月而消磨，最终就如同枯枝败叶，对社会没有用处，只能悲哀地守着破败的屋子，到那时悔恨又怎么来得及？

**2. 进士阅读：**

子贡曰："如有博施于民而能济众，何如？可谓仁乎？"子曰："何事于仁，必也圣乎！尧、舜其犹病[①]诸[②]！夫仁者，己欲立而立人，己欲达而达人。能近取譬(pì)[③]，可谓仁之方也已。"

——《论语·雍也》

**注释：**

①病：担忧。②诸：之于。③取譬：打比方，寻取比喻。

**译文：**

子贡说："如果有人能做到向老百姓广施恩惠，又能周济大众，怎么样？可以算是仁人了吧。"孔子说："岂止是仁人，一定是圣人了！尧、舜或许都难以做到呢。至于仁人，自己想成功，也让别人能成功；自己想通达，也让别人能通达。凡事能就近以自己打比方，推己及人，可以说就是实践仁德的方法了。"

子张问仁于孔子。孔子曰："能行五者于天下，为仁矣。""请问之。"曰："恭[①]、宽、信、敏[②]、惠[③]。恭则不侮[④]，宽则得众，信则人任焉，敏则有功，惠则足以使人。"

——《论语・阳货》

**注释：**

①恭：庄重，谦逊有礼貌。②敏：勤勉，机敏。③惠：恩惠，好处。④侮：轻慢，轻贱。

**译文：**

子张向孔子询问什么是仁。孔子说："能在天下实行五种品德，就可以说是仁人了。"子张说："请问是哪五种？"孔子说："庄重、宽厚、诚信、勤敏、恩惠。庄重就不会受到侮辱，宽厚就会得到众人的拥护，诚信就会使别人愿意为你效力，勤敏就会取得成功，恩惠就能够使唤别人。"

乾(qián)[①]称父，坤(kūn)[②]称母，予兹(zī)[③]藐(miǎo)[④]焉，乃混然中处。故天地之塞(sāi)[⑤]，吾其体；天地之帅[⑥]，吾其性。民吾同胞，物吾与也[⑦]。

——北宋・张载《西铭》

**注释：**

①乾：八卦之一，代表天。②坤：八卦之一，代表地。③兹：这，这个，此。④藐：渺小。⑤塞：本意是阻隔、堵住，也指填塞、充满。⑥帅：带领，率领。此处指统帅。⑦民吾同胞，物吾与也：民为我的同胞，物为我的同类。泛指爱人和一切物类。

**译文：**

乾卦是万物之父，坤卦是万物之母，人是渺小的，和万物一样，共生于天地之间。充塞于天地之间的，是我的形色之体；率领统帅万物以成其变化的，是我的天然本性。人类和自然万物都是天地的子女，因此一切人都是我们的同胞，一切物都是我们的同类。

## 【明德养正】

《三国演义》中刘备"携民渡江"这件事，使刘备爱民的名声在中原地区广为流传。后人有诗赞之曰："临难仁心存百姓，登舟挥泪动三军。至今凭吊襄江口，父老犹然忆使君。"刘备一心想匡扶汉室、一统天下，他深深懂得“得人心者得天下”的道理，心中时时刻刻装着老百姓。他以仁德布于海内，信义著于天下，在群雄逐鹿的时代以“仁义”为金字招牌而成就霸业，跻（jī）身三国鼎立之列。“民为贵，社稷次之，君为轻”，刘备这种以民为本的思想和仁爱天下的胸襟，在历代君王中实属难得。

## 【书香家学】

言忠信，行笃敬，乃圣人教人取重于乡曲[①]之术。盖财物交加，不损人而益己，患难(nàn)[②]之际，不妨人而利己，所谓忠也。不所许诺[③]，纤毫[④]必偿，有所期约[⑤]，时刻不易，所谓信也。处事近厚，处心诚实，所谓笃也。礼貌卑下[⑥]，言辞谦恭，所谓敬也。若能行此，非惟取重于乡曲，则亦无人而不自得。

——《袁氏世范》

**注释：**

①乡曲：乡亲，同乡之人。②患难：忧患灾难。③许诺：应允，允诺。④纤毫：极其细微。⑤期约：指约期、约会，或约定共同信守的事项。⑥卑下：指谦敬，退让。

**译文：**

言论讲究忠信，行动讲究笃厚诚敬，这是圣人教人们获得同乡之人敬重的方法。不外乎在财物方面，不干损人利己的事；在忧患灾难时，不干妨碍别人而方便自己的事，这就是所谓的“忠”。一旦向人许下诺言，就算是极其细微的小事，也一定要有结果；一旦做了约定，一时一刻也不能耽误，这就是所谓的“信”。待人接物热情厚道，内心诚实敦厚，这就是所谓的“笃”。礼貌谨慎，言辞谦敬，这就是所谓的“敬”。如果能做到这样，不仅能得到同乡之人的敬重，干任何事情都能顺利。

## 【诗文吟诵】

### 咏怀古迹五首·其四

唐·杜甫

蜀主[①]窥(kuī)[②]吴幸[③]三峡，崩年亦在永安宫。
翠华[④]想像空山里，玉殿虚无野寺中。
古庙杉松巢水鹤(hè)，岁时伏腊[⑤]走村翁。
武侯祠(cí)屋长[⑥]邻近，一体君臣祭祀同。

**注释：**

①蜀主：指刘备。②窥：窥伺，伺机图谋。③幸：旧称皇帝踪迹所至曰“幸”。④翠华：

皇帝仪仗中用翠鸟羽毛作装饰的旗帜或车盖。⑤伏腊：伏天腊月。⑥长：长年，永远。

**译文：**

刘备试图平定东吴，曾到达三峡，无奈战败而归在永安宫去世。

仪仗旌（jīng）旗似乎仍在空山里飘扬，在荒郊野庙中难寻先主殿的影踪。

水鹤在古庙的松杉树上筑巢栖息，每到伏天腊月路上走着前来祭祀的村翁。

诸葛武侯祠庙长年在附近为邻，生前君臣一体、情谊深厚，死后一同祭祀。

**赏析：**

《咏怀古迹五首》是杜甫咏古迹怀古人进而感怀自己的作品。本诗平淡自然，歌颂了刘备和诸葛亮君臣一体的深厚友谊，也抒发了自己怀才不遇、抱负难展的无限感慨。

**作者：**

杜甫（712—770），字子美，自号少陵野老，祖籍襄阳（今属湖北省），生于河南巩县（今河南巩义），唐代现实主义诗人，曾被荐为检校（jiào）工部员外郎，后世又称他为杜少陵、杜工部。杜甫的诗多为忧国忧民之作，集古典诗歌之大成，并加以创新和发展，给后代诗人以广泛的影响，被后人称为“诗圣”，与李白合称“李杜”。有《杜工部集》。

## 【说文解字】

**字源：**

爱，是“愛”字的简体字。愛，金文[illegible]=[illegible]（欠，一个人张着嘴巴，表示呵气或喃喃倾诉）+[illegible]（心，同情、疼惜），表示疼惜、倾诉。

**释义：**

愛，亲爱、喜爱。字形采用“心”作边旁，采用“[illegible]”作声旁。

**演变：**

| 甲骨文 | 金文 | 篆书 | 隶书 | 草书 | 楷书 | 行书 |
|---|---|---|---|---|---|---|
| 缺 | [illegible] | [illegible] | 愛 | [illegible] | 爱 | 爱 |

## 【乾坤通识】

### 四君子

我国传统文化中以梅、兰、竹、菊为四君子，它们遗世独立，常被视为君子的象征，也是咏物诗文和字画中常见的题材。

梅花通常在寒冬初春季节开放，不畏严寒，傲而不俗，常用来象征君子威武不屈、不畏强暴、坚韧不拔；兰花不与群芳争艳，多生长在幽僻的地方，象征君子操守清雅、遗世独立；绿竹修长挺拔，四季青翠，傲雪凌霜，象征君子刚直谦逊、高风亮节；菊花在深秋绽放，清丽淡雅，不畏肃杀，潇洒飘逸，象征君子隐逸世外、傲然不屈。梅、兰、竹、菊“四君子”，千百年来以其清雅淡泊的品质深受世人喜爱，成为一种人格品性的文化象征。

## 【知学思考】

1. 周末你参加学校的跑步比赛，累得两腿都发软了，在回家路上，好不容易等到公交车占了一个位置坐下。这时，你发现有一位老人站在你的旁边，你会让座吗？为什么？

2. 做人与处事如何按照四君子的品性来要求自己？

## 【知行合一】

1. 向家人和朋友讲述《携民渡江》的故事，讨论：为什么“得民心者得天下”？

2. 吟诵杜甫的《咏怀古迹五首·其四》，了解诸葛亮用兵如神的历史故事，讨论：诸葛亮为什么会有这么高超的智慧？

3. 和父母、朋友一起理解、书写“爱”“淡泊明志”“宁静致远”。

4. 素养提升训练：

（1）阅读理解“老吾老以及人之老，幼吾幼以及人之幼”，你平日里看见老人拿不动东西或看见小孩摔倒在地上，你会主动帮助吗？选取某个事例写一篇生活日记。

（2）理解“民吾同胞，物吾与也”的意思，说说你平时是怎样对待他人和小动物、小树小花的，请以《我和……》为题讲述或记叙一则真实的故事。

5. 家庭实践：家人一起盆栽兰花和菊花，有院子、露台的家庭种植几株梅花和竹子，栽种后要适时除草、浇水、施肥、治虫，同时要把梅兰竹菊作为自己的朋友，经常去看看它们，和它们说说话，学会用诗歌和小散文去赞美它们。

6.“飞花令”源自古人的诗词之趣，如今简化为轮流背诵含有关键字的诗句之游戏，诗句不可重复，先出错或接不上者算输。以“花”为关键字，请在家人或朋友的帮助下吟诵和背诵含有“花”字的诗句，回学堂后与同学开展“飞花令”比赛。

# 本单元教学建议

**◎教学目标**

学习以“仁”为主题的历史典故，诵读、讲解相关国学典籍，明了“仁”在中华文化中的特殊地位，初识以“仁”为核心的伦理思想，并加以理解和践行。

**◎教学重点**

1. 了解《三字经》《百家姓》等启蒙国学典籍的主要内容和观念。
2. 理解并初步掌握“仁”的概念和相关的历史典故、古诗词、汉字演变等。
3. 了解一些传统文化通识。

**◎教学难点**

理解“仁”的内涵以及在日常生活中践行仁的理念。

**◎广览博学**

1. 搜索、阅读《三字经》。
2. 搜索、阅读《百家姓》。
3. 搜索、阅读《论语》。
4. 搜索、阅读《诗经》。
5. 搜索、选读《资治通鉴》。

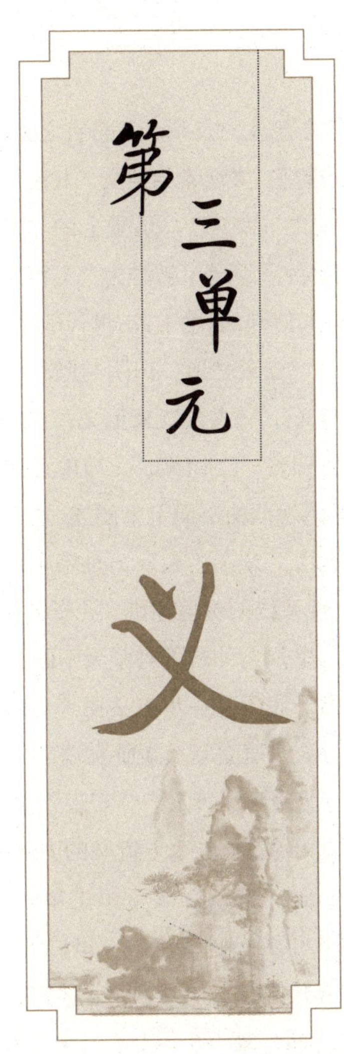
第三单元
义

# 本单元概述

“义者，宜也。”义，本指公正合宜的道理。“义谓天下合宜之理，道谓天下通行之路”，儒家以义为行动准绳。义通常指情义、友谊、义气。义与忠合为忠义，对国家尽忠谓之“大义”。历史上的“忠义之士”贤豪辈出，关羽因“忠义”二字而名冠天下，被誉为“武圣”，他和“文圣”孔子一样成了中国人心目中的信仰，名垂千古，世代敬奉。

义最早与仁一道见于《周易》中：“立天之道，曰阴与阳；立地之道，曰柔与刚；立人之道，曰仁与义。”古人素来重义，“四维不张，国乃灭亡”，“何为四维？一曰仁，二曰义，三曰廉，四曰耻”（《管子》）。孔子将义提升到道德规范的层面上来阐述：“义者宜也，尊贤为大”（《礼记·中庸》）“亲亲为大”，是宗庙系统的价值原则；“尊贤为大”，则是社稷系统的价值原则。孔子还提出：“君子之于天下也，无适（dí）也，无莫也，义之与比。”（《论语·里仁》）君子对于天下的人和事，不会无原则地厚此薄彼，排挤异己，结党营私，只是按照道义去做。孟子进一步将义提到更高的层面上理解：“羞恶之心，义之端也”（《孟子·公孙丑上》），人应该知道廉耻，廉耻发端于义，也即义则廉，不义则耻。

本单元的主题是“义”，安排了“忠贞”“善友”“守道”“济世”“忠义”“气节”六篇课文。课程内容和教学目标，是引导学员了解义的基本概念、行义的方式和现实意义。通过学习《苏武牧羊》《割席断交》《归去来兮》《焚券（quàn）市义》《千里走单骑》《屈原投江》等历史典故，阅读《三字经》《千字文》《中庸》《论语·卫灵公》《论语·里仁》《孟子·告子上》《孟子·尽心上》《孟子·滕文公下》《荀子·荣辱》《春秋繁露·仁义法》、韩愈《原道》等有关义的古文，接触《朱柏庐治家格言》《颜氏家训》、诸葛亮《诫外甥书》等书香门第、名门望族的家学文化，吟诵于谦《石灰吟》、王昌龄《芙（fú）蓉（róng）楼送辛渐》、陶渊明《归园田居·其一》、李白《闻王昌龄左迁龙标遥有此寄》、林则徐《赴（fù）戍（shù）登程口占示家人》、文天祥《过零丁洋》等古诗文，明白义是道德规范之一，持守做人的道德准则、不与邪恶势力同流合污、维护国家和民族的利益是一种大义，从小要确立为人要重义，处事讲原则的观念，懂得义要以仁为基础，摆正义和利的关系，正确区别义与江湖义气的异同点；通过“明德养正”教学，懂得人生要有信念，要“坚贞不渝（yú）”“不失气节”，要“重义轻利”“君子爱财，取之有道”等道理；通过了解脸谱色彩、朋友的类别、松竹梅“岁寒三友”、琴棋书画“文人四艺”、十八般武艺、中国十大名剑等通识，知道世代流传的通用常识，以扩大知识面。

【历史典故】

## 苏武[①]牧羊

两千多年前，北方的匈奴经常侵犯汉朝边疆，朝廷也经常出兵反击。后来，匈奴的单于派使节向汉朝纳贡，汉武帝派中郎将苏武向匈奴回礼，并护送他们的使节回去。

苏武手持旄节[②]，带领一百多人组成的使团启程了。他们带着丰厚的礼物向匈奴传达大汉对于和平的殷切[③]期望，却不幸遇到匈奴内乱。叛乱的首领与苏武的副使张胜曾有过密切往来，叛乱平定后，张胜被连坐[④]，苏武也受到牵连，被扣押在匈奴。单于派人用高官厚禄游说苏武投降，却被苏武断然回绝。

单于恼羞成怒[⑤]，把苏武幽禁到地牢里受饿。身心交瘁[⑥]的苏武躺在寒冷刺骨的地牢里，疲惫地昏了过去。不久，难以忍受的饥饿使他苏醒过来。他爬到雪堆旁，抓起一把雪塞进嘴里，又抓起旄节上的一撮毡（zhān）毛，艰难地咽了下去。

几天后，单于发现苏武居然没有死，大惊，但又不肯放了他，就把苏武流放到荒无人烟[⑦]的北海，只给他几头公羊，扬言说等到公羊能够哺乳小羊羔才放他回去。苏武拄着旄节在风雪交加的北海牧羊，旄节上的毛早已经脱落，他却从不离手。他凭着坚忍不拔的毅力，艰难地活着，希望有一天能够重返大汉故国。苏武牧羊十九年，终于等到汉朝跟匈奴和亲，一百多人组成的使团到最后只剩几人踏上返乡路。苏武大忠大义的节操感动了整个汉朝朝野，后来宣帝封他为“关内侯”。

**注释：**

①苏武：以尽忠守节而闻名的西汉大臣，持节不屈，去世后，汉宣帝将其列为麒（qí）麟（lín）阁十一功臣之一。②旄（máo）

节：古代使臣所持的符节，是邦国之间相互往来的信物。③殷切：深厚而急切。④连坐：旧时一个人犯法，他的家属、亲族、邻居等连带受处罚。⑤恼羞成怒：由于羞愧和恼恨而发怒。⑥身心交瘁：身体衰弱，精神不振。⑦荒无人烟：形容地方偏僻荒凉，见不到人家。人烟，指住户、居民，因有炊（chuī）烟的地方就有人居住。

**启示：**

坚贞，从小的方面讲，是指在遇到困难、挫折、磨难时，依然坚持自己为人处世的原则，从不向邪恶势力屈服；从大的方面讲，是忠于国家，坚守信仰，忠贞不渝，在身陷危难时不变节，不叛国投敌，这是崇高的大忠大义之举。

## 【典籍阅读】

**1. 启蒙阅读：**

父子恩[①]，夫妇从[②]。兄则友[③]，弟则恭[④]。长幼序[⑤]，友与朋[⑥]。君则敬[⑦]，臣则忠。此十义[⑧]，人所同。

——《三字经》

**注释：**

①恩：恩情，有情义。②从：和顺，顺从。③友：友爱。④恭：尊敬，恭敬。⑤长幼序：年长者与年幼者之间要有尊卑秩（zhì）序。⑥友与朋：古人将志同道合的人称为“友”，有同样德行的人称为“朋”，后则总称为朋友。⑦敬：敬重，尊重。⑧义：儒家人伦关系的准则。

**译文：**

子女要懂得感恩父母，夫妻之间要感情和顺，哥哥对弟弟要友爱，弟弟对哥哥要恭敬，年幼者和年长者交往要有尊卑秩序，朋友之间相处要诚信相待，君王要尊重他的臣子，臣子要对君王忠诚。父慈、子孝、夫和、妻顺、兄爱、弟恭、朋信、友义、君敬、臣忠，这十义是人人都应遵守的道德准则。

**2. 进士阅读：**

义者宜也，尊贤[①]为大。

——《礼记·中庸》

**注释：**

①贤：贤者，贤人。

**译文：**

义就是事事做得适宜，尊敬贤人是第一要义。

居天下之广居[1]，立天下之正位[2]，行天下之大道[3]；得志，与民由[4]之；不得志，独行其道[5]。富贵不能淫[6]，贫贱不能移[7]，威武不能屈[8]。此之谓大丈夫。

——《孟子·滕文公下》

**注释：**

①居天下之广居：居住在天下最宽敞的屋宇，比喻以仁居心。②立天下之正位：站立在天下最正中的位置，比喻以礼立身。③行天下之大道：走天下最平坦的大路，比喻以义行事。④由：用。⑤道：信念，主张。⑥淫：使……迷乱。⑦移：使……改变。⑧屈：使……屈服。

**译文：**

居住在天下最宽敞的屋宇里，站立在天下最正中的位置上，走着天下最光明的大道。得志时，带领老百姓一同前进；不得志时，便独自坚守自己的道德准则。富贵不能使我骄奢淫逸，贫贱不能使我改变节操，威武不能使我意志屈服。这样才叫做大丈夫！

## 【明德养正】

孔子说“志士仁人，有杀身以成仁，无求生以害仁”，又说“使于四方，不辱君命”，这正是苏武最真实的写照。苏武被困在冰天雪地的北海，在饥寒交迫的恶劣环境下生活了十九年，坚贞不渝，不失气节。他的这种坚忍不拔的勇气和力量，源于他心中“富贵不能淫，贫贱不能移，威武不能屈”的浩然正气。

## 【书香家学】

人惟一心，起为念虑[1]。念虑之正与不正，只在顷刻之间。若一念不正，顷刻而知之，即从而正之，自不至离道之远。《书》[2]曰：“惟圣罔（wǎng）念[3]作狂，惟狂克念作圣[4]。”一念之微，静以存之，动则察之，必使俯仰（fǔ yǎng）无愧[5]，方是实在工夫。是故古人治心[6]，防于念之初生、情之未起，所以用力甚微而收功[7]甚巨也。

——清·康熙《庭训格言》

**注释：**

①念虑：思虑。②书：指《尚书》。③罔念：指不思为善。④克念作圣：能够克服妄念、邪念就是圣人。克，主宰，控制。圣，对一切事理通达明了，这样的人称之为圣人。⑤俯仰无愧：立身端正，上对天、下对人都问心无愧。比喻没有做亏心事，并不感到惭愧。⑥治心：修养自身的思想品德。⑦收功：取得成功。

**译文：**

人只有一心，心动则会产生思虑。这种种思虑正确或不正确，只在刹那之间。如果一个念头不正确，很快就发现并及时纠正它，自然不会很偏离正道。《尚书》上说："即使是圣人，假如意念不正确，也能变成放荡不羁的狂人；即使是一个狂人，如果能心存善念，也能变成一个圣明的人。"小小的意念，存在于平静的状态中，可以通过人的行动来观察，能够立身端正，上对天、下对人都问心无愧，才是实实在在的真功夫。所以，古人修养自身的思想品德，防范于意念刚产生之时、感情尚未萌生之际，因为这时用力很小但产生的功效巨大。

## 【诗文吟诵】

### 石灰吟

明·于谦

千锤(chuí)万凿(záo)①出深山，烈火焚烧若等闲②。
粉骨碎身浑③不怕，要留清白④在人间。

**注释：**

①千锤万凿：无数次的锤击开凿，形容开采石灰非常艰难。②若等闲：好像很平常的事情。若，好像、好似。等闲，平常、轻易。③浑：全。④清白：指石灰洁白的本色，比喻高尚的节操。

**译文：**

石灰石经过无数次的锤击从深山中开采出来，将接受熊熊烈火的焚烧视为很平常的事。

它即使粉身碎骨也一点不畏惧，甘愿把一身清白长留人间。

**赏析：**

本诗托物言志，是于谦生平和人格的真实写照。此诗以拟人的方式，借石灰的自吟来表现作者不畏艰险、不怕磨炼、敢于粉身碎骨的献身精神和坚守高洁情操的决心。全诗简洁生动，贯注着光明磊落、不惧牺牲的英雄之气，极具感染力。

**作者：**

于谦（1398—1457），字廷益，钱塘（今浙江杭州）人，明代将领，曾任兵部左侍郎。于谦为官廉洁正直，谥忠肃。有《于忠肃集》。

## 【说文解字】

**字源：**

忠，金文忠 = 中（中，正而不偏）+ 心（心），表示内心公正，不偏私情。

**释义：**

忠，敬也，忠诚无私，尽心竭力。字形采用“心”作形旁，“中”作声旁。

**演变：**

| 甲骨文 | 金文 | 篆书 | 隶书 | 草书 | 楷书 | 行书 |
| --- | --- | --- | --- | --- | --- | --- |
| 缺 | 忠 | 忠 | 忠 | 忠 | 忠 | 忠 |

## 【乾坤通识】

### 脸谱的色彩

京剧脸谱是我国一种具有民族文化特色的特殊化妆方法。脸谱的色彩十分讲究，看起来五颜六色的脸谱，都有其文化内涵。不同含义的色彩绘制在不同的图案轮廓（kuò）里，人物就被性格化了。脸谱的通用色彩含义为：

**红色**　一般代表忠勇，多为正面角色形象，如关公。

**黑色**　一般代表正直无私、刚直不阿（ē）的人物形象，如包公。

**白色**　一般代表阴险奸（jiān）诈（zhà）的人物形象，如曹操、赵高等。

**紫色**　一般代表刚正、稳练、沉着的人物形象。

**黄色**　一般代表勇猛暴躁的人物形象。

**金色**　一般代表神仙、高人形象。

**银色**　一般代表妖魔（mó）鬼怪形象。

**绿色**　一般代表顽强、暴躁的人物形象。

**蓝色**　一般代表刚强骁（xiāo）勇的人物形象。

## 【知学思考】

1. 理解“兄则友，弟则恭”的意思，讨论：怎样做到兄弟相和、朋友同学友爱？

2. 理解“富贵不能淫，贫贱不能移，威武不能屈”的意思，联系实际讨论：什么叫做“大丈夫”？为什么要做“大丈夫”？怎样才能成为“大丈夫”？

3. 情景思考：

（1）你有一个很要好的小伙伴找你帮忙去打架，因为他的弟弟被同桌欺负了，他要去教训一下弟弟的同桌。你是去还是不去？为什么？

（2）你的一个小伙伴看了《水浒传》劫（jié）富济贫的故事，打算去小超市里偷钱，用以帮助一个孤苦伶（líng）仃（dīng）的老奶奶买药治病。他请你帮忙“看哨”，你会怎样做？为什么？

## 【知行合一】

1. 向家人和朋友讲述《苏武牧羊》的故事，领会古代忠臣义士忠贞不渝、永不变节的高尚品格。

2. 和家人一起吟诵、背诵于谦的《石灰吟》，思考：“《石灰吟》是一首状物诗，主要描写石灰的制作过程”，这样说对吗？为什么？

3. 和父母、朋友一起理解、书写“忠”“富贵不能淫，贫贱不能移，威武不能屈”。

4. 素养提升训练：

（1）阅读“长幼序，友与朋”，说说平时你是怎样与同学、小伙伴相处的，选取某个事例写一篇生活日记。

（2）联系实际，理解“义者，宜也，尊贤为大”的意思，讲述或记叙一则小故事。

5. 家庭小测试：以历史人物为例，说说九种不同颜色的京剧脸谱各代表哪种人物形象。

第十四课　善友

【历史典故】

## 割席断交[①]

管宁和华歆（xīn）曾是一对很要好的朋友。他俩成天形影不离[②]，同桌吃饭、同榻（tà）读书，相处十分融洽。

有一次，他俩一块儿去菜地里锄草，翻出来一块金子，管宁毫不在意，继续平心静气地锄草，而华歆却拾起金子紧紧捧在手里仔细端详，想占为己有。

管宁见状，一边除草，一边责备华歆说："金子是别人藏这里的，钱财要靠自己的辛勤劳动去获得，有道德的人不能贪图不劳而获的财物！"华歆也懂这个道理，但就是捧着金子不舍得放下。后来，在管宁严厉的目光下，才不情愿地放下金子回去干活，管宁暗暗地摇头。

又有一次，他们两人坐在一张草席上读书。忽然外面传来一阵鸣锣开道[③]的吆喝[④]声和人们看热闹的吵嚷（rǎng）声。于是，管宁和华歆起身走到窗前去看看发生了什么事。原来是一位达官显贵乘车从这里经过。管宁不以为然，继续专心致志地读书，华歆却完全被面前的声势吸引住了，于是，丢下书本跑到街上看热闹去了。

对于华歆的所作所为，管宁再也抑制不住心中的失望。等到华歆回来后，管宁拿出刀子当着华歆的面把席子从中间割成两半，痛心而决绝地说："我们志向不同，从今以后，我们就如同这被割开的草席一样，不再是朋友了。"

**注释：**

①割席断交：割断席子，表示断绝关系，不再来往。 ②形影不离：像形体和它的影子那样分不开，形容彼此关系密切，经常在一起。 ③鸣锣（luó）开道：封建官吏出行时，前面有人敲锣要行人让路。现比喻为某事物的出现制造舆论。 ④吆（yāo）喝：指大声喊叫。

**启示：**

真正的朋友，应该建立在共同的价值观和奋斗目标上。如果彼此志不同、道不合，这样的友谊注定不会长久。所以，要善交朋友，要与志向、情趣相近的人做朋友。

## 【典籍阅读】

### 1. 启蒙阅读：

良心[①]者，本然[②]之善心，即所谓仁义之心也。

——南宋·朱熹《孟子集注》

**注释：**

①良心：天然的善良心性。②本然：本来如此。

**译文：**

所谓良心，就是本来的善心，也就是人们通常所说的仁义之心。

仁慈[①]隐恻[②]，造次[③]弗(fú)[④]离[⑤]。节义廉退[⑥]，颠沛[⑦]匪(fěi)[⑧]亏[⑨]。

——《千字文》

**注释：**

①仁慈：仁爱慈善。②隐恻：也就是恻隐，同情、怜悯。③造次：轻率，随便。④弗：不。⑤离：指丢失放弃。⑥节义廉退：气节、正义、廉洁、谦让。⑦颠沛：困顿流离。⑧匪：不。⑨亏：缺损。

**译文：**

仁爱慈善、同情怜悯，不要随便丢弃。气节、正义、廉洁、谦让这些品德，即使困顿流离也不能缺损。

### 2. 进士阅读：

博爱[①]之谓仁，行而宜[②]之[③]之谓义，由是而之焉之谓道，足乎己无待于外之谓德。

——唐·韩愈《原道》

**注释：**

①博爱：指广泛地爱一切人。②宜：合宜，恰切。③之：往。

**译文：**

广泛地爱一切人叫做“仁”，恰当地去践行仁就是“义”，沿着仁义之路前行便是“道”，使自己具备完美的修养，而不去依靠外界的力量就是“德”。

恻隐之心，人皆有之；羞恶之心，人皆有之；恭敬之心，人皆有之；是非之心，人皆有之。恻隐之心，仁也；羞恶之心，义也；恭敬之心，礼也；是非之心，智也。仁、义、礼、智，非由外铄(shuò)[①]我也，我固有之也，弗思耳矣[②]。故曰：“求则得之，舍则失之。”或相倍蓰(xǐ)[③]而无算者，不能尽其才者也。

——《孟子·告子上》

**注释：**

①铄：用火熔化金属。此处有渗入、授与的意思。②耳矣：而已矣。③蓰：五倍。

**译文：**

怜悯之心，人人都有；羞耻之心，人人都有；恭敬之心，人人都有；是非曲直之心，人人都有。怜悯之心即是仁，羞耻之心即是义，恭敬之心即是礼，是非曲直之心即是智。仁、义、礼、智不是外人教我的，是我原本就有的，只是没有深入思考罢了。所以说：“探求就会得到它，放弃就会失去它。”人之间有相差一倍、五倍甚至无数倍的，就是不能全部发挥出天赋资质的缘故。

## 【明德养正】

善友与友善有相同点，也有区别。相同点是它们都属于朋友情义；区别是，友善是指人与人之间的亲近和睦的关系，而善友则重在善于交友和对待朋友。

如何交朋友，这是儒家十分关注的问题。在儒家看来，善友的前提是要志同道合。孔子认为，“道不同，不相为谋。”（《论语·卫灵公》）也就是说，要善于交结有道义共识的君子为友，而不与背弃道义的小人为伍。如何辨别君子与小人？“君子喻于义，小人喻于利。”（《论语·里仁》）在价值观面前，君子与小人是截然不同的。华歆的所作所为，明显不符合儒家君子的行为准则，管宁与其“割席断交”是一种善交之举。在现实生活中，我们也常常会遇到类似华歆那种贪婪（lán）、虚荣、心浮气躁的人，我们就不应该与那类人交友，与志向不同的人在一起很难共同谋事，与其今后闹出矛盾不愉快分开，不如现在就避而远之。

## 【书香家学】

处世无私仇，治家无私法。勿损人而利己，勿妒(dù)贤而嫉(jí)能。勿称忿(fèn)[①]而报横逆[②]，勿非礼而害物命。见不义之财勿取，遇合理之事则从。

——《朱子家训》

**注释：**

①忿：生气，忿恨。②横逆：指横暴无理的行为。

**译文：**

与人相处没有私人仇怨，治理家务不另立私法。不要做损人利己的事，不要嫉妒能人贤士。不要声言忿恨对待蛮不讲理的人，不要违背事理而随便伤害生命。不义的财物不要索取，遇到合理的事要拥护顺从。

## 【诗文吟诵】

### 芙蓉楼[1]送辛渐[2]

唐·王昌龄

寒雨连江夜入吴[3]，平明[4]送客楚山[5]孤。
洛阳亲友如相问，一片冰心在玉壶[6]。

**注释：**

①芙蓉楼：润州（今江苏镇江）的城楼。②辛渐：作者的一位朋友。③吴：三国时的吴国在长江下游一带，所以称这一带为吴。④平明：清晨。⑤楚山：春秋时的楚国在长江中下游一带，所以称这一带的山为楚山。⑥一片冰心在玉壶：冰在玉壶之中，比喻人的清廉正直。冰心，比喻心的纯洁。

**译文：**

寒冷的秋雨连夜下个不停，吴地江天都连成一片了；清晨送走你，我孤对着楚山离愁无限。

朋友啊，如果洛阳亲友问起我来，就说我依然像玉壶中的冰一样，洁白透明，一尘不染。

**赏析：**

这是一首送别诗，作者在芙蓉楼送别好友辛渐去洛阳时所作，构思新颖，淡写朋友的离情别绪，浓写自己的高风亮节。作者以寒冷的江雨和孤峙的楚山，烘托了送别时的凄寒孤寂；以晶莹纯洁的冰心玉壶自喻，与屹立在江天之中的孤山照应，表达了作者在任何环境中都始终坚守冰清玉洁的高尚品格。全诗含蓄蕴藉，韵味无穷，千古名句“一片冰心在玉壶”，象征着高洁、清廉和正直的君子品格。

**作者：**

王昌龄（？—约756），字少伯，京兆长安（今陕西西安）人，唐代诗人，曾任秘书省校书郎、江宁县丞、龙标县尉等职。王昌龄以七绝见长，人称“诗家夫子王江宁”、七绝圣手，他的七绝又以边塞、从军最为著名，慷慨开阔，意蕴悠长。后人辑有《王昌龄集》。

## 【说文解字】

**字源：**

友，甲骨文=（又，抓握）+（又，抓握），两人两手相交，表示握手结交、相交为友。

**释义：**

友，志趣相投叫“友”。字形采用两个“又”会意。

**演变：**

| 甲骨文 | 金文 | 篆书 | 隶书 | 草书 | 楷书 | 行书 |
| --- | --- | --- | --- | --- | --- | --- |
| | | | | | | |

## 【乾坤通识】

### 朋友的类别

朋友关系可以分很多种。

**竹马之交**　指从小一块长大的异性朋友。

**布衣之交**　指以平民身份相交往的朋友。

**君子之交**　指贤者之间平淡如水、不尚虚华的交情。

**道义之交**　指有道德有正义感，互相帮助互相支持的朋友。

**金兰之交**　指情谊契（qì）合、亲如兄弟的朋友。

**金石之交**　指像金石一样牢不可破的交情。

**贫贱之交**　指贫贱而地位低下时结交的朋友。

**患难之交**　指遇到磨难时结成的朋友。

**莫逆之交**　指志同道合、情投意合的朋友。

**忘年之交**　指辈份不同、年龄相差较大的朋友。

**忘形之交**　指彼此以心相许、不拘形迹的朋友。

**刎（wěn）颈（jǐng）之交**　指同生死、共患难的朋友。

**八拜之交**　指异姓结拜的兄弟姐妹。

**车笠（lì）之交**　指不以贵贱相异的朋友。

**纪群之交**　纪、群乃人名，陈纪是陈群的父亲，比喻累世（几代人）的交情。

**一面之交** 指只见过一次、交情很浅的旧相识。

**点头之交** 指非常浅、见了面只不过点点头而已的交情。

**乌集之交** 指乌合之众以利暂且聚合、不以诚相待的交情。

**酒肉之交** 指平时以吃喝玩乐相聚、没有真感情的朋友。

## 【知学思考】

1. 理解“节义廉退，颠沛匪亏”的意思，你知道哪些具有这样品德的历史人物？这些品德你都具有吗？如果不具有，你应该怎么做呢？

2. 情景思考：如果你是向旸（yáng），你会怎么办？为什么？

放学的路上，向旸看见一位老婆婆艰难地拎（līn）着一只沉重的篮子，他立即上去帮老婆婆拎篮子。老婆婆走路很慢很慢，向旸每走一小段路就得停下来等老婆婆。过了一会儿，向旸突然想起自己最喜欢的电视节目要开始了！怎么办？继续送老婆婆回家就会误了看精彩的节目，不管老婆婆又觉得于心不忍。

## 【知行合一】

1. 向家人和朋友讲述《割席断交》的故事，说说你有哪些朋友，他们和你的志向、情趣相近吗？如果有类似华歆这样的人，你可用《割席断交》的故事提醒他，相信大多数人是会改好的，只要改好了还可以继续做朋友。

2. 和家人一起吟诵、背诵王昌龄的《芙蓉楼送辛渐》，说说怎样才能做一个具有“冰清玉洁”品格的人。

3. 和父母、朋友一起理解、书写“友”“见不义之财勿取，遇合理之事则从”。

4. 素养提升训练：

（1）阅读“勿损人而利己，勿妒贤而嫉能”，说说平时你是怎样与同学、小伙伴相处的。

（2）吟诵古诗《芙蓉楼送辛渐》，如果你是王昌龄的亲友，听了辛渐的一番描述，你会怎么想？是不是很想与远在千里之外的王昌龄说说心里话？以书信的形式写一段话送给王昌龄。

5. 家庭讨论会：“物以类聚，人以群分”是什么意思？朋友有哪些类别？我们应该结交哪类朋友？

6. 与家人一起猜谜语：

呀（打一成语）

泵（打一成语）

邻（打一成语）

黯（打一成语）

第十五课　守道

【历史典故】

## 归去来兮

陶渊明，名潜，字元亮，东晋时期诗人、辞赋家、散文家。他的曾祖父是东晋大将军陶侃，但到了他的少年时代，陶家已经败落，生活十分贫困。尽管如此，陶渊明还是受到了良好的教育，自幼博览群书，养成了洁身自好、不贪富贵的高洁性格。

陶渊明毕竟是名将的后代，官场里有一些他父辈的朋友。四十一岁时，他被推荐当上彭泽县令。刚上任几十天，陶渊明得到一个消息：权臣刘裕已自封为车骑将军，想要夺取皇位。他预感晋朝已经名存实亡，十分郁闷。妻子翟（zhái）氏见状就问何故。他说："我想辞官回乡！"翟氏提醒他上百亩官田的稻子快成熟了，可否等稻收之后。陶渊明长叹说："难道我要做粮食的奴隶？"

有一天，衙役①来报，过几日郡里派的督邮②要到彭泽来视察。那个督邮是个依仗权势、阿谀逢迎③又不学无术④的纨绔子弟⑤，陶渊明想到自己要整冠束带、强作笑脸去迎候这种无知恶少，实在忍受不了："我怎能为了五斗米官俸向那种卑鄙小人折腰⑥！"

第二天一早，陶渊明将官印和官帽、官服整整齐齐地摆放在县衙大堂的案桌上，带着家人和几箱书籍乘船离开彭泽，从此过上"晨兴理荒秽（huì），带月荷锄归""采菊东篱下，悠然见南山"的隐居生活，以回归自然、守道固穷⑦的亲身实践，诠（quán）释了"穷则独善其身，达则兼济天下⑧"的立身处世之道。

**注释：**

①衙（yá）役：衙门里的差役。②督邮：官名，代表太守督察县乡，宣达教令，兼司狱讼捕亡。③阿谀（yú）逢迎：

谄媚拍马投合对方的心意，竭力向人讨好。阿，迎合讨好。谀，奉承谄媚。逢迎，迎合。④不学无术：没有学问，没有能力。 ⑤纨（wán）绔（kù）子弟：指官僚、地主等有钱有势人家成天吃喝玩乐、不务正业的子弟。纨绔，细绢做的裤子。纨，细绢。 ⑥折腰：弯腰行礼，也指屈身事人。 ⑦固穷：信守道义，安于贫贱穷困。 ⑧穷则独善其身，达则兼济天下：不得志时就洁身自好修养自身品德，得志时就使天下人都得到好处。

**启示：**

陶渊明以“独善其身”的人生范式为士人树立了“守道、尚义、明志”的楷模，他的“归园田居”生存范式和“桃花源”精神家园，成了中国文人千年遗存的精神寄托和心灵归宿。

## 【典籍阅读】

### 1. 启蒙阅读：

性静情逸[①]，心动神疲[②]。守真[③]志满，逐物[④]意移[⑤]。坚持雅操[⑥]，好爵（jué）[⑦]自縻（mí）[⑧]。

——《千字文》

**注释：**

①逸：闲适，安乐。②神疲：精神疲惫。③守真：保持自然本性。守，保持。真，本性、本原。 ④逐物：追求外物。逐，追求。 ⑤移：变化。 ⑥雅操：高尚的品德操守。操，品德操守。 ⑦好爵：高官厚禄、好运气、好机会。爵，古代青铜制作的酒具，贵族按不同的等级使用不同的爵器，后世把爵作为爵位、爵号、官位的总称。 ⑧自縻：此处指自修己德，好运自来。縻，本义是拴牛的绳子，可引申为牵系、拴住。

**译文：**

心性清静平和，情绪就舒适安逸；心为外物所动，精神就困顿疲惫。保持自然本性，心志就能够满足；一心追逐外物，意志就改变动摇。坚持高雅的品德操守，好运气、好机会自会来到身边。

### 2. 进士阅读：

子曰：“君子喻[①]于义，小人喻于利[②]。”

——《论语·里仁》

**注释：**

①喻：明白，知晓。 ②利：利禄，私利。

**译文：**

孔子说：“君子懂得的是（国家兴衰、民族存亡、百姓苦乐的）大义，小人只知道（个人的）利益。”

尊德乐义，则可以嚣嚣(xiāo)[①]矣。故士穷不失义，达[②]不离道。穷不失义，故士得己[③]焉；达不离道，故民不失望焉。古之人，得志，泽[④]加于民；不得志，修身见[⑤]于世。穷则独善其身[⑥]，达则兼善天下[⑦]。

——《孟子·尽心上》

**注释：**

①嚣嚣：悠然自得的样子。②达：显达。③得己：不失己志。④泽：福泽，恩泽。⑤见：通“现”。⑥独善其身：注重自身修养，保持节操。⑦兼善天下：使天下人都得到好处。

**译文：**

尊崇道德，乐于行义，就可以自得其乐了。因此，士人穷困时不会失去道义，得志时也不会偏离道义。穷困不失道义，士人就能保持自己的本性；得志不偏离道义，人民就不会对他失望。古时候的人，得志时施恩泽于百姓；不得志时，就修养自身显现于世间。穷困时注重自身修养，保持节操；得志时以天下为己任，为百姓万民造福。

## 【明德养正】

“达则兼善天下”是一种伟大的义举，“穷则独善其身”是一种高尚的义举。陶渊明与昏暗腐败的官场格格不入，他不愿阿谀奉承，违心地在官场上爬行，又因人微言轻无力改变现状，于是就选择远离官场，不与当局同流合污。陶渊明以归园田居、自食其力的生活范式，获得了心灵自由和人格尊严，还为后人留下了“桃花源”这一弥（mí）足珍贵的精神财富。

## 【书香家学】

黎明即起，洒扫庭除[①]，要内外整洁；既[②]昏便息，关锁门户，必亲自检点[③]。一粥一饭，当思来处不易；半丝半缕(lǚ)[④]，恒念物力维艰[⑤]。宜未雨而绸缪(chóumóu)，毋临渴而掘井[⑥]。自奉[⑦]必须俭约，宴客切勿流连。器具质而洁，瓦缶(fǒu)[⑧]胜金玉；饮食约而精，园蔬愈珍馐(xiū)[⑨]。勿营[⑩]华屋，勿谋良田。

——《朱柏庐治家格言》

**注释：**

①庭除：庭院。②既：已经。③检点：查点，察看。④半丝半缕：半根丝，半缕线，形容数量少，价值极其微小的东西。缕，线。⑤物力维艰：指一切财物都来之不易，要懂得爱护爱惜。⑥宜未雨而绸缪，毋临渴而掘井：未雨绸缪，天还没有下雨，先把门窗绑牢，比喻事先做好准备工作。绸缪，紧密缠缚。临渴掘井，感到渴了才掘井，比喻平时没有准备，事到临头才想办法。临，到、接近。⑦自奉：自己日常生活享用、供养。⑧瓦缶：小口大腹的陶土制的瓦器。⑨珍馐：珍美的肴馔（zhuàn）。⑩营：筹划、管理、建设。

**译文：**

每天黎明时就要起床，把庭院内外的地面洒扫干净；晚上要按时休息，还要亲自查看门户是否关锁了。一勺粥、一碗饭，都要想到来之不易；半根丝、半缕线，要经常念着财物匮乏，物资获得很难。凡事要做好准备，没下雨的时候先把房子修好，别到了口渴的时候才来挖井。自己生活上必须节约，宴请宾客不要太频繁。餐具朴质而干净，虽是用泥土做的瓦器，也比金玉制的好；饮食节约而精巧，虽是园里种的蔬菜，也胜过山珍海味。不要营造华丽的房屋，不要谋求上好的田地。

## 【诗文吟诵】

### 归园田居·其一

东晋·陶渊明

少①无适俗②韵③，性④本爱丘山。误落尘网中，一去三十年⑤。
羁(jī)鸟⑥恋旧林，池鱼⑦思故渊。开荒南野际，守拙⑧归园田。
方宅十余亩，草屋八九间。榆(yú)柳荫(yìn)后檐，桃李罗堂前。
暧(ài)暧⑨远人村，依依⑩墟(xū)里⑪烟。狗吠(fèi)深巷中，鸡鸣桑树颠。
户庭无尘杂，虚室⑫有余闲。久在樊笼⑬里，复得返自然。

**注释：**

①少：指少年时代。②俗：世俗。③韵：本性、气质。④性：天性、本性。⑤一去三十年：陶渊明自东晋孝武帝太元十八年(393)初做江州祭酒，到东晋安帝义熙元年(405)辞去彭泽令归田，一共三十个年头。这里的“三十年”是夸大的说法。也有人认为是“十三年”之误。⑥羁鸟：笼中鸟。⑦池鱼：池塘之鱼。鱼思故渊，借喻自己怀恋故乡旧居。⑧守拙：不随波逐流，固守节操。⑨暧暧：昏暗，模糊。⑩依依：轻柔而缓慢地飘升。⑪墟里：村落。⑫虚室：空室。⑬樊笼：比喻官场生活。

**译文：**

少年时就没有迎合世俗的本性，自己的天性本来就是热爱山川田园。一时失误陷入了官场罗网，转眼间离开家乡田园已有三十余年。

关在笼子里的鸟常依恋往日的山林，池塘里的鱼向往着从前的深深水渊。我心甘情愿在南野际开垦荒地，保持着最初的拙朴本性回乡过田园生活。

围绕着房宅方圆有十余亩田地，还有简简单单的茅屋草舍八九间。榆柳茂盛的树荫笼盖着房屋后檐，桃树与李树分布整个前院。

远处邻村的屋舍依稀可见，村落上飘荡着袅(niǎo)袅炊烟。深巷中时不时传来几声狗吠，桑树顶有雄鸡不停啼鸣。

庭院里没有以往那些尘杂事务干扰，清静的室内有的是安适悠闲。久居官场毫无自由，我今日终于又归返山林田园。

**赏析：**

陶渊明因与浑浊灰暗的官场格格不入而辞去彭泽令归隐田园，其时四十一岁。《归园田居》大约作于归隐次年。这组诗共五首，这里选的是第一首。诗的开篇指出，陶渊明生来就喜爱大自然的风物，接着以“羁鸟”“池鱼”自喻，表明重获身心自由的惬意。归园田居后，以“开荒”自食其力，用“守拙”为人处世。在这静谧的乡村之中，加几声鸡鸣狗吠，更点染出乡居生活的闲逸宁静。回归自然是本诗的主旨，是陶渊明的生活志趣、生态情怀和崇尚的人生真义，也是他的田园诗一以贯之的主旋律。他是一位真正能从躬耕劳作中获得心灵安适的诗人和哲人。

**作者：**

陶渊明（365—427），名潜，字元亮，私谥靖（jìng）节，浔（xún）阳柴桑（今江西九江西南）人，东晋时期诗人、辞赋家、散文家，曾任镇军参军、彭泽县令等职。他为人高洁，为官清廉，不愿与黑暗势力同流合污，最末一次出仕为彭泽县令，八十多天便弃职而去，从此归隐田园过自食其力的农耕生活。他是中国第一位田园诗人，被称为“古今隐逸诗人之宗”。有《陶渊明集》。

## 【说文解字】

**字源：**

善，金文[金文字形]=[羊字形]（羊，即“祥”字的省略）+[言字形]（言，讲话），表示言语祥和、亲和。

**释义：**

善，吉祥，与“义”“美”同义。字形采用“吉”“羊”会意。

**演变：**

| 甲骨文 | 金文 | 篆书 | 隶书 | 草书 | 楷书 | 行书 |
|---|---|---|---|---|---|---|
| [甲骨文字形] | [金文字形] | [篆书字形] | 善 | [草书字形] | 善 | [行书字形] |

## 【乾坤通识】

### 岁寒三友

松、竹经冬不凋，梅则耐寒开花，人们认为它们有骨气，值得效法和交为挚友，所以将其合称为“岁寒三友”。究其由来，还有一段有趣的历史故事。

北宋神宗元丰二年（1079），苏轼因“乌台诗案”被捕入狱，经王安石等人斡（wò）旋，才得以从轻定罪，安置到黄州管制，生活很是困难。于是，苏轼向黄州府讨来东坡数十亩荒地开垦种植，借以改善生活。苏轼在东坡筑起了几间小屋，还种植了农作物和松、竹、梅等花木，使整个荒坡有了生机，这就是苏轼别号“东坡居士”的由来。

有一年春天，徐君猷（yóu）前来看望，见苏轼的居处冷清萧瑟，便打趣地问：“坐卧起居，满眼皆雪，不觉得太冷清吗？”苏轼爽朗笑道：“风泉两部乐，松竹三益友。”意思是说，风声和泉声是两部可解寂寞的乐章，松、竹、梅是可作依伴的三位益友，怎会觉得寂寞冷清呢？

徐君猷听了苏轼这番话，十分钦佩他以“三友”自励、仍然保持凌霜傲雪的高尚情操。后来，人们就将松、竹、梅视为“岁寒三友”，成了坚贞不渝品格和顽强不屈精神的象征。

人生道路漫漫，难免会遇上挫折、陷入困境，内心坚强、品格高尚的人，始终能保持乐观、豁达的心境和以自然万物为友的情怀，即便是身处逆境，也能淡然面对，熬过寒冬迎来人生的春天。

## 【知学思考】

1. 理解“穷则独善其身，达则兼善天下”的意思，想想你都知道哪些历史上以此来严格要求自己的人，请举例说明。

2. 之前你有事找同学帮忙，他没有帮你，现在反过来同学有事请你帮忙，你会帮他吗？

## 【知行合一】

1. 讲述《归去来兮》的故事，说说陶渊明为什么要放弃当官，而回归乡村过自食其力的生活。你心中的“桃花源”是怎样的？

2. 一起吟诵陶渊明的《归园田居 · 其一》，领会作者在田园耕作而获得的身心安适与惬意。

3. 和父母、朋友一起理解、书写“善”“穷则独善其身，达则兼善天下”。

4. 素养提升训练：

（1）阅读“一粥一饭，当思来处不易；半丝半缕，恒念物力维艰”，你平时会这样要求自己吗？选取某个事例写一篇生活日记。

（2）阅读“得志，泽加于民；不得志，修身见于世。穷则独善其身，达则兼善天下”，联系实际，谈谈你对这句话的理解，以《我心目中的君子》为题讲述或记叙一则故事。

5. 家庭小测试：“岁寒三友”是指什么？它们的特性和象征意义是什么？

6. 自学三个与“义”有关的成语，回学堂后与同学分享。

第十六课　济世

【历史典故】

## 焚券市义[1]

孟尝君是齐国的相国，以慷慨[2]好施而名闻天下，其门客[3]达三千余人，冯谖（xuān）是其中的佼佼者。有一次，冯谖代孟尝君到封地——薛地（今山东滕州东南）去收租讨债，孟尝君告诉他顺便带一些府上缺少的东西回来。

冯谖到薛地后，当众把债契都烧了，并说这是孟尝君的指令。借债的百姓对孟尝君万分感激。

冯谖回来后，对孟尝君说："相国家里什么都不缺，于是，我就自作主张以相国的名义烧了债契，为您换了一个'义'字回来。"孟尝君听了很不高兴，对冯谖自以为是的做法甚为不满。

一年后，孟尝君被罢官赶出国都，只好回到薛地去。车马离薛地还有上百里路，百姓就扶老携幼前来迎接。孟尝君这才明白冯谖当初用债契换来的民心，是珍贵的"义"。

**注释：**

①焚券市义：用烧掉债券来收买人心。焚，焚烧。券，债券、债务。市，买。义，道义、民心。②慷慨：大方、不吝啬。③门客：又称食客，是春秋战国时期盛行的一种职业。当时的贵族为了巩固其地位，专门招收人才，凡是投奔在其门下的，他们都会收留并供养他们，这些被供养的人就称为门客。

**启示：**

条件优越的时候多周济贫苦大众，以济世之举而行善积德。人生漫长，挫折和落魄是谁都难免的，而之前能周济大众的仁人义士就能得到大众的帮助，支持他渡过难关，帮助他成就事业。

## 【典籍阅读】

**1. 启蒙阅读：**

空谷传声[①]，虚[②]堂[③]习听[④]。祸因恶积[⑤]，福缘[⑥]善庆[⑦]。

——《千字文》

**注释：**

①空谷传声：人在山谷中发出声音，即可听到回声。②虚：空荡无物，空虚。③堂：正屋，殿堂。此处泛指大的屋子。④习听：重复听到，指有回声。习，重复。⑤恶积：指罪恶积累过多。⑥缘：因为，源于。⑦庆：奖赏，回报。

**译文：**

空旷的山谷，回声会持续不断；空荡的堂屋，声音会引发共鸣。灾祸是作恶多端的后果，福禄是乐善好施的回报。

**2. 进士阅读：**

杀一无罪，非仁也；非其有而取之，非义也。居恶在？仁是也。路恶在？义是也。居仁由义[①]，大人之事备[②]矣。

——《孟子·尽心上》

**注释：**

①居仁由义：内心存仁，行事循义。②大人之事备矣：大人的事就齐备了，实际上是指大人的修养就够了。大人，指一般意义上的君子，也就是士人。

**译文：**

杀死一个无罪的人就是不仁，不是自己的东西而获取就是不义。人该住在哪里？仁就是。该走怎样的道路？义就是。内心存仁，行事循义，大人的事就齐备了。

先义而后利者荣，先利而后义者辱；荣者常通[①]，辱者常穷；通者常制人，穷者常制于人。是荣辱之大分也。

——《荀子·荣辱》

**注释：**

①通：没有阻碍，可以穿过，能够到达。

**译文：**

先考虑道义然后再考虑利益就得到荣耀，先考虑利益然后再考虑道义就遭到屈辱；得到荣耀的人常常通达，遭到屈辱的人常常穷困；通达的人常统治人，穷困的人常被人统治。这就是荣辱的主要区别。

## 【明德养正】

“君子喻于义，小人喻于利。”（《论语》）中华民族历来讲求待人处事以道义为先，崇尚重义轻利的君子品格。孔子认为“不义而富且贵，于我如浮云”，荀子强调“义胜利者为治世，利克义者为乱世”，孟子则倡导生与义“二者不可得兼”时要“舍生而取义”。儒家的义利观，历来为世人所推崇，由此造就了一大批为了大仁大义而安贫乐道、不失节操，甚至在危难之时不惜舍生取义、以身殉国的仁人志士和英雄豪杰，而冯谖正是这样的代表之一。这是孔孟倡导的儒士精神，它是儒学绵延不绝的重要原因。

## 【书香家学】

与肩挑[①]贸易，毋占便宜；见穷苦亲邻，须加温恤。刻薄成家，理无久享；伦常乖舛(chuǎn)[②]，立见消亡。兄弟叔侄，须分多润寡；长幼内外，宜法肃辞严。听妇言，乖[③]骨肉，岂是丈夫；重资财，薄父母，不成人子。嫁女择佳婿，毋索重聘；娶媳求淑女，勿计厚奁(lián)[④]。见富贵而生谄容[⑤]者，最可耻；遇贫穷而作骄态者，贱莫甚。

——《朱柏庐治家格言》

**注释：**

①肩挑：指用肩挑货做买卖者，即货郎担。②乖舛：差错，反常。③乖：分离。④厚奁：丰厚的嫁妆。⑤谄容：谄媚的表情。

**译文：**

与做小生意的挑贩交易，不要占他们的便宜；看到穷困的亲戚或邻居，要关心和帮助他们。对人刻薄而发家的，绝没有长久拥有的道理；行事违背伦常的，很快就会消亡。兄弟叔侄之间，富有的要资助贫穷的；一个家庭要有严肃的规矩，长与幼、内与外言辞应庄重。听信妇人挑拨而离间骨肉之情，哪能算是大丈夫？看重钱财而轻薄父母，不是好子女。嫁女儿要为她选择贤良的夫婿，不要索取贵重的聘礼；娶媳妇须求贤淑的女子，不要贪图丰厚的嫁妆。看到富贵的人便做出谄媚的样子，是最可耻的；遇到贫穷的人便摆出骄傲的态度，是很鄙贱的。

【诗文吟诵】

## 闻王昌龄[1]左迁[2]龙标[3]遥有此寄

唐・李白

杨花[4]落尽子规[5]啼，闻道龙标[6]过五溪[7]。

我寄愁心与明月，随风直到夜郎[8]西。

**注释：**

①王昌龄：字少伯，京兆长安（今陕西西安）人，唐代诗人。天宝年间被贬为龙标尉。②左迁：降职。③龙标：唐代县名，在今湖南洪江西。④杨花：柳絮。⑤子规：即布谷鸟，又称“杜鹃”。⑥龙标：指王昌龄。古代常用官职或任官之地的郡县名来称呼一个人。⑦五溪：指湖南西部、贵州东部五条溪流的合称，具体指辰溪、酉（yǒu）溪、巫溪、武溪、沅（yuán）溪。⑧夜郎：唐代夜郎有三处，两个在今贵州桐梓。本诗所说的“夜郎”在今湖南怀化境内。

**译文：**

在柳絮落尽杜鹃啼叫的时候，听说你被贬到龙标去了，一路上要经过五溪。

我把自己忧愁的心托付给明月，希望它能伴随着你一直走到那夜郎的西边。

**赏析：**

天宝八年（749），王昌龄被贬为龙标尉，李白听到他不幸的遭遇，写下了这首情真意切的诗篇。此诗前两句写景的同时点出了时令，渲染凄凉哀愁的气氛，然后描写路途险远，表达了对友人的关切和同情。后两句抒情，将自己的愁心寄与明月，随风一直陪朋友到夜郎西，表达了对友人由衷的劝勉和宽慰。作者对朋友其情之深，其义之重，全寓于这一短短的诗章中。

**作者：**

李白（701—762），字太白，号青莲居士，自称祖籍陇西成纪（今甘肃静宁西南），幼时随父迁居绵州昌隆（今四川江油南）人，唐代伟大的浪漫主义诗人。李白出生于盛唐时期，二十岁时只身出蜀，开始广泛游历和拜谒（yè）社会名流。天宝元年（742），供奉翰林，其文章风采，才华横溢，为玄宗所赏识，因不能见容于权贵，弃官而去，后来受牵累被流放夜郎。他一生游历了大半个中国，其诗大多描写山水和抒发内心情感，诗风雄奇豪放，清新飘逸，意境奇妙，被后人誉为“诗仙”，与杜甫并称为“李杜”。有《李太白集》传世。

## 【说文解字】

**字源：**

恩，篆文 = （因，席子，表示有依靠）+（心，内心），表示心有依靠，其本义为他人施予的恩惠。

**释义：**

恩，恩惠。字形采用“心”作形旁，“因”作声旁，也表达意义。

**演变：**

| 甲骨文 | 金文 | 篆书 | 隶书 | 草书 | 楷书 | 行书 |
|---|---|---|---|---|---|---|
| 缺 | 恩 | 恩 | 恩 | 恩 | 恩 | 恩 |

## 【乾坤通识】

### 琴棋书画

琴、棋、书、画是中国四大传统艺术形式，被古人称为“文人四艺”，是一种内涵丰富的文化形态，是我国古代文人的文化信仰。

琴，中国古老的拨弦乐器，又称瑶琴、玉琴，现称古琴、七弦琴。吹箫抚琴、吟诗作画、登高远游、对酒当歌是文人士大夫的生活境界。伯牙和子期“高山流水觅知音”的故事广为流传；嵇（jī）康在刑场上弹奏《广陵散》为视死如归的生命绝唱……

棋，是指围棋。围棋起源于中国，已有四千多年历史，传为尧作。黑白之间，对弈之中，军事、哲学、诗词、艺术共融一体，有利于发展智力、培养意志和养成把控大局、机动灵活的战略战术思想。

书法，是用毛笔蘸墨书写汉字的艺术。书法既有语言文字所具有的实用价值，也具有欣赏性的艺术价值。从秦代小篆书体的出现开始，书法艺术至今已有两千多年历史，历代名家辈出，存留至今的那些书法作品，实属国之瑰宝。

国画，中国画的简称，是用毛笔蘸水、墨、彩作画于绢或纸上的传统绘画形式。国画题材可分人物、山水、花鸟等，技法可分工笔和写意。国画讲究“胸有成竹”“意在笔先”“外师造化，中得心源”“含道映物，澄怀味象”，创作的重心是在生活环境中发现美，并按照自己的审美观表现出来，追求的最高境界是“天人合一”的思想。

## 【知学思考】

1. 理解“先义而后利者荣，先利而后义者辱”的意思，你能以哪些历史人物来论证这句话？

2. 情景思考：假如你是万钧梁，你会有怎样的态度？为什么？

万钧梁的爸爸是土地管理局的局长，有个房地产公司的老板想购买一块土地，就想尽办法和万局长套近乎，而每次都被万局长挡了回去。有一天万局长不在家，房地产老板拎着很多贵重的东西上门来，有名贵的酒、香烟，还有一大包钱和一辆万钧梁早就想要而爸爸一直不给买的儿童调速自行车。妈妈推辞不肯收下礼物，而老板坚持要留下，推来推去很久，最终妈妈同意收下童车，其他全部退了回去。爸爸回家知道童车的来历就严厉责备妈妈，要妈妈立即将童车退还原主，而妈妈不知道老板的住址和电话号码，就委屈地哭了，后来两人就争吵了起来。万钧梁左右为难：一方面爸爸是对的，这是他的一贯原则；一方面妈妈也不是贪财之人，不得已收下童车是为了满足儿子的一个小小愿望。想到这里，万钧梁也伤心地哭了。

## 【知行合一】

1. 向家人、朋友讲述《焚券市义》的故事，讨论：冯谖为什么未经孟尝君的同意就擅自烧毁债契？他这样做的意义是什么？

2. 吟诵、背诵李白的《闻王昌龄左迁龙标遥有此寄》，学习李白对朋友真情真义的好品行。

3. 和父母、朋友一起理解、书写“恩”“先义而后利者荣，先利而后义者辱”。

4. 素养提升训练：

（1）琴、棋、书、画被称为文人四艺，你喜欢哪种技艺？学习过程中发生过哪些让你印象深刻的事情？选取某个事例写一篇学习日记。

（2）《论语》说：“君子喻于义，小人喻于利”，意思是君子看重的是道义，小人看重的是利益，联系实际说说读后感。

5. 家庭小测试：琴、棋、书、画的特色知多少。

6. 了解与“感恩”有关的真实故事，回学堂与同学分享。

7. 为下列句子对出下句，组成对偶句：

源洁则流清，______________。

世事洞明皆学问，______________。

老当益壮，宁移白首之心；________________________。

风声雨声读书声，声声入耳；________________________。

第十七课　忠义

【历史典故】

## 千里走单骑

曹操兵马攻到徐州城下，刘备听从张飞的建议，连夜去曹营劫寨，谁知却中了曹操埋伏，刘备、张飞也都走散了，刘备骑马投奔了袁绍，张飞则逃到芒砀（dàng）山暂住。

曹操进攻下邳（pī），关羽被围。面对张辽的劝降，关羽思考再三暂且答应，但有三个条件：一是降汉不降曹；二是用刘备的俸禄供养他的两位嫂嫂；三是一旦得知刘备的下落，便去寻找他，不得阻拦。曹操无奈答应。

袁绍起兵攻打曹操，先锋颜良连斩曹将宋宪、魏续。谋士程昱（yù）建议曹操派关羽迎战，让袁绍因此仇恨关羽而杀了刘备。关羽为报曹操照顾之恩，纵马挥刀杀了颜良和文丑，袁绍知道此事后让人绑了刘备。刘备说：“曹操这是借刀杀人[①]之计，我马上写信让关羽到河北来投靠你，如何？”袁绍听了，让刘备火速写信给关羽。

关羽收到书信，便向曹操辞行，曹操故意避而不见。关羽留下曹操所赠之物，并将自己的汉寿亭侯大印挂在营中，留下书信，护着二位嫂嫂启程去找刘备。曹操的部将几次要杀关羽，都被曹操制止。

关羽来到东岭关，守将孔秀硬要阻拦，关羽一怒斩了孔秀；洛阳太守韩福也要拦阻，关羽飞马斩了韩福；到了汜（sì）水关，守将卞（biàn）喜埋伏刀斧手要杀关羽，恰好寺中住持是关羽的同乡，将卞喜的阴谋告诉了关羽，关羽大怒，斩了卞喜；到了荥（xíng）阳，太守王植暗中用计要火烧关羽，却最终被关羽所杀；到了黄河口，守将秦琪不放他渡河，又被关羽杀了；过了黄河关羽遇上孙乾，得知刘备已去了汝南，二人重渡黄河向汝南出发，曹操部将夏侯惇（dūn）领兵追到，与关羽展开厮（sī）杀，正在此时，张辽赶到传达曹操命令放关羽通行。

走到古城，占了城的张飞误认为关羽投降了曹操，这时曹操部将蔡阳杀来，张飞让关羽在三通鼓后斩了蔡阳，才肯相认。关羽在一通鼓未尽前便斩了蔡阳。张飞这才明白了关羽一路辛苦，下跪谢罪。在得知刘备到了河北袁绍那里后，关羽与孙乾又赶到河北才见到刘备，兄弟相见，抱头痛哭，而后两人直奔张飞驻守的古城。路上经过卧牛山时遇到了赵云，便一同前往，招兵买马，另谋大事。

**注释：**

①借刀杀人：比喻自己不出面，利用别人去害人。

**启示：**

“独行千里，报主之志坚；义释华容，酬恩之谊重。”关羽是国人心目中“忠义之士”的典型代表，被世人称为“武圣”。“千里走单骑”充分表现了关羽赤胆忠心、义薄云天的高尚品德。

## 【典籍阅读】

### 1. 启蒙阅读：

女慕①贞洁②，男效③才良④。知过必改，得⑤能莫忘。

——《千字文》

**注释：**

①慕：思慕，向往。②贞洁：指妇女节操高洁。③效：仿效，效法。④才良：才士贤人。⑤得：通“德”，恩惠。

**译文：**

女子要仰慕那些节操贞洁的烈女，男子应效法德才兼备的贤人。认识到自己的过错，一定要改正；得到了别人的恩惠，切不可忘记。

### 2. 进士阅读：

义之所在，不倾于权，不顾其利，举国①而与②之不为改视③，重死持义而不桡(náo)④，是士君子之勇也。

——《荀子·荣辱》

**注释：**

①举国：整个国家，也指全国之人。②与：给。③改视：改变看法，另眼相看。④不桡：不弯曲，形容刚正不屈。

**译文：**

合乎道义的事，不屈服于权势，不顾自己的利益，即使把整个国家（的财富）都给他也不能让他改变看法，甚至是面临死亡也仍然坚持正义、刚正不屈，这是儒士君子的勇敢品行。

仁之法[①]在爱人，不在爱我；义之法在正[②]我，不在正人。

——《春秋繁露·仁义法》

**注释：**

①法：标准，规范。②正：纠正，修正。

**译文：**

仁的法则在于爱别人，而不是爱自我；义的法则在于修正自我，而不是修正别人。

## 【明德养正】

关羽赤胆忠心，义薄云天，视刘备亦主亦兄，对其忠贞不二。关羽以“忠、义、仁、勇”并举而闻名于世，成为千百年来无与伦比的道德典范和人们心目中忠肝义胆、智勇双全的英雄，被后人奉为“武圣关公”，与“文圣孔子”齐名共尊，为中国士人千年景仰；又与范蠡（lǐ）同被奉为“文武财神”，被中国老百姓世代供奉膜拜。

君子有所为有所不为，每个人都应该清醒地认识到自己心中最值得坚持的到底是什么，并为之不懈努力。

## 【书香家学】

夫[①]志当存[②]高远，慕先贤，绝情欲，弃凝滞(zhì)[③]，使庶几之志[④]，揭然[⑤]有所存，恻然[⑥]有所感；忍屈伸，去细碎，广咨问，除嫌吝(lìn)[⑦]，虽有淹留[⑧]，何损于美趣，何患于不济[⑨]。若志不强毅[⑩]，意不慷慨，徒碌碌滞于俗，默默束于情，永窜(cuàn)伏[⑪]于凡庸，不免于下流矣。

——三国·诸葛亮《诫外甥书》

**注释：**

①夫：句首语气词。②存：怀着，怀有。③凝滞：拘泥，指心思局限在某个范围。④庶几之志：接近或近似于先贤的志向。⑤揭然：高举的样子。⑥恻然：恳切的样子。⑦嫌吝：猜疑和吝啬。⑧淹留：才德不显于世。⑨济：实现，成功。⑩强毅：坚强果断。⑪窜伏：藏匿（nì），逃避。

**译文：**

一个人应当怀有远大的志向，追慕先贤，节制情欲，弃除郁结在胸中的俗念，使接近或近似于先贤的志向，在你身上明白地显现出来，在自己内心引起深深的震撼；要能屈能伸，摆脱琐碎事务和感情的纠缠，广泛地向人请教，去除猜疑和吝啬，这样即使遭受到挫折和暂时停步不前，也不会损毁自己高尚的情趣，又何必担心事业会不成功呢？如果意志不坚强果断，思想境界不开阔，沉溺于碌碌无为的平庸凡俗之中，默默地被情欲束缚，势必永远沦落于凡夫俗子之列，免不了成为庸俗的下流之辈。

## 【诗文吟诵】

### 赴戍[①]登程[②]口占[③]示[④]家人·其二

清·林则徐

力微任重[⑤]久神疲，再竭衰庸[⑥]定不支。
苟[⑦]利[⑧]国家生死以[⑨]，岂因祸福避趋（qū）[⑩]之。
谪（zhé）居[⑪]正是君恩厚，养拙[⑫]刚于戍卒（zú）宜。
戏与山妻谈故事，试吟断送老头皮[⑬]。

**注释：**

①赴戍：前往戍边，此指流放伊犁。②登程：上路，起程。③口占：随口吟诵。④示：表明，此处指训示。⑤力微任重：力量、能力微薄而担负的责任重大。⑥衰庸：衰老而无能，这里是自谦之词。⑦苟：如果，假使。⑧利：对……有利。⑨以：用。⑩避趋：躲避灾祸，追逐利益。避，躲开；趋，追求。⑪谪居：因有罪被遣戍远方。⑫养拙：守本分，不显露自己的意思。拙，笨。⑬戏与山妻谈故事，试吟断送老头皮：作者自注：宋真宗听说隐者杨朴有作诗的才能，就召来问他："此来有人作诗送卿否？"杨朴答：臣妻有一首送我，"更休落魄耽杯酒，且莫猖狂爱咏诗。今日捉将官里去，这回断送老头皮"。宋真宗大笑，放杨朴返还山林。苏东坡去坐牢，妻子送出门时忍不住哭了。苏东坡回头对妻子说："子独不能如杨处士妻作一首诗送我乎？"妻子破涕而笑，苏东坡安心而出。这两句诗用此典故，表达林则徐的旷达胸襟。山妻，对自己妻子的谦称。故事，旧事。

**译文：**

我以微薄之力肩负重任，早已精疲力尽。再这样下去，我衰老而无能，必定不能支撑了。

只要对国家有利，哪怕是死我也要去做。怎么能躲避灾祸、追逐利益呢？

我因有罪被遣戍远方，正是君恩高厚。我还是到边疆做一名戍卒更为适宜。

我和老妻开玩笑谈起宋真宗召对杨朴和苏东坡赴诏狱的故事，说你不妨吟诵一下"这回断送老头皮"来为我送行。

**赏析：**

林则徐抗英有功，却遭投降派诬陷，被革职发配边远的伊犁。作者即将启程，在古城西安与妻子离别时用口占的方式，留下这首满腔愤慨的诗篇。认真体味此诗，不难感觉出它和屈原的《离骚》有一脉相通的心声。颔联是全诗思想精华之所在，充分表现了林则徐刚正不阿的高尚品德和大忠大义的爱国情操，成了广为传颂的名句。

**作者：**

林则徐（1785—1850），字元抚，晚号俟（sì）村老人，侯官（今福建福州）人，清代政治家、思想家、军事家、诗人，曾任湖广总督、陕甘总督和云贵总督等职。极力主张严禁鸦片，捍卫国家主权，是国人心目中一身正气、铁骨铮（zhēng）铮的民族英雄。今辑有《林则徐集》。

## 【说文解字】

**字源：**

义，是“義”字的简体字。義，甲骨文義 = 羊（羊，读作象，引申为仪表、威仪）+ 我（我，自己），表示自己有美好形象。

**释义：**

義，自己的威仪。威严出于己，故从我。字形采用“我”“羊”会意。意义、正义的义，古本作“谊”，适宜，刚好的意思，引申为道义。

**演变：**

| 甲骨文 | 金文 | 篆书 | 隶书 | 草书 | 楷书 | 行书 |
|---|---|---|---|---|---|---|
| 義 | 義 | 義 | 義 | 義 | 義 | 義 |

## 【乾坤通识】

### 十八般武艺与十大名剑

“十八般武艺”，指我国古代使用十八种兵器的本领，相传为战国时孙膑、吴起所传。一般的是指枪、戟（jǐ）、棍、钺（yuè）、叉、镋（tǎng）、钩、槊（shuò）、环、刀、剑、拐、斧、鞭、锏（jiǎn）、锤、棒、杵（chǔ）等。“十八般武艺”始见于南宋华岳撰的《翠微北征录》，该书卷七记“武艺一十有八，而弓为第一”，但没有给出“十八般武艺”的具体内容。实际上，所谓“十八般”并非仅仅局限于十八种兵器，而是古代多种武艺、兵器的概称。

“十大名剑”的记载多见于古籍或上古传说，如《史记》《越绝书》《列子》《吴越春秋》等文献中皆有记载。一般是指：轩（xuān）辕（yuán）、湛（zhàn）卢、赤霄（xiāo）、泰阿、七星龙渊、干（gān）将、莫邪（yé）、鱼肠、纯钧、承影等名剑。其中，承影是精致优雅之剑，纯钧是尊贵无双之剑，鱼肠是勇绝之剑，干将、莫邪是挚情之剑，七星龙渊是诚信高洁之剑，泰阿是威道之剑，赤霄是帝道之剑，湛卢是仁道之剑，轩辕是圣道之剑。十大名剑在很大程度上象征了中华民族某种正德、正身、正义的气节。

## 【知学思考】

1. 你敬佩的历史人物有哪些？为什么？
2. 关羽为什么能成为中国人心目中的“武圣”？林则徐为什么被国人誉为民族英雄？
3. 在你心里，最重要、最值得坚持的是什么？

## 【知行合一】

1. 讲述《千里走单骑》的故事，学习关羽义薄云天的人格品质。
2. 和家人一起吟诵林则徐的《赴戍登程口占示家人·其二》，了解林则徐虎门禁烟的历史故事，学习林则徐的爱国主义精神。
3. 家庭小测试：“十八般武艺”知多少。
4. 了解“干将莫邪”的故事，了解中国古代士人佩剑的习俗。
5. 和父母、朋友一起理解、书写“义”“苟利国家生死以，岂因祸福避趋之”。
6. 素养提升训练：

（1）阅读“知过必改，得能莫忘”，平时你做到“知过必改”了吗？选取某个事例写一篇生活日记。

（2）阅读《三国演义》第一回“宴桃园豪杰三结义，斩黄巾英雄首立功”，说说读后感。

7. 找一找下列“诗词之最”：

例：最难找的人——只在此山中，云深不知处

最长的情——（　　　　　　　　）

最苦的酒——（　　　　　　　　）

最孤独的人——（　　　　　　　　）

最有计谋的士兵——（　　　　　　　　）

最高的楼——（　　　　　　　　）

【历史典故】

## 屈原投江

屈原（公元前340—前278），战国时期楚国诗人、政治家。屈原出身于楚国贵族，自幼勤奋好学，胸怀大志。屈原提倡“美政”，主张对内举贤任能①，改革政治，修明法度，对外力主联齐抗秦。在他的努力下，楚国国力有所增强。但是，由于自身性格正直直爽，再加上令尹子椒（jiāo）、上官大夫靳（jìn）尚和楚怀王的宠妃郑袖等人受了秦国使者张仪的贿（huì）赂（lù），不但阻止怀王接受屈原的意见，并且挑拨离间②使怀王疏远了屈原。

公元前305年，楚怀王与秦国订立黄棘之盟，屈原极力反对。在子椒、靳尚等佞臣③的暗算下，屈原被楚怀王逐出郢都④，开始了流放⑤生涯。不久，楚怀王被秦国诱骗去，囚死于秦国。楚襄王即位后，屈原又被放逐到江南。屈原悲愤万千，为国家的命运忧心忡（chōng）忡，他不愿意在世俗的沉沦中放弃自己，他想去坚守，更想去担当作为一名楚国人的责任。可是，现实的残酷，让他报国无门，壮志难酬。

公元前278年，秦国大将白起带兵南下，攻破了楚国国都。屈原的政治理想彻底破灭，对人生前途也完全绝望，五月五日毅然投汨（mì）罗江以死明志。

**释义：**

①举贤任能：举荐贤人，任用能人。②挑拨离间（jiàn）：搬弄是非，制造矛盾。③佞（nìng）臣：指奸邪谄媚的臣子。④郢（yǐng）都：春秋战国时期楚国的国都，故址在今湖北江陵东北。⑤流放：古时的一种刑罚，把犯人驱逐到边远地区去。

**启示：**

“举世皆浊我独清，众人皆醉我独醒”，屈原的气节不仅是对国家利益的忠诚，更是对自己美政主张和人生品格的持守。他为了气节，不愿与世俗妥协，不惜牺牲自己的生命，去坚守自己的政治主张，保全自身的情操。

## 【典籍阅读】

### 1. 启蒙阅读：

孟轲敦(dūn)[①]素[②]，史鱼秉(bǐng)直[③]。庶几[④]中庸，劳谦谨敕(chì)[⑤]。

——《千字文》

**注释：**

①敦：敦厚、笃实。 ②素：本色。 ③史鱼秉直：史鱼生性耿直。史鱼，字子鱼，春秋时期卫国的史官，敢于直谏。④庶几：接近、差不多。⑤劳谦谨敕：勤勉、谦虚、谨慎、戒惧。

**译文：**

孟子禀性敦厚素雅，史鱼生性耿直。做人要尽可能达到中庸的标准，勤勉、谦逊、谨慎，懂得告诫自己。

### 2. 进士阅读：

鱼，我所欲也；熊掌[①]，亦我所欲也，二者不可得兼[②]，舍鱼而取熊掌者也。生，亦我所欲也；义，亦我所欲也，二者不可得兼，舍生而取义者也。

——《孟子·告子上》

**注释：**

①熊掌：熊的脚掌，一种珍贵的食品。 ②得兼：同时得到。

**译文：**

鱼是我所想要的，熊掌也是我所想要的，如果这两种东西不能同时得到，我就舍弃鱼而选取熊掌。生命是我所想要的，大义也是我所想要的，如果这两样东西不能同时具有，我就牺牲生命而选取大义。

子曰：“志士[①]仁人[②]，无求生以害仁，有杀身以成仁。”

——《论语·卫灵公》

**注释：**

①志士：有远大志向之人。 ②仁人：有德之人。

**译文：**

孔子说："有远大志向和高尚道德的人，不会因为求生而损害仁道，只会牺牲自己的生命来成全仁道。"

## 【明德养正】

古代的仁人志士超越了富与贫、贵与贱、生与死的界限，他们所追求的是一种永恒的信仰与气节。屈原本来是深受楚怀王器重的大臣，可以享受荣华富贵的生活，但他为了维护国家的利益，极力推行"美政"政治主张和实施联齐抗秦战略，从而得罪了一帮佞臣以及楚怀王，几度被贬流放。屈原虽然不在朝廷，但他仍然为国家的前途和老百姓的命运忧心忡忡，不愿意放弃自己的政治主张，期待有一天能再度为复兴国家而担当重任。当国都被秦军攻占，楚襄王和一帮佞臣丢弃百姓仓惶逃命时，屈原深知已回天无力，他不愿苟活于世做亡国奴，毅然投汨罗江以死明志。这并不是说屈原不珍惜自己的生命，而是在仁人志士的心中，信仰与气节高于一切，当生与义二者不能同时得到时，选择放弃生命而保持大义。

## 【书香家学】

行诚孝[①]而见贼[②]，履仁义而得罪，丧身以全[③]家，泯(mǐn)躯[④]而济国，君子不咎(jiù)[⑤]也。

——《颜氏家训》

**注释：**

①诚孝：忠孝。②贼：谗毁。③全：保全。④泯躯：捐躯。⑤咎：责怪，怪罪。

**译文：**

尽忠守孝而受到谗毁，履行仁义而获罪，为了保全家庭而丧身，为了维护国家利益而捐躯，这些行为是君子不会责难的。

## 【诗文吟诵】

### 过零丁洋[①]

南宋·文天祥

辛苦遭逢起一经[②]，干戈寥(liáo)落四周星[③]。
山河破碎风飘絮[④]，身世浮沉雨打萍[⑤]。
惶恐滩[⑥]头说惶恐，零丁洋里叹零丁[⑦]。
人生自古谁无死？留取丹心照汗青[⑧]。

**注释：**

①零丁洋：即“伶仃洋”，现在广东省珠江口外。本诗是文天祥被元军俘虏的第二年（1279）正月过零丁洋所作。②遭逢起一经：指自己由于熟读经书，通过科举考试，被朝廷选拔入仕做官。一经，古代科举考试中，考生要选考一种经书。③干戈寥落四周星：在频繁的抗元战斗中已度过四年。干戈，两种兵器，此处指战争。寥落，荒凉冷落。四周星，四年，从德祐（yòu）元年正月起兵抗元至被俘虏恰好四年。④山河破碎风飘絮：大宋国势危亡如风中柳絮。写此诗后20天，设在崖山的南宋流亡朝廷覆亡。⑤身世浮沉雨打萍：比喻自己一生坎坷，如雨中浮萍漂泊无根，时起时沉。⑥惶恐滩：在江西万安赣（gàn）江中，水流湍（tuān）急，极为险恶。景炎二年（1277）文天祥兵败后，曾从惶恐滩一带撤退。⑦零丁：孤苦无依的样子。⑧丹心照汗青：忠心永垂史册。丹心，红心，比喻忠心。汗青，古代在竹简上写字，先以火炙（zhì）烤竹片，以防虫蛀。因竹片水分蒸发如汗，故称书简为汗青。此处特指史册。

**译文：**

回想我当年由科举考试入仕做官的辛苦，如今在频繁的抗元战斗中已度过四年。

大宋国势危亡如同风中柳絮，自己一生坎坷，就像暴雨打击下的浮萍一样漂泊无根，浮沉不定。

我想到此前在江西惶恐滩头兵败撤离的情景，至今还惶恐心惊；在零丁洋中身陷元虏只能悲叹孤苦伶仃。

自古人生在世，谁没有一死呢？为国捐躯，死得其所，让我留下这颗忠心永垂史册吧！

**赏析：**

南宋末年，文天祥在广东海丰与元军作战，兵败被俘，途经广东中山的零丁洋时，元军逼迫他招降坚守崖山的宋军，他以此诗明志。本诗饱含沉痛悲凉，把亡国之恨、困苦危难渲染到极致，最后由郁而扬，悲壮地迸发出“人生自古谁无死，留取丹心照汗青”的慷慨陈词，彰显了作者的民族气节和正气凛然、舍生取义、视死如归的坚定信念。

**作者：**

文天祥（1236—1283），字宋瑞，号文山，吉州庐陵（今江西吉安）人，南宋政治家、文学家，曾任右丞相兼枢密使。他与陆秀夫、张世杰并称为“宋末三杰”。有《文山先生全集》。

## 【说文解字】

**字源：**

气，甲骨文字形三，象云气，引申为气体的泛称。

**释义：**

氣，云气，引申为人的精神风貌（元气、中气、气节、气魄、气概、气度、正气、义气等）、自然人文景象（气象、气氛、气数等）。字形采用“米”作形旁，“气”作声旁。

**演变：**

| 甲骨文 | 金文 | 篆书 | 隶书 | 草书 | 楷书 | 行书 |
|---|---|---|---|---|---|---|
| 三 | | | | | | |

## 【乾坤通识】

### 对对子

“对对子”是旧时私塾（shú）教学中的一种功课，也叫对课。它是学习词句和准备作诗的一种练习，大约由一字到四字，先生出上联，学生想出下联来对之。不但名词要对名词、动词要对动词、形容词要对形容词，而且每一种词里面要取其品性相近的。如：“雨”对“风”，它们都是自然天气的名词；“下去”对“上来”，它们是相对的动词；“桃红”对“柳绿”，它们都是形容植物状态的词。

通过对对子练习，学生掌握了大量的词语和对对子的技能后，就成了“对对联”。对联是指结构形式上由上下两句构成、字数相等、内容相关、讲究对偶的一种联语。对联，雅称楹（yíng）联，俗称对子，是语言艺术和书法艺术的完美结合。古人常常以对对联来考察一个人的学问与才华。北宋时期，流传着一个“苏轼巧对辽使”的故事。

宋神宗时，辽国准备举兵伐宋。辽先派使者来探明宋朝人才虚实，苏轼奉诏接待。辽国使者出了个对子，请苏轼应对：“三光日月星。”

这个上联除了数字，还有三种互相关联的事物。下联难就难在前边必须有不同的数字，后边的事物却又只能是三种。苏轼略加思索答道：“四诗风雅颂。”

《诗经》有“风、雅、颂”三个组成部分，又有毛、韩、鲁、齐四家（汉时注解《诗经》的四家学者），所以是四诗。这样恰好解决了数字和事物的矛盾。辽使听了，大为赞叹。

苏轼笑说：“我还可以用‘四德元亨利’对你！”

辽使问："四德只道出三德，尚缺一德。"

苏轼从容答道："那一德乃先皇圣讳，臣下不得念出。"

原来《周易》中乾卦有"四德"之称，即元、亨、利、贞。先朝皇帝仁宗名叫赵祯（zhēn），祯与"贞"同音，为"圣讳"。苏轼巧用圣讳，实属绝妙之对。

辽使连声称妙，归国报告说："大宋人才济济，苏轼对子中暗藏谋略，对我辽国恐早有防备，切不可轻易出兵！"于是辽王放弃了伐宋的计划。苏轼就这样以智慧化解了一场即将爆发的战争。

## 【知学思考】

1. 端午节的由来是什么？你都知道哪些端午节习俗？屈原是一位爱国诗人，为了纪念他，人们又把端午节称为"诗人节"，你都知道哪些与端午节有关的诗句？

2. 你想做一些善事好事，如果会损失自己的一些利益，你会坚持做吗？为什么？

3. 文天祥的"人生自古谁无死？留取丹心照汗青"为什么会成为千古名句？

## 【知行合一】

1. 讲述《屈原投江》的故事，背诵和理解"路漫漫其修远兮，吾将上下而求索"等句，学习屈原忠贞爱国、不与世俗妥协、持守高贵品格的士大夫气节。

2. 和父母、朋友一起理解、书写"气""人生自古谁无死，留取丹心照汗青"。

3. 素养提升训练：

（1）阅读"庶几中庸，劳谦谨敕"，说说怎样才能做到勤勉、谦逊、谨慎。

（2）查阅与屈原相关的历史知识，以《我心中的屈原》为题讲述或记叙一则小故事。

4. 家庭小表演：父母孩子轮流扮演大才子苏轼"巧对辽使"。

5. 和家人一起阅读历史上一些"忠义之士"的故事。

6. 和家人、朋友一起对对子（对联）：

（1）天对地，雨对风。大陆对____。　（2）清对淡，薄对浓。暮鼓对____。

（3）奇对偶，只对双。大海对____。　（4）君对父，魏对吴。北岳对____。

（5）越对赵，楚对齐。柳岸对____。　（6）鱼书对雁字，________________。

（7）楚兰对湘芷，________________。　（8）风高秋月白，________________。

（9）风声雨声读书声声声入耳，________________。

（10）疏影暗香，和靖孤山梅蕊放；____________，______________。

# 本单元教学建议

**◎教学目标**

学习以“义”为主题的历史典故，诵读、讲解国学典籍，理解“义”在儒家文化中作为行动准绳的重要意义，并加以践行。

**◎教学重点**

1. 了解《千字文》《颜氏家训》等启蒙国学典籍的总体特征和主要内容。
2. 理解并初步掌握“义”的概念和一些相关的历史典故、古诗词、家训、汉字渊源与演变等。
3. 了解一些我国传统文化天文地理、社会百科等通识。

**◎教学难点**

理解“义”的内涵，学会辨别“忠义正气”与“江湖义气”的异同点，自觉抵制歪风邪气，支持见义勇为，维护社会正气。

**◎广览博学**

1. 搜索、阅读《千字文》。
2. 搜索、阅读《颜氏家训》。
3. 搜索、阅读《世说新语·德行》。
4. 搜索、阅读《大学》。
5. 搜索、阅读《中庸》。
6. 搜索、阅读《唐诗三百首》。
7. 搜索、阅读《水浒传》。

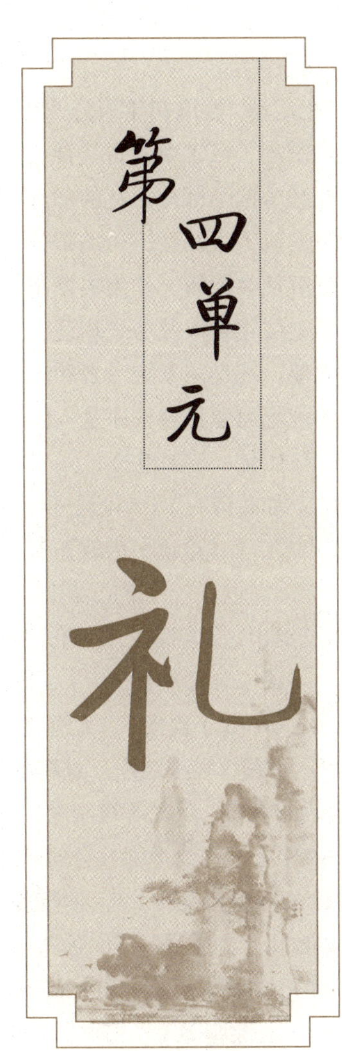

# 第四单元

# 礼

# 本单元概述

“礼”，起源于史前先民的宗教祭祀活动，西周初年周公“制礼作乐”，将其完善成了一整套的礼乐制度，成了中国古代社会的典章制度和道德规范。礼乐制度分礼和乐两个部分。礼的部分主要对人的身份进行划分和规范，最终形成等级制度；乐的部分主要是基于礼的等级制度，运用音乐缓解社会矛盾。作为典章制度，礼是社会政治制度的体现，是维护上层建筑以及与之相适应的人与人交往的礼节仪式；作为道德规范，礼是国家统治者和贵族的行为标准与礼仪要求。儒家崇尚的理想封建社会秩序是人们的生活方式和行为要符合家族内的身份与社会、政治地位。

孔子提出礼应根植于仁，“人而不仁，如礼何？”（《论语·八佾（yì）》）他主张“道之以德，齐之以礼”（《论语·为政》）以德治国的方针。孔子曰：“不知礼，无以立也。”“克己复礼为仁。一日克己复礼，天下归仁焉！”儒家文化将礼当作大仁大义的前提。孟子提出：“恻隐之心，仁之端也；羞恶之心，义之端也；辞让之心，礼之端也；是非之心，智之端也”（《孟子·公孙丑上》），把仁、义、礼、智作为道德规范的“四端”，礼为“辞让之心”，成为人的德行之一。荀子提出：“人道莫不有辨，辨莫大于分，分莫大于礼。”（《荀子》）董仲舒强调，礼者“序尊卑、贵贱、大小之位，而差外内、远近、新故之级者也。”（《春秋繁露》）在封建时代，礼是维持社会政治秩序，巩固等级制度，调整人与人之间的各种社会关系和权利义务的规范与准则。在长期的历史发展中，礼作为中国社会的道德规范与生活准则，对提升中华民族精神素质起了重要作用；同时，随着社会的变革和发展，礼不断被赋予新的内容，不断发生改变和调整。

本单元的主题是“礼”，安排了“知礼”“谦逊”“慎独”“尊重”“恭敬”“礼贤”六篇课文。课程内容和教学目标，是引导学员了解礼的基本概念、重礼的方式和现实意义。通过学习《握发吐哺》《孔子相师》《杨震四知》《圯（yí）上敬履》《程门立雪》《三顾茅庐》等历史典故，阅读《弟子规》《三字经》《千字文》《中庸》《论语·卫灵公》《论语·尧曰》《礼记·曲礼上》《论语·颜渊》《论语·泰伯》《荀子·修身》《老子》等有关礼的内容，接触《姬旦家训》《朱子家训》《陆游诫子》《曾国藩家书》《袁氏世范》等书香家学文化，吟诵曹操《短歌行》、辛弃疾《清平乐·村居》、王安石《梅花》、王勃《送杜少府之任蜀州》、孟浩然《过故人庄》、杜甫《八阵图》等古诗文，明白礼是道德规范之一，是调整人与人之间的各种社会关系和权利义务的规范、准则，从小确立为人要懂礼，要讲规矩，知礼贵在自觉；通过“明德养正”教学，懂得“没有规矩不成方圆”，“慎独”是一种自觉精神，“不耻下问”是一种高贵品质，“敬重师长”是一种美德，“礼贤”要真心实意等道理；通过了解冠笄之礼、客套话、寒暄语、拱手礼、阳春白雪、下里巴人等通识，知道世代流传的通用常识，以扩大知识面。

【历史典故】

## 握发吐哺[1]

周公姓姬名旦，周文王的第四个儿子，周武王姬发的弟弟，因其采邑[2]在周，爵为上公，又德高望重[3]，故称周公。周公是我国西周初年的思想家、政治家和军事家。周公德才兼备，他和父亲周文王一道完成了《周易》古经的编撰[4]，两次辅佐周武王东伐纣王，奠定周王朝天下，被历代儒学家称为“元圣”。

周武王临终时，太子姬诵年仅十三岁，于是武王提出“兄终弟及”，周公执意不肯。周成王即位后，为了巩固西周政权，周公率兵东征，平定了纣王子武庚（gēng）复辟和“三叔（管叔、蔡叔、霍叔）”叛乱，封藩建卫，实行宗法统治，又在洛邑建立各种典章制度，史称“制礼作乐”。天下太平后，周公还政成王，与召公分陕而治，居洛治理东方。

周公摄政[5]时，求贤若渴[6]，洗一次头曾多次握着尚未梳理的头发，吃一顿饭数次吐出口中食物，迫不及待地去接待贤士。这就是成语“握发吐哺”的来源。周公一心辅佐成王治理天下，为周王朝的建立和巩固作出了重大贡献。周公为政，制礼作乐励精图治，礼贤下士，为后世为政者的典范。

**注释：**

①握发吐哺：比喻为国家礼贤下士，殷切求才。 ②采邑：古代国君分给卿大夫的土地。 ③德高望重：品德高尚，名望很高。 ④编撰：编写，多指材料较多、篇幅较大的著作。 ⑤摄政：代君主处理政务。 ⑥求贤若渴：形容寻求贤才的心情非常迫切。

**启示：**

周公尊重人才、礼贤下士、顾全大局、淡泊名利、忠心耿耿、勇于担当、励精图治等高尚品德深受历代仁人贤士的爱戴，儒家一直以来把周公的人格品行作为最高典范。曹操《短歌行》："山不厌高，海不厌深。周公吐哺，天下归心。"咏叹求贤若渴之心，说明只有礼待贤才，才能使天下人才心向往之。

## 【典籍阅读】

### 1. 启蒙阅读：

我周公，作周礼。著[①]六官[②]，存[③]治体[④]。大小戴[⑤]，注礼记。述圣言[⑥]，礼乐备[⑦]。

——《三字经》

**注释：**

①著：建立、设置。②六官：《周礼》分天官冢（zhǒng）宰、地官司徒、春官宗伯、夏官司马、秋官司寇（kòu）和冬官司空六部分，讲述周代的典章制度。③存：保存并使后人知晓。④治体：治国的纲领、根本，这里指使国家的治理趋于制度化。⑤大小戴：指西汉儒家学者戴德、戴圣叔侄。⑥述圣言：记述圣人的言论思想。⑦备：齐备、详尽。

**译文：**

周公撰写了《周礼》，记载着当时的官制与国家的组成情况。西汉儒家学者戴德、戴圣整理并注释《礼记》，记述了古代圣贤的言论思想，详细记载了上古的礼乐制度。

### 2. 进士阅读：

孔子曰："不知命，无以为君子也；不知礼，无以立也；不知言[①]，无以知人也。"

——《论语·尧曰》

**注释：**

①知言：善于分析别人的言语，辨其是非善恶。

**译文：**

孔子说："不懂得自然的规律与法则，就不能成为君子；不懂得礼仪，就不能立身行事；不懂得分析别人的言语，辨其是非善恶，就不能真正了解他。"

礼尚往来[①]。往而不来，非礼也；来而不往，亦非礼也。

——《礼记·曲礼上》

**注释：**

①礼尚往来：在礼节上注重有来有往。借指用对方对待自己的态度和方式对待对方。礼，礼节。尚，注重。

**译文：**

礼节注重有来有往。只有往而无来，是不合乎礼数的；只有来而无往，也是不合乎礼数的。

## 【明德养正】

我国自古以来就是一个重视礼仪的国度，礼仪是一个人文明程度的基本评价标准。古语说："不以规矩，不能成方圆。"这里所说的规矩，对于个人来讲就是言行规范，对于家庭来讲就是伦理家规，对于社会而言就是公德契约，对于国家而言就是法规制度。这些规矩，对提升个人的道德修养、维护家庭和睦、保障社会稳定和促进国家文明进步都有很大的作用。我们要遵守规矩，并且以身作则，带动身边的人也遵守规矩。在现实社会中，你是否懂礼，是否守规矩对于你是否能更好地立足于社会，得到更好的发展有着重要的影响。

## 【书香家学】

《史记·鲁周公世家》："周公戒伯禽曰：'我文王之子，武王之弟，成王之叔父，我于天亦不贱①矣。然我一沐(mù)三捉发②，一饭三吐哺③，起④以待士，犹恐失天下之贤人。子之鲁，慎无以国骄人。'"

——《姬旦家训·戒伯禽》

**注释：**

①贱：旧时指地位低下。 ②一沐三捉发：一次沐浴须三度握其已散之发，形容求贤殷切或事务繁劳。 ③一饭三吐哺：一饭之间，三次停食吐出口中食物，以接待宾客，比喻求贤殷切。 ④起：离开原来的位置。

**译文：**

《史记·鲁周公世家》记载："周公告诫他的儿子伯禽说：'我是文王的儿子，武王的弟弟，成王的叔父，我的身份与地位在天下人中不算低了。然而我洗一次头要多次握起头发，吃一顿饭要多次停食吐出口中食物，起身接待贤士，唯恐因接待他们迟慢而失去人才。你到了鲁国，一定不能因为自己是国君了，就慢待士人和民众。'"

## 【诗文吟诵】

### 短歌行（节选）

三国·曹操

月明星稀，乌鹊①南飞。
绕树三匝(zā)②，何枝可依？

山不厌高，海不厌深③。

周公吐哺，天下归心④。

**注释：**

①乌鹊：乌鸦。②三匝：三周。匝，周，圈。③山不厌高，海不厌深：此处借用《管子·形解》中的话，原文是：“海不辞水，故能成其大；山不辞土，故能成其高；明主不厌人，故能成其众；士不厌学，故能成其圣”，意思是希望尽可能多地接纳人才。④周公吐哺，天下归心：据《史记·鲁周公世家》记载，周公说他在吃饭时曾三次把饭从嘴里吐出来，唯恐因接待贤士迟慢而丢掉人才。此处借用这个典故表示自己像周公一样热切殷勤地接待贤才，使天下的人才都心悦诚服地归顺。吐哺，吐出嘴里含着的食物。归心，人心归服。

**译文：**

月光明亮星光稀疏，乌鸦寻巢向南飞去。

绕树飞了三周却没有歇下来，哪里才是它们的栖身之地？

高山不拒绝土石方显巍（wēi）峨（é），大海不拒涓流方显壮阔。

像周公那样礼贤下士，一定会得到天下贤士的诚心归附。

**赏析：**

《短歌行》气格高远，感叹了生命短暂，诗中不仅有对人生哲理的思考，也表现了作者的求贤若渴，是其内心世界的真实写照，内容丰富，感情充沛。此处所选的是该诗的第四节，主题明确，笔调沉稳顿挫，描写了作者对犹豫不决的贤才的关切，渴望天下贤才能到自己身边来，一道完成统一天下的大业。最后引用周公吐哺的典故，突出表现了曹操的求贤若渴。

**作者：**

曹操（155—220），字孟德，沛国谯（qiáo）县（今安徽亳 bó 州）人，三国时期政治家、军事家、文学家、书法家，曹魏政权的奠基人。曹操精兵法，善诗文，其诗气魄雄伟，慷慨悲凉，散文清峻整洁；擅长书法，尤工章草。有《魏武帝集》。

## 【说文解字】

**字源：**

礼，是“禮”字的简体字，“豊”是“禮”的本字。豊，甲骨文 = （像打着绳结的玉串）+ （壴，鼓的象形），古人行礼常用玉和鼓，表示古代祭祀用的礼器。

**释义：**

禮，举行仪礼，祭神求福。字形采用“示”“豊”会意，“豊”作声旁。

**演变：**

| 甲骨文 | 金文 | 篆书 | 隶书 | 草书 | 楷书 | 行书 |
| --- | --- | --- | --- | --- | --- | --- |
| 豊 | 豊 | 禮 | 禮 | 礼 | 礼 | 禮 |

## 【乾坤通识】

### 冠笄之礼

冠笄礼是中国汉民族传统的成人仪礼，是人生最重要的礼仪之一。《礼记》有云：“冠者，礼之始也。”华夏先祖对于冠笄礼十分重视，行冠、及笄代表完成了从孩童到成人的跨越，应当从内心意识到自己是一个成人，不能再以孩童自视。

冠，就是帽子。戴上成年人的帽子，标志着正式成为一个成年人，要肩负起作为成年人的责任了。笄，就是发簪（zān）。女子十五岁时，将发辫盘成发髻，用簪子插上，称为及笄。此时女子即许嫁，若未嫁，则笄礼可迟至二十岁左右举行。因而实际上对于女子而言，笄礼除了成年，也与婚嫁有关。

此外，冠笄礼上一个重要的环节就是取字。在古代，字的意义不亚于名。一个人成年后，除了要有名，还要有表字。表字一般与名有关（可相同、相关、相反等），或寄托美好的寓意，或体现一个人的德行，更多情况下兼而有之。受礼者的字一般是由长辈与老师或有学品的宾客协商好之后，在冠笄礼上授予。

## 【知学思考】

1. 理解“不知礼，无以立”的意思，你知道哪些以礼治国的例子？

2. 小明说：“我从小便知道做人做事的道理，不学礼我也会生活得很好，也没有感到不适应，为什么一定要学礼呢？”你赞成小明的看法吗？为什么？

3. 星期天，爸爸出门办事去了，妈妈在厨房里忙着烧菜，你在书房里赶写作业。这时候家里来客人了，你会主动停下手中的作业去接待客人吗？为什么？

## 【知行合一】

1. 讲述《握发吐哺》的故事，说说周公为什么要迫不及待地会见来访的贤士。

2. 和家人、朋友一起吟诵曹操的《短歌行》（节选），了解“官渡之战”曹操以少胜多、以弱胜强打败强敌袁绍的故事。

3. 和父母、朋友一起理解、书写“礼”“周公吐哺，天下归心”。

4. 素养提升训练：

（1）理解“不知礼，无以立”的意思，说说怎样做一个懂礼的人，联系实际写一篇懂礼的生活日记。

（2）了解古代“冠笄礼”的习俗，想想自己长大后会是怎样的人，会做哪些有意义的事，以《我长大后》为题讲述或记叙一段感言。

5. 和家人一起学三个与“礼”有关的成语，回学堂后与同学分享。

第二十课 谦逊

【历史典故】

## 孔子相师

孔子乘着马车周游列国，路过一个地方。见一个孩子在路中间用土围了一座“城”，自己坐在里面。孔子下车和蔼地问道：“你看见马车为什么不躲开呀？”

那孩子反问道：“请问您是谁啊？”

孔子答道：“我姓孔名丘。”

那孩子眨了眨眼睛说：“您就是孔老先生啊！听说您上晓天文，下知地理，中通人情，为何不知只有车躲避城，哪有城躲避车的道理？”

孔子愣了一下，问：“你叫什么名字？”

孩子答道：“我叫项橐[①]。”

孔子觉得这个孩子很聪明，就饶有兴趣[②]地说：“我考你几道题如何？”

项橐挺胸说：“请孔老先生出题！”

孔子说：“什么山上没有石头？什么水里没有鱼儿？什么车没有轮子？什么牛不生犊儿？什么马不产驹（jū）儿？什么火没有烟？”

项橐想了想答道：“土山上没有石头，井水中没有鱼儿，用人抬的轿车没有轮子，泥牛不生犊儿，木马不产驹儿，萤火虫的火没有烟。”

孔子暗暗吃惊，这孩子果然智慧过人！

项橐接着反问道：“请问孔老先生——鹅和鸭为什么能浮在水面上？雁和鹤为什么善于鸣叫？松和柏为什么冬夏常青？”

孔子立即答道：“鹅和鸭能浮在水面上，因为它们的脚是方的；雁和鹤善于鸣叫，因为它们的脖子很长；松和柏冬夏常青，因为它们树心坚实。”

“不对！”项橐大声说，“龟鳖（biē）能浮在水面上，它们脚方吗？青蛙善于鸣叫，它们脖子长吗？竹子冬夏常青，它们茎心坚实吗？”

孔子觉得这孩子知识渊博，灵敏善辩，虽年少却值得自己学习。他俯下身子作揖（yī），很谦逊地对项橐说：“后生可畏，我当拜你为师。”

他又回头语重心长地对弟子们讲："三人行必有我师[3]，要不耻下问[4]。"

经此一事，项橐名扬九州，传遍朝野。据《史记》记载，甘罗十二岁拜相时，还拿项橐作比喻，说服文信侯吕不韦让自己出使赵国。

**注释：**

①项橐(tuó)：春秋时期鲁国的一位神童。②饶有兴趣：很有兴趣。③三人行必有我师：多个人同行，其中必定有人可以做我的老师。意思是说，只要虚心求教，到处都有可供学习、效法的对象。语出《论语·述而》："子曰：'三人行，必有我师焉，择其善者而从之，其不善者而改之。'"三，虚数，此处泛指多个人。④不耻下问：向地位、学问不如自己的人虚心请教而不认为有失体面。

**启示：**

谦逊是礼的重要内容，我们要以孔子为楷模，虚心向品德高尚、学识丰富、技能精湛的人学习，无论年龄、性别、身份，只要有可学之处，就虚心学习，取人之长，补己之短。

## 【典籍阅读】

### 1. 启蒙阅读

融[1]四岁，能让[2]梨。弟于长[3]，宜先知[4]。首[5]孝弟，次见闻。知某数[6]，识某文[7]。

——《三字经》

**注释：**

①融：孔融，字文举，鲁国（今山东曲阜）人，东汉文学家，建安七子之一。②让：谦让。③长：兄长。④知：明白。⑤首：首要。⑥数：数目、算术。⑦文：文字、文章、文理。

**译文：**

孔融年仅四岁，就知道把大的梨让给哥哥吃，这种尊敬和友爱兄长的道理，每个人从小就要明白。做人首先要学的是孝敬父母和友爱兄弟的道理，其次要学习看到和听到的知识。要学习基本的算术，还要识文断字。

兄道友，弟道恭，兄弟睦，孝在中。财物轻，怨何生，言语忍，忿[1]自泯[2]。或饮食，或坐走，长者先，幼者后。

——《弟子规》

**注释：**

①忿：生气、愤恨。②泯：消除、泯灭。

**译文：**

兄长要友爱弟弟，弟弟要恭敬兄长，兄弟之间和睦相处，孝道就在其中了。将财物看得轻一点，兄弟之间就不会产生怨恨。言语能包容忍让，冲突、怨恨就会消除、泯灭。生活中饮食、坐卧、行走，都应当谦虚礼让，长幼有序，年长者在先，年幼者在后。

### 2. 进士阅读

子曰：“君子义以为质[①]，礼以行之，孙(xùn)[②]以出之，信以成之。君子哉！”

——《论语·卫灵公》

**注释：**

①质：本质、根本。②孙：同“逊”，谦逊。

**译文：**

孔子说：“君子把道义作为自己的根本，依据礼的规范来行事，用谦逊的态度与人交往，依靠诚信取得成功。这就是君子啊！”

## 【明德养正】

“三人行必有我师”，可以说是家喻户晓，可是往往都流于口头、表面上，没有多少人能真正做到。人们常犯的一个通病，就是往往只看到自己的优点，而看不到自己的缺点；或者只看到他人的缺点，看不到他人的优点；爱拿自己的长处与他人的短处相比，觉得自己是最了不起的。这就会导致严于责人而宽于责己，即使发现人家有优点，也会因为别人的年龄小、地位低而耻于下问。我们应该以孔子为楷模，见贤思齐，不耻下问，遇见贤德的人就虚心向他学习。

## 【书香家学】

诗书不可不读，礼义不可不知。子孙不可不教，童仆不可不恤[①]。斯文[②]不可不敬，患难不可不扶。守我之分者，礼也；听我之命者，天也。人能如是，天必相[③]之。

——《朱子家训》

**注释：**

①恤：对别人表同情、怜悯。②斯文：有品德、有文化知识的人。③相：辅助，辅佐，帮助。

**译文：**

古圣先贤传下来的典籍，不可以不读；待人处世的言行规范，不可以不知。对后代子孙，不可以不重视教育；对家里的仆佣，不可以不体谅关怀。有品德、有文化知识的人不可以不尊重；有困难的人，不可以不扶持帮助。守本分，是遵守做人的基本礼制；听命运，是遵循天道。一个人能做到这些，老天必定会来相助。

## 【诗文吟诵】

### 清平乐（yuè）①·村居

南宋·辛弃疾

茅檐②低小，溪上青青草。醉里吴音③相媚好④，白发谁家翁媪（wēng ǎo）⑤？　大儿锄豆溪东，中儿正织鸡笼。最喜小儿亡赖（wú lài）⑥，溪头卧剥莲蓬（bō liánpéng）。

**注释：**

①清平乐：词牌名。②茅檐：茅屋的屋檐。③吴音：吴地的方言。泛指南方的方言。④相媚好：此处指相互逗趣、取乐。⑤翁媪：老翁、老妇。⑥亡赖：同“无赖”，此处指小孩顽皮、淘气。

**译文：**

茅屋的屋檐又低又小，溪边长满了碧绿的小草。喝得微醺，操着吴侬软语调笑取乐的，是谁家白发老头老太呀！

大儿子在溪东边的豆田里锄草，二儿子正忙着编织鸡笼。最讨人喜欢的是顽皮的小儿子，他正横卧在溪头草丛，剥着刚摘下的莲蓬。

**赏析：**

本诗以白描手法描绘了一幅农家生活和农村乡土风俗的画面，借此表现谦让、和谐、有序的人情之美和生活之趣。作者把一户农家老小的不同面貌和情态，以及其美好的农家生活描写得活灵活现，具有浓厚的生活气息，表现了作者对农村安宁、平静生活的喜爱与向往。

**作者：**

辛弃疾（1140—1207），字幼安，号稼（jià）轩，历城（今山东济南）人，南宋豪放派词人，历任江西、福建安抚使等职，力主抗金。他一生以复国为志，以功业自许，却命运多舛、备受排挤、壮志难酬，只能把满腔激情和对国家兴亡、民族命运的关切与忧虑，寄寓于词作之中。其词艺术风格沉雄豪迈又不乏细腻柔媚之处，题材广阔，善于用典，有“词中之龙”之称，与苏轼合称“苏辛”，与李清照并称“济南二安”。有《稼轩词》。

## 【说文解字】

**字源：**

逊，是“遜”字的简体字。遜，金文 = （辵，行走）+ （孙，晚辈），表示晚辈给长辈让行。

**释义：**

遜，退让，引申为晚辈对长辈敬礼谦让。字形采用“辵”作形旁，“孙”作声旁。

**演变：**

| 甲骨文 | 金文 | 篆书 | 隶书 | 草书 | 楷书 | 行书 |
|---|---|---|---|---|---|---|
| 缺 | | | | | | |

## 【乾坤通识】

### 客套话 寒暄语

古人在人际交往中，常使用一些客套话、寒暄语，表示对对方的尊敬和礼貌。这些礼貌用语是中国传统礼文化的一部分，让我们一起来学一学：

初次见面说**久仰**，分别重逢说**久违**；
看望别人用**拜访**，宾客到来用**光临**；
等候客人用**恭候**，请人勿送说**留步**；
未及欢迎说**失迎**，起身作别称**告辞**；
送客出门说**慢走**，与客道别说**再来**；
陪伴朋友用**奉陪**，中途先走说**失陪**；
请人帮忙说**劳驾**，得人帮助说**谢谢**；
求人方便说**借光**，麻烦他人说**打扰**；
托人办事用**拜托**，借物归还称**奉还**；
向人祝贺说**恭喜**，赞人见解用**高见**；
求人解答用**请问**，请人指点用**赐教**；
征求意见说**指教**，求人原谅说**海涵**；
对方来信称**惠书**，赠人书画题**惠存**；
请人看稿称**阅示**，请人改稿说**斧正**；
尊称老师为**恩师**，称人学生为**高足**；

请人休息说**节劳**，对方不适说**欠安**；
老人年龄说**高寿**，女士年龄称**芳龄**；
平辈年龄问**贵庚**，打听姓名问**贵姓**；
欢迎购买叫**惠顾**，自称礼物说**薄礼**；
请人受礼称**笑纳**，不受馈赠说**返璧**。

## 【知学思考】

1. 联系实际，说说“三人行必有我师”的含义。

2. 情景思考：如果这件事情发生在你家里，你也能像孔融一样礼让吗？为什么？

东汉时期，有个名叫孔融的孩子，聪明懂事。他有五个哥哥，一个弟弟，兄弟七人相处得十分融洽。

有一天，孔融的母亲买了许多梨。她将梨洗干净用盘子装好放在桌子上让大家吃，哥哥们让孔融和最小的弟弟先拿。孔融看了看，发现梨子有大有小，就捡了最小的一只梨子。

父亲看到后就问孔融：“盘子里有这么多梨，又让你先拿，你为什么不拿大的，而拿一个最小的呢？”孔融回答说：“我年纪小，所以拿个最小的，大的应该留给哥哥们吃。”父亲接着问：“你弟弟不是比你还要小吗？你为什么不把最小的留给弟弟？”孔融说：“我比弟弟大，我是哥哥，我应该捡最小的。”父亲高兴地说：“你真是一个懂事的好孩子，以后一定会很有出息的。”

## 【知行合一】

1. 向家人和朋友讲述《孔子相师》的故事，说说平时遇见有道德、有学问的人怎样做到不耻下问。

2. 与父母一起去农村亲戚家或找一家农宿，过一天农家生活，感受辛弃疾《清平乐·村居》所描绘的那种和平宁静的情景。

3. 和父母、朋友一起理解、书写“逊”“君子义以为质，礼以行之，孙以出之，信以成之”。

4. 素养提升训练：

（1）阅读理解“兄道友，弟道恭，兄弟睦，孝在中”，说说你平时是怎样与兄弟姐妹相处的，选取某个事例写一篇生活日记。

（2）联系实际，理解“三人行必有我师”的意思，选取生活中“谦逊”的事例讲述或记叙一则真实的故事。

5. 家庭小测验：比一比谁能较多地说出生活中常用的客套话、寒暄语。

【历史典故】

## 杨震四知

杨震是东汉时期的学者和清官。他出身名门，自幼聪明好学，博览群书，通晓经传。年轻时就立下以教育教化民众、振兴国家的大志。二十岁以后，他的学问与才华远近闻名，很多名人举荐他出仕为官，他都置之不理，一心一意自费设塾授徒。他贯彻孔子提出的有教无类①、教学相长②、循序渐进③等教学原则，四方求学者络绎不绝④，学生多达两千余人。学馆座无虚席⑤，书声朗朗。

《后汉书·杨震传》记载：杨震四十多岁才出仕做官，为官清正，爱民如子，卓有政绩。有一次，杨震赴任途中下榻昌邑，昌邑县令是他曾经推荐的荆州秀才王密。夜里，王密去驿站拜见杨震，怀中揣了十斤金子，想送给杨震以答谢举荐之恩。

王密毕恭毕敬⑥地说："一点小意思，望恩公笑纳！"

杨震一本正经地说："我了解你，你却不了解我，这是怎么回事呀？"

王密解释说："恩公的举荐之恩，一直念念不忘，今天就让我尽一点心意吧！"

杨震说："你懂得知恩图报，没错，错就错在报恩的方式不对。报恩就得尽心尽力做好本职工作，上对得起朝廷，下无愧于百姓！"

王密说："恩公放心，我一定会尽心尽力做好本职工作。但恩公的知遇之恩也一定要报的，一点小意思您就别推辞了！"

杨震严肃地说："看来，是我当初失察错荐你了！"

王密压低声音说："恩公收下吧，深夜没有人知道的。"

杨震严厉说："天知，地知，我知，你知。怎能说没人知道呢！"

王密羞愧地拿着十斤金子退了出去。

杨震为官奉公廉洁，不仅不收不义之财，还把自己的俸禄用于资助穷苦孩子读书，教育子孙们要持守风清气正的家风。有老朋友提议让他少做点布施，积蓄一点钱购置产业留给子孙。杨震说："让后人说他们是清官的子孙，把这个'荣誉'留给子孙，不也是十分厚重的吗？"

**注释：**

①有教无类：不管什么人都可以作为教育对象。类，类别。 ②教学相长（zhǎng）：教和学两方面互相影响和促进，都得到提高。 ③循序渐进：指学习工作等按照一定的步骤逐渐深入或提高。 ④络（luò）绎（yì）不绝：形容行人车马来来往往，接连不断。 ⑤座无虚席：座位没有空着的，形容出席的人很多。虚，空；席，座位。 ⑥毕恭毕敬：形容态度十分恭敬。

**启示：**

"慎独"，是一种自觉精神，是一种很高尚的君子品格。古话说"若要人不知，除非己莫为"，少年儿童从小就要养成慎独的品格，做一个表里如一、具有自觉精神的人。

## 【典籍阅读】

### 1. 启蒙阅读：

玉①不琢(zhuó)②，不成器③；人不学，不知义④。为人子⑤，方⑥少时，亲⑦师友，习⑧礼仪。

——《三字经》

**注释：**

①玉：美玉。 ②琢：雕琢、打磨，雕刻玉石使成器物。 ③器：指器物。 ④义：道理、义理。 ⑤为人子：做儿女的。 ⑥方：正当、正值。 ⑦亲：亲近、尊敬。 ⑧习：学习。

**译文：**

玉石不打磨雕琢，不能成为精美的玉器；人若是不学习，不会明白道理。做儿女的，从小时候开始就要亲近老师和良友，从他们那里学习为人处世的礼节规范。

缓①揭帘，勿有声。宽②转弯，勿触棱。执虚器③，如执盈④。入虚室，如有人。

——《弟子规》

**注释：**

①缓：慢。 ②宽：横的距离大。 ③虚器：中空的器物。 ④盈：满。

**译文：**

进门时揭门帘要轻缓，尽量不发出声音。走路转弯角度要大，不要碰伤身体。即使拿着空的器具，也要像拿盛满东西的器具一样小心谨慎。进到没人的房间，也要像有人在一样，不能随随便便。

**2. 进士阅读：**

道也者，不可须臾[①]离[②]也；可离，非道也。是故君子戒慎乎其所不睹，恐惧乎其所不闻。莫见(xiàn)乎隐，莫显乎微[③]。故君子慎其独也。

——《礼记·中庸》

**注释：**

①须臾：片刻、一段时间。 ②离：违背、背离。 ③莫见乎隐，莫显乎微：极隐秘、极细微之处没有不显现出来的。见，同“现”。显，显现。

**译文：**

“道”是片刻都不可以背离的，如果可以背离，那就不是“道”了。所以，品德高尚的人在没人看见的地方也一样谨慎，在没人听见的地方也一样戒惧。越是隐蔽的地方越是显眼，越是细微的地方越是明显。所以，品德高尚的人在独处时也保持谨慎。

## 【明德养正】

典故“杨震四知”，又称杨震拒金、杨震拒贿，说的是杨震在没有人看见的地方，也不做违背道德规范的事。这个故事告诫我们做人要有品格，为官要持守清廉，即使在没有旁人知道的时候，也不能受钱财的诱惑，要自觉地抵御歪风邪气的侵蚀（shí）。简单地说，就是要学会“慎独”，人独处时更应自觉地持守道德规范和维护君子品格。

慎独是一种自觉精神，一种经过良好的思想道德陶冶而形成的自我约束的心理境界。慎独是修身养德之目标，也是“齐家、治国、平天下”的最基本要求。古之圣贤用慎独来修身养性、冶炼情操，于纷繁中明辨善恶美丑，从混沌中分析是非曲直，从而格物致知，使自己不入俗流，保持高风亮节。

## 【书香家学】

“益公[①]名位重，凛[②]若乔岳[③]峙[④]”，“得见已足荣，切勿有所启”；“又若杨诚斋[⑤]，清介世莫比”。

——《陆游诫子》

**注释：**

①益公：指益国公周必大。 ②凛：严肃，严正有威势。 ③乔岳：本指泰山，泛指高山。 ④峙：耸立。 ⑤诚斋：杨万里的别号。

**译文：**

（陆游告诫儿子：）益国公周必大名高位重，你见见他就行了，千万不要有所求；杨万里清白耿直，你探望时，不要让他为你讨人情，以免败坏了他的名声。（南宋嘉泰二年，陆游的儿子陆子龙到吉州任司理参军。当时，曾任秘书监的杨万里和益国公周必大都告老住在吉州，他们都是陆游的老友。陆子龙赴任前，希望父亲给杨万里和周必大修书一封，请他们对自己有所照顾。舐shì犊之情，人皆有之，陆游希望儿子仕途顺利，又不愿意儿子依靠私人关系向上爬，便冷静地写了一首二百六十字的五言长诗，作为给儿子的临别赠言。）

## 【诗文吟诵】

### 梅　花

北宋·王安石

墙角数枝梅，凌(líng)寒①独自开。
遥知②不是雪，为(wèi)③有暗香④来。

**注释：**

①凌寒：冒着严寒。②遥知：遥，远远地。知，知道。③为：因为。④暗香：指梅花的幽香。

**译文：**

那墙角的几枝梅花，冒着严寒独自盛开着洁白的花。

远远望去就知道那不是雪，因为隐隐飘来梅花的清香。

**赏析：**

王安石此诗巧妙借用林逋[1]（bū）的诗句推陈出新，殊为不同。其意味深远，语句又十分朴素自然，没有丝毫雕琢的痕迹。诗歌前半首写墙角梅花不惧严寒，傲然独放；后半首用雪喻梅的冰清玉洁，赞颂了梅花的风度和品格，同时也是作者倔强性格的写照。作者在复杂艰难的局势下，积极改革而得不到支持，其孤独心态和艰难处境，与梅花有共通之处。

**作者：**

王安石（1021—1086），字介甫，号半山，抚州临川（今属江西省）人，北宋思想家、政治家、文学家、改革家，官至宰相。他前后的诗风有很大不同。前期诗作关心政治，同情人民疾苦；后期诗作，在对仗、典故、格律上精益求精，又吸收了王维诗歌的取境之长，

[1] 北宋诗人林逋《山园小梅》中有“疏影横斜水清浅，暗香浮动月黄昏”，被赞为咏梅的绝唱。林逋一辈子不做官，也不娶妻生子，一个人在西湖畔的孤山上种梅养鹤，过着隐居的生活，所以他的咏梅诗表现出远离尘世的清高意境。

进一步增强了艺术美。有《临川先生集》等。

## 【说文解字】

**字源：**

慎，金文 =（草）+（火）+（日），表示火和烈日使得草容易燃烧，应该十分谨慎。

**释义：**

慎，慎者谨也，谨慎。字形采用“心”作形旁，“真”作声旁。

**演变：**

| 甲骨文 | 金文 | 篆书 | 隶书 | 草书 | 楷书 | 行书 |
|---|---|---|---|---|---|---|
| 缺 | 慎 | 慎 | 慎 | 慎 | 慎 | 慎 |

## 【乾坤通识】

### 拱手礼

我国素来被称为“礼仪之邦”，出行有礼，坐卧有礼，宴饮有礼，“礼”在传统社会无处不在。拱手礼属相见或表感谢时常用的一种礼节，从西周起同辈人见面、交往时，就采用拱手礼，至今已经有两三千年的历史。拱手致意往往与寒暄语同时进行，如恭喜恭喜、久仰久仰、请多多关照、节日快乐、后会有期等等。

拱手礼起初是模仿带手枷（jiā）奴隶，意为愿作对方奴仆。行拱手礼时，眼睛平视，双腿站直，上身直立或微俯，双手互握合于胸前。我国古代拱手有男女和吉凶之分，行吉礼时，男子左手在外，女子右手在外；行凶丧之礼时，男子右手在外，女子则左手在外。

古代行拱手礼，身体和手都不动。现代行拱手礼，身体立正，两臂如抱鼓伸出，双手在胸前抱举或叠合，自上而下，或内而外，有节奏地晃动。当对方拱手时，受礼者也应同样拱手表示友好。

需要注意的是，拱手礼忌讳在正式场合或隆重场合使用。拱手致意通常用于以下场合：春节等节日，邻居、朋友、同事见面时，常拱手为礼，表示祝愿；为欢庆节日而召开的团拜会上，大家欢聚一堂，互相祝愿，常以拱手致意；婚礼、生日、庆功等喜庆场合，来宾也可以拱手致意，向当事人表示祝贺；双方告别，互道珍重时可用拱手礼；有时向对方表示歉意，也可拱手表示。

## 【知学思考】

1. 无论做什么事情，你是不是都能做到人前人后一个样？

2. 阅读以下有关慎独的故事，思考：你是怎样理解“梨虽无主，我心有主”这句话的？为什么“不畏人知畏己知”？

（1）元代大学者许衡一日外出，因为天气炎热，口渴难耐。正好路边有一棵梨树，行人们纷纷去摘梨解渴，只有许衡一个人不为所动。这时有人问他：“为什么你不摘梨呢？”他说：“不是自己的梨，怎么可以随便乱摘呢？”那人就笑他迂（yū）腐：“世道这么乱，已不知谁是梨的主人了，你又何必认真呢！”他说：“梨虽无主，我心有主。”

（2）清代河南巡抚叶存仁政绩显赫，威信很高。他离任时，僚属们在夜深人静时，用小船给他送了一批财物，并说绝对没有人知道。叶存仁既不想收取礼物以坏自身名节，又不愿生推硬挡使僚属们难堪，就写诗一首婉言拒绝。诗曰：“月明风清夜半时，扁舟相送故迟迟。感君情重还君赠，不畏人知畏己知。”

## 【知行合一】

1. 向家人和朋友讲述《杨震四知》的故事，明白人独处时更应自觉地持守道德规范和维护君子品格。

2. 吟诵、背诵王安石的《梅花》，体会梅花不惧严寒、傲然独放的精神风貌。

3. 和父母、朋友一起理解、书写“慎”“莫见乎隐，莫显乎微，故君子慎其独也”。

4. 素养提升训练：

（1）阅读“墙角数枝梅，凌寒独自开”，以梅花为主题写一篇生活日记。

（2）阅读理解“故君子慎其独也”，联系实际，以《慎独》为题讲述或记叙一则故事。

5. 查阅、收集历代诗人赞美梅花的名句，回学堂与同学分享。

第二十二课　尊重

【历史典故】

## 圯上[①]敬履[②]

张良，字子房，战国时韩国人。他的祖父与父亲都曾任韩国的相国。张良少年时，秦灭韩。为了报仇，他耗尽家财去找刺客刺杀秦王。秦始皇东游时，张良与刺客在博浪沙伏击，行动失败，秦始皇下令全国通缉[③]刺客，张良改名换姓，藏匿在下邳。

有一天，张良在桥上散步，一位老翁故意走到张良跟前把鞋子甩到桥下，回头对张良说："小伙子，下去给我捡鞋！"张良本想置之不理，但见他是一把年纪的老翁，就下桥把鞋捡了上来。老翁把脚一伸说："给我穿上！"张良又只好跪下来帮他穿好。老翁哈哈一笑就走了，不一会又回来对张良说："你这个年轻人有谦卑之心，可以教育成才。五天后天亮时，在这里与我相会！"张良越发觉得他深不可测[④]，连忙躬身作揖[⑤]答应。

五天后，天刚蒙蒙亮，张良来到桥上，老翁厉声说："和老人相约，来得比老人还晚，不懂礼节！五天之后早点来相会！"又过了五天，鸡刚打鸣，张良就来到桥头，老翁又先在那里等着了。老翁又一次生气地让他五天后早点来。五天后，张良子夜就来到桥头等候老翁。过了一阵子，老翁来了，高兴地说："这就对了！"

老翁拿出一编竹简递给张良："读了这个，你就能成为帝王的老师了。今后十年你将建立一番功业。"张良跪谢老翁，问道："今后我到哪里找您？"老翁回答："十三年后你将在济北见到我，谷城山下的黄石便是我了。"说完，老翁转身离开。张良回家后打开竹简，发现竟是人间失传已久的《太公兵法》。他如获至宝，把这本书背得滚瓜烂熟，熟谙[⑥]于心。

张良灵活运用《太公兵法》为刘邦谋划，打了很多胜仗，成了"运筹帷（wéi）幄（wò）之中，决胜千里之外"的一代名军师。十三年后，张良路过济北，果然在谷城山下见到一块黄石，就把它"请"回家供奉起来。

张良逝世后，他的子孙把他和黄石葬在一起，后人将这位没有留下姓名的老翁称为黄石公。

**注释：**

①圯：桥。②履：鞋。③通缉（jī）：执法机关通令各地搜捕在逃犯人。④深不可测：深得无法测量。比喻对事物的情况难以捉摸。⑤作揖：旧时行礼的一种形式。两手抱拳高拱，身子略弯，表示向人敬礼。⑥熟谙（ān）：熟悉。

**启示：**

礼仪从尊重他人特别是尊重长者开始，长者阅历深厚，经验丰富，对世界看得很透，对名利看得很轻，他们往往就是人间的智者高人。只有懂得尊重的人，才会得到别人的帮助，才会得到智者高人的指点。

## 【典籍阅读】

### 1. 启蒙阅读：

长者立，幼勿坐，长者坐，命乃坐。尊长前，声要低，低不闻，却非宜。进必趋[①]，退必迟[②]，问起[③]对[④]，视勿移。

——《弟子规》

**注释：**

①趋：快走，快步向前。②迟：慢，缓。③起：起身。④对：答话，回答。

**译文：**

长辈站立时，晚辈不能自行就坐，长辈坐定以后让你坐下，你才可以就坐。与长辈交谈，声音一定要放低，低到让人听不清楚，也是不恰当的。拜见长辈的时候，应快步向前；退回去时，行动要缓慢，这才合乎礼节。当长辈问话时，必须起身答话，应当专注聆听，眼睛不可以东张西望、左顾右盼，否则就是失礼。

### 2. 进士阅读：

夫礼者，自卑[①]而尊人[②]。虽[③]负贩[④]者，必有尊也，而况[⑤]富贵乎？富贵而知好礼，则不骄不淫；贫贱而知好礼，则志[⑥]不慑(shè)[⑦]。

——《礼记·曲礼上》

**注释：**

①自卑：自谦。②尊人：尊敬他人。③虽：即使。④负贩：担货贩卖。⑤而况：何况。⑥志：志向，意志。⑦慑：使屈服。

**译文：**

礼，在于对自己谦卑，对别人尊重。即使是挑着担子做买卖的小贩，也一定有值得让人尊敬的地方，更何况富贵的人呢？身处富贵而懂得礼节，就不会骄横、放纵；身处贫贱而懂得礼节，志向就不会屈服。

诗[①]曰："不显[②]惟德，百辟其刑之[③]。"是故君子笃恭[④]而天下平。

——《礼记·中庸》

**注释：**

①诗：指《诗经》。②不显：大显，充分显扬。不，通"丕"，大。③百辟其刑之：诸侯便会一齐效行。辟，诸侯。刑，通"型"，示范，效法。④笃恭：笃实恭敬。

**译文：**

《诗经》说，"周文王没有刻意显摆自己的才能，只是专修自己的德行，诸侯们就都来效法。"所以，君子笃实恭敬就能使天下太平。

## 【明德养正】

圯上敬履的寓意在于年轻人要心怀善良，敬重长者，不怕磨难，积极进取，如此才能成大器、建功业。日常生活中，我们要树立起正确的情感态度与价值观，用实际行动来传承和弘扬尊敬师长、尊敬老者的传统美德。

## 【书香家学】

主敬则身强。内而专静纯一，外而整齐严肃，敬之工夫也；出门如见大宾，使民如承大祭[①]，敬之气象也；修己以安百姓，笃恭而天下平，敬之效验[②]也。聪明睿(ruì)智，皆由此出。庄敬[③]日强，安肆[④]日偷[⑤]。

——《曾国藩家书》

**注释：**

①大祭：古代重大祭祀之称。②效验：成效，效果。③庄敬：庄严恭敬。④安肆：安乐，放纵。⑤日偷：日渐苟且怠惰。

**译文：**

心里对人对事对物态度恭敬就能使身心强健。内心专一宁静浑然一体，外表衣着整齐态度严谨，这是对人对事对物态度恭敬的方法；一出门就要像去拜访一位尊贵的客人，要像普通老百姓在祭祀祖先时的样子，这是待人处世态度恭敬的气象；凭借自己修成的品德和知识来安抚老百姓，做到一丝不苟、恭恭敬敬，社会才能和谐，这就是待人处世态度恭敬的效果。机智聪明都源于待人处世态度恭敬。待人处世态度庄重严谨恭敬，就会日渐强大；安乐放纵就会日渐苟且怠惰。

## 【诗文吟诵】

### 送杜少府之任蜀州

唐·王勃

城阙①辅三秦②，风烟望五津③。
与君离别意，同是宦（huàn）游④人。
海内⑤存知己，天涯若比邻⑥。
无为在歧（qí）路⑦，儿女共沾（zhān）巾⑧。

**注释：**

①城阙：帝王居住的城，此处指长安。阙，原意是宫门前的望楼。②辅三秦：以三秦为辅。辅，护卫。三秦，此处泛指秦岭以北、函谷关以西的广大地区。项羽灭秦以后，把战国时期的秦国故地分为三部分，分封给秦朝的三个降将，因此称为“三秦”。③五津：四川岷江当时有五个渡口，白华津、万里津、江首津、涉头津、江南津。此处指杜少府即将赴任的地方。④宦游：出外做官。⑤海内：指全国各地。⑥比邻：近邻。⑦无为在歧路：不必在大路分岔处。无为，无须、不必。歧路，告别的地方。⑧沾巾：挥泪告别。

**译文：**

三秦之地护卫着雄伟的长安城，遥望蜀州，只见风烟迷茫。

与你离别心中怀着无限的情谊，因为我们同是在宦海中浮沉的人。

世上只要还有你这位知己，即使远在天涯海角也如近邻。

不要在岔路口上分手之时，像小儿女那样悲伤泪湿衣巾。

**赏析：**

这是一首送别诗。别离之苦，是文人墨客笔下的永恒主题。王勃却一反送别诗中悲苦缠绵之态，以全新的视角描写了送好友上任的情景，表现了作者开阔的胸襟和超脱的情怀。“海内存知己，天涯若比邻”高度概括了“友情深厚，江山难阻”的意思，气势豪迈，意境开阔，成了千古传诵的名句。

**作者：**

王勃（649或650—676），字子安，古绛（jiàng）州龙门（今山西河津）人，唐代诗人，曾任王府侍读、虢（guó）州参军等职。王勃出身儒学世家，自幼聪敏好学，诗擅长五律和五绝，主要文学成就是骈（pián）文，与杨炯（jiǒng）、卢照邻、骆宾王并称为“初唐四杰”。有《王子安集》。

## 【说文解字】

**字源：**

谦，是“謙”字的简体字。謙，篆文謙=言（言，说）+兼（兼，手握两棵庄稼，引申为合并，引申为小、弱的意思），表示说话谦和、谦让。

**释义：**

谦，恭敬。字形采用“言”作形旁，“兼”作声旁，兼有小、少、不足的意思。

**演变：**

| 甲骨文 | 金文 | 篆书 | 隶书 | 草书 | 楷书 | 行书 |
| --- | --- | --- | --- | --- | --- | --- |
| 缺 | 缺 | 謙 | 謙 | 謙 | 谦 | 謙 |

## 【乾坤通识】

### 百家姓

《百家姓》是一本关于中国姓氏的书，据记载成书于北宋初。原收集姓氏411个，后增补到504个，其中单姓444个，复姓60个。

《百家姓》采用四言体例，句句押韵，读来顺口，易学好记，与《三字经》《千字文》并称“三百千”，是我国古代幼儿的启蒙读物。《百家姓》流传至今，影响极深，它所辑（jí）录的姓氏，体现了国人对宗脉与血缘的强烈认同感。

根据宋代王明清《玉照新志》中的记载，受权势地位的影响，《百家姓》的顺序是依照当时皇权统治者的姓氏排列的，排在前四位的是“赵钱孙李”。宋代开国皇帝是宋太祖赵匡胤（yìn），为“尊国姓”，赵姓便排在了第一位。钱是五代十国中吴越国王钱俶（chù）的姓氏，李姓是南唐国王李氏。

据说《百家姓》编写者是浙江钱塘人士，所以就将吴越王钱俶正妃孙氏的孙姓排在南唐皇帝李姓前。于是便形成了“赵钱孙李”的顺序。而接下来的“周吴郑王”均是钱俶其他后妃以及其父后妃的姓氏。

## 【知学思考】

1. 你知道自己的姓氏来历吗？你的姓氏历史上出过哪些名人？他们对你有什么启发？

2. 小明玩耍时经常发出很大的声音，甚至长辈谈话时也不例外。他的父母提醒他小点声，但也只能维持一会，之后玩起游戏又忘了，又会发出很大的声音。小明的做法对吗？如果你是小明的朋友，你打算用《弟子规》中的哪些话来劝诫他？

## 【知行合一】

1. 讲述《圯上敬履》的故事，了解张良更多的故事，领会“运筹帷幄之中，决胜千里之外”的含义。

2. 和家人一起吟诵王勃的《送杜少府之任蜀州》，背诵和理解千古名句“海内存知己，天涯若比邻”。

3. 和父母、朋友一起理解、书写“谦”“富贵而知好礼，则不骄不淫；贫贱而知好礼，则志不慑”。

4. 素养提升训练：

（1）理解“海内存知己，天涯若比邻”，你最好的朋友是谁？请据此写一篇生活日记。

（2）阅读理解“富贵而知好礼，则不骄不淫；贫贱而知好礼，则志不慑”，说说自己知道哪些知礼的故事，联系实际，以《知礼》为题写讲述或记叙一则故事。

5. 查阅爸爸、妈妈所属姓氏的来历，回学堂时与同学分享。

第二十三课 恭敬

【历史典故】

## 程门立雪[1]

杨时是北宋哲学家、文学家、官吏。熙宁九年进士，师从大儒士程颢（hào）、程颐研习理学[2]，与游酢（zuò）、吕大临、谢良佐并称“程门四大弟子”。又与罗从彦、李侗（dòng）并称为“南剑三先生”。晚年隐居龟山，世称龟山先生。

杨时小时候聪颖勤学，善写文章。年纪稍大一点后，专心研究经史书籍。熙宁、元丰年间，大儒士程颢、程颐兄弟俩设堂讲授孔子、孟子儒学和周敦颐的学术精要（即理学），河南洛阳一带的学者都纷纷去听“二程”先生讲课。杨时为了拜程颢门下研习理学，竟然放弃调任升官的机会。他学习很专心，悟性很高，对理学融会贯通[3]，师生相处得很好。学成要回家时，程颢目送他说：“我的学说将向南方传播了。”四年后，程颢去世了，杨时在家里设了程颢的灵位哭祭，又用书信讣告[4]各地同学。后来，杨时又到洛阳拜见程颐，这时杨时大概四十岁了。有一天，杨时约了同学游酢去拜见程颐。程颐正在闭目静坐养神，杨时与游酢恭敬地站在门外静候，一直等到程颐睁开眼发现他们时，门外的雪已经一尺多深了。杨时恭敬老师的德行很快被人传开，他的威望一日比一日高，四方之人士不远千里与之相交游，与其切磋[5]交流学问，杨时终成大学者。

**注释：**

①程门立雪：比喻尊敬师长、虔（qián）诚向学。 ②理学：中国宋元明清时期以讨论理气、心性等问题为中心的哲学思潮，又称“道学”。它产生于北宋，盛行于南宋与元、明时代，清中期以后逐渐衰落，但其影响一直延续到近代。广义的理学，泛指以讨论天道性命问题为中心的整个哲学思潮，包括各种不同学派；狭义

的理学，专指二程、朱熹为代表的、以理为最高范畴的学说，即程朱理学。③融会贯通：参考并综合多方面的知识或道理而得到全面透彻的领悟。④讣（fù）告：通告某人去世的消息。⑤切磋（cuō）：比喻互相商量、研讨。

**启示：**

“一日为师，终身为父”，提倡人们要像尊敬父母一样尊敬老师。尊敬老师是中华民族的传统美德，是作为后学应有的一种品行。学生对老师，不仅平时要恭敬，即便是老师不在人世了，也仍然要记住老师的教育之恩，要尽心尽力将老师的思想发扬光大。

## 【典籍阅读】

### 1. 启蒙阅读：

外受傅[①]训[②]，内奉[③]母仪。

——《千字文》

**注释：**

①傅：师傅。②训：训导，教诲。③奉：遵循。

**译文：**

在外接受老师的教诲，在家遵从母亲的教导。

善之本[①]在教，教之本在师。

——北宋·李觏（gòu）[②]《广潜书十五篇并序》

**注释：**

①本：事物的根本。②李觏：字泰伯，北宋思想家、诗人。

**译文：**

善良的根本在于教育，而教育的根本在于老师。

### 2. 进士阅读：

君子敬而无失，与人恭而有礼，四海[①]之内，皆兄弟也。

——《论语·颜渊》

**注释：**

①四海：指普天下。

**译文：**

君子严肃认真地对待所做的事情，不出差错，对人恭敬而合乎礼节，那么，普天下的人都会成为他的兄弟。

凡用血气、志意、知虑，由礼则治通[①]，不由礼则勃乱[②]提僈（màn）[③]；食饮、衣服、居处、动静，由礼则和节[④]，不由礼则触陷[⑤]生疾；容貌、态度、进退、趋行，由礼则雅，不由礼则夷固[⑥]、僻违（wéi）[⑦]、庸众[⑧]而野。故人无礼则不生，事无礼则不成，国家无礼则不宁。

——《荀子·修身》

**注释：**

①治通：理顺通达。②勃乱：违背事理，举止错乱。勃，通“悖”。③提僈：松弛缓慢。④和节：协调，合适。⑤触陷：触物陷祸。⑥夷固：倨傲，傲慢。⑦僻违：乖僻不合。⑧庸众：常人，一般的人。

**译文：**

凡是用血气、意志、智慧和思虑的时候，遵循礼就理顺通达，不遵循礼就会违背事理、举止错乱、迟缓怠惰；在吃饭、穿衣、居处及活动的时候，遵循礼就会协调适当，不遵循礼就会触犯禁忌而生病；人的容貌、态度、进退、行走，遵循礼就温雅可亲，不遵循礼就显得傲慢、乖僻、粗野。所以，人没有礼就不能生存，做事情不讲礼就难以成功，国家没有礼就不得安宁。

## 【明德养正】

孟子说：“恭敬之心，人皆有之”，又说：“恭敬之心，礼也”。儒家是十分重视礼的，把礼视为实现道德仁义的途径和方法。《礼记·曲礼》说：“道德仁义，非礼不成”，又说：“君臣上下、父子兄弟，非礼不定。宦学事师，非礼不亲”。没有礼节就没法分出君臣、父子、兄弟的尊卑上下。进仕为官、拜师学习、求师传授，没有礼节就会言行粗俗，关系就会逐渐疏远。杨时去拜访老师，见老师在静坐休息，一没有惊动老师，二没有自己走掉，而是十分恭敬地等候，这就是礼，就是儒家强调的恭敬之心。他“程门立雪”的恭敬之心被一传十，十传百……威望一日比一日高，四方之人士不远千里与之相交游，与其切磋交流学问，终成一名大学者。我们要以杨时为榜样，学习文化知识从尊敬老师开始。

## 【书香家学】

见老者敬之，见幼者爱之。有德者，年虽下于我，我必尊之；不肖[①]者，年虽高于我，我必远[②]之。慎勿谈人之短，切莫[③]矜（jīn）己[④]之长。仇者以义解之，怨者以直[⑤]报之，随所遇而安之。

——《朱子家训》

**注释：**

①不肖：不成材，不正派。②远：远离，避开。③切莫：务必不要。④矜己：夸耀自己。⑤直：正直，公正，不偏私。

**译文：**

遇见老者要有尊敬之心，看见幼者要有慈爱之心。对品德高尚的人，即使年纪比我小，我也应该尊敬他；对那些言行不端的人，即使年纪比我大，我也要远离他。切忌谈论别人的短处，更不可以倚仗自己的长处而自以为了不起。对与自己有仇之人以道义去化解，对与自己有怨之人以正直去回报；无论遇到什么样的环境，都应当心平气和地去适应。

## 【诗文吟诵】

### 过①故人庄

唐·孟浩然

故人具②鸡黍③，邀我至田家。
绿树村边合④，青山郭⑤外斜(xiá)⑥。
开轩⑦面场圃(pǔ)⑧，把酒⑨话桑麻⑩。
待到重阳日，还(huán)来就⑪菊花。

**注释：**

①过：拜访。②具：准备。③鸡黍：指农家待客的丰盛饭食。④合：环绕。⑤郭：古代城墙有内外两重，内为城，外为郭。此处指村庄的外墙。⑥斜：倾斜。⑦轩：窗户。⑧场圃：农家种菜蔬和收打作物的地方。场，打谷场。圃，菜园。⑨把酒：端着酒具，指饮酒。把，拿起，端起。⑩话桑麻：闲谈农事。桑麻，桑树和麻，此处泛指庄稼。⑪就：赴。此处指欣赏。

**译文：**

老友备好了丰盛的饭食，邀请我到他的农家做客。

村庄被绿树环绕，村外四面青山延绵不断。

推开窗户迎面是菜园和打谷场，与老友把酒对饮闲谈农事。

等到来年九月重阳节时，还会再来观赏菊花、品菊花酒。

**赏析：**

本诗描写了一次普通的农家宴请，读来仿佛是在欣赏一幅风光秀丽、清幽淡雅的田园写意画。诗先写老朋友的邀约，自在随意，仿佛叙述家常，感情融洽。绿树和青山一近一远，把自然景象表现得生动逼真。打开窗户，面对宽敞的场院和菜地，谈起日常农事，欢声笑语似在耳畔。最后写离别的不舍，余兴未尽，再约重阳，欢洽之情不言自现。此诗体现了孟诗自然清新、语淡味浓的诗风，表现出一种淡泊人间世事、钟情田园农耕的情志意趣。

**作者：**

孟浩然（689—740），襄州襄阳（今湖北襄樊）人，世称孟襄阳，唐代山水田园派诗人。孟浩然的诗多为五言律、绝，多写山水田园、隐居逸兴，以及羁旅行役的心境，与王维并称“王孟”。有《孟浩然集》。

## 【说文解字】

**字源：**

士，金文士，象形斧钺（yuè），商殷时“士”为治狱的刑官，通“仕”，意为做官。又解，天地之数，从于一终于十。

**释义：**

士，明事理、善做事的人。孔子认为：“推十合一为士”，即能从众多事物中推演归纳出一个根本道理的人就是士。字形采用“一”“十”会意。

**演变：**

| 甲骨文 | 金文 | 篆书 | 隶书 | 草书 | 楷书 | 行书 |
|---|---|---|---|---|---|---|
| 缺 | 士 | 士 | 士 | 士 | 士 | 士 |

## 【乾坤通识】

### 阳春白雪和下里巴人

阳春白雪，原指战国时代楚国的一种较高级的歌曲，喻指高深的、不通俗的文学艺术，现在也喻指一些高雅的事物。下里巴人，原指战国时代楚国民间流行的一种歌曲，喻指通俗的文学艺术，现在也喻指通俗的、大众化的事物。这两个成语典出《宋玉对楚王问》。

宋玉是战国末期楚国文学家，曾担任楚顷襄王的臣子。宋玉才华横溢，因此也招来了许多人的嫉妒，有些大臣故意在顷襄王面前说他的坏话。于是，顷襄王问宋玉：“为什么大家对你有很多不好的评价呢？”宋玉知道这是别人对自己的诬陷，坦然答道：“对，是有这回事。但希望大王能宽恕我的罪过，先听我讲个故事。”顷襄王说：“先生请讲。”于是，宋玉不紧不慢地说道：“最近有位外地来的人在我们郢都唱歌，他先唱《下里》和《巴人》，聚集起来合唱的达数千人；等到他唱《阳阿（ē）》和《薤（xiè）露》，合唱的就只有数百人；再等到他唱《阳春》和《白雪》时，合唱的只有几十人。最后，他时而商音高歌，时而羽音沉吟，又杂进变徵之调，不断变换着音调唱的时候，合唱的人更是寥寥无几。曲子的格调越高，能跟着唱和的人就越少啊！”顷襄王听完了宋玉的话，顿时恍然大悟。从此，他再也不轻易听信别人对宋玉的诋（dǐ）毁。

## 【知学思考】

1. 老师来你家走访，你会到小区门口或单元门口迎送吗？为什么？

2. 理解“慎勿谈人之短，切莫矜己之长”的意思，在平时的生活或学习中你做到了吗？如果没有，你打算如何改正呢？

## 【知行合一】

1. 向家人和朋友讲述《程门立雪》的故事，说说平时应该怎样尊敬老师及其工作。

2. 和家人一起吟诵、背诵孟浩然的《过故人庄》，体会作者向往乡村农耕生活、珍惜友人感情的纯真情怀。

3. 和父母、朋友一起理解、书写“士”“四海之内，皆兄弟也”。

4. 素养提升训练：

（1）阅读孟浩然的《过故人庄》，和家人一起去农村过一天走近自然的生活，然后把亲身感受写成一首诗歌或小散文。

（2）阅读《程门立雪》的典故，回忆你和老师之间发生过哪些难忘的事情？以《我最敬爱的老师……》为题讲述或记叙一则真实的故事。

5. 为下列句子对出下句，组成对偶句：

满招损，__________。

瓜熟蒂落，____________。

静坐常思己过，_____________。

酒逢知己千杯少，__________________。

不登高山，不知天之高也；____________________。

【历史典故】

## 三顾茅庐[1]

汉末，天下大乱，曹操“挟天子以令诸侯”，孙权凭借长江天险拥兵东吴。汉宗室、豫州牧刘备很想匡扶汉室，但势力薄弱，身边只有两个能征善战的好兄弟——关羽和张飞，缺少一位能谋划大局的军师。

那时，诸葛亮住在隆中卧龙岗的茅庐里过着悠闲的隐居生活。刘备听徐庶（三国时期的谋士）和司马徽（三国时期的谋士）说诸葛亮很有学识才能，就和关羽、张飞带着礼物去拜访诸葛亮。恰巧这天诸葛亮外出，刘备失望而归。不久，刘备又和关羽、张飞冒着大风雪第二次去请，不料诸葛亮又出外闲游去了。刘备只得留下一封信，表明自己渴望得到诸葛亮的帮助，平定天下。

过了一些时候，刘备选了个好日子，又带领关羽、张飞第三次去请诸葛亮。到达时，诸葛亮正在睡觉。刘备没有打扰，而是恭敬地站在门口等诸葛亮醒来，等得太久，被太阳晒得满头大汗。关羽和张飞都心疼地劝刘备到阴凉处坐下休息，可刘备觉得那样不足以表达敬意，坚持恭敬地守在门口。

诸葛亮醒来得知，心里非常感动，赶紧出门迎接，并邀请刘备到自己的书房分析天下的形势。诸葛亮见刘备有志于国，而且诚恳地请他帮助，于是就决定出山帮助刘备平定天下、匡扶汉室。在此后几十年里，诸葛亮真心实意用自己的才智辅佐刘备，打下了三足鼎立[2]的蜀汉江山，“三顾茅庐”也被后世传为佳话。

**注释：**

①三顾茅庐：比喻真心诚意，一再邀请。顾，拜访。茅庐，草屋。②三足鼎立：比喻三方对立的局势。

**启示：**

想要成就大业，就必须有很多人才帮助你，而求贤首先要懂得礼贤，让贤士得到应有的礼遇，贤士才会觉得你是真心实意求才的，他们就会从四面八方聚集到你的身边来，帮助你成就大业。

## 【典籍阅读】

### 1. 启蒙阅读：

学优登仕①，摄职②从政③。存以甘棠(táng)④，去⑤而益咏⑥。

——《千字文》

**注释：**

①学优登仕：书读好了，如有余暇（xiá）就去做官。优，通“悠”，指余暇，余力。②摄职：代理官职。此处既可以泛指做官，也可以与下文关联，喻指召伯辅政之事。摄，代理，辅佐。③从政：处理政务。④甘棠：木名，即棠梨。西周时召伯巡行南方，曾在甘棠树下处理政事，后人怀念他的德政，留下甘棠树不忍砍伐。“甘棠”成了后代用来称赞地方官吏的颂词。⑤去：指召伯离开。⑥咏：用诗歌赞颂。

**译文：**

书读好了，如有余暇就去做官，有机会做官就好好就处理政务。做官就要像召伯那样：周人不忍心砍伐曾经为召伯遮阳过的甘棠树，他离去后越发被百姓怀念和歌颂。

### 2. 进士阅读：

子曰：“恭而无礼则劳①，慎而无礼则葸(xǐ)②，勇而无礼则乱，直而无礼则绞(jiǎo)③。君子笃④于亲，则民兴于仁；故旧⑤不遗，则民不偷⑥。”

——《论语・泰伯》

**注释：**

①劳：辛劳，劳苦。②葸：拘谨、畏惧的样子。③绞：说话尖刻，出口伤人。④笃：厚待，真诚。⑤故旧：故交，老朋友。⑥偷：浅薄，不厚道。

**译文：**

孔子说：“只是恭敬而不符合礼的规范，就会烦扰不安；只是谨慎而不符合礼的规范，就会拘谨畏惧；只是勇猛而不符合礼的规范，就会违法作乱；只是直率而不符合礼的规范，就会尖刻伤人。君子厚待自己的亲属，老百姓就会养成仁德；君子不遗弃老朋友，老百姓就不会待人浅薄无情。”

江海之所以能为百谷[1]王者，以[2]其善下之，故能为百谷王。是以[3]圣人欲上民，必以言下之；欲先民，必以身后之。是以圣人处上而民不重[4]，处前而民不害。是以天下乐推而不厌。以其不争，故天下莫能与之争。

——《老子》

**注释：**

①百谷：指众溪谷之水。②以：因为，由于。③是以：因此，所以。④重：累，不堪重负。

**译文：**

江海之所以能成为众溪谷之水的汇聚之所，是因为它善于处在低下的地方，所以能够成为众溪谷的归顺之所。因此，圣人要想领导人民，必须用谦下的言辞对待人民；要想领导人民，必须将自身利益放在他们的后面。所以，虽然有道的圣人地位在人民之上，人民并不感到负担沉重；虽然身居人民之前，人民并不感到会受害。天下的人民都乐意拥戴他，而不是厌恶他，因为他不与人民相争，所以天下没有人能和他相争。

## 【明德养正】

刘备为请诸葛亮出山一道平定天下、匡扶汉室，真心诚意三次亲自登门，以诚待人、以仁待人，令人十分钦佩。他力求得贤士不怕碰钉子、不怕路途遥远、不顾天气恶劣的精神值得我们学习。从“三顾茅庐”这个故事，我们不难明白，做人一定要真心诚意对待别人，做事不能轻言放弃，即使经历很多的失败，也一定要坚持不懈地做下去。遇到烦恼的事要冷静，要有耐心，不能粗鲁莽（mǎng）撞；遇到困难要淡定，有恒心，不能轻易放弃。

## 【书香家学】

与人交游[1]，无问[2]高下，须常和易[3]，不可妄自尊大[4]，修饰边幅[5]。若言行崖异[6]，则人岂复相近！然又不可太亵狎（xiè xiá）[7]，樽（zūn）酒会聚之际，固当歌笑尽欢，恐嘲讥中触人讳忌，则忿争[8]兴焉。

——《袁氏世范》

**注释：**

①交游：交际，结交朋友。②无问：不论。③和易：温和平易，谦和。④妄自尊大：过高地看待自己。形容狂妄自大，不把别人放眼里。⑤边幅：指人的仪表、衣着。⑥崖异：乖异，指人的性情、言行不合常理。⑦亵狎：亲近、轻慢、不庄重。⑧忿争：忿怒相争。

**译文：**

和别人结交朋友，不论对方地位高低，态度上都必须温和平易，切不可过高地看待自己，讲究穿着打扮。如果言语和行为不合常理，那么谁还愿意和你接近呢？然而也不能和别人过分亲近轻慢，喝酒聚会的时候，固然应该歌唱笑乐，尽情畅饮，但说话也要谨慎小心，否则，在嘲讽讥笑中触犯了别人避讳禁忌的事，可能就要引起争吵了。

## 【诗文吟诵】

### 八阵图①

唐·杜甫

功盖三分国②，名成八阵图。
江流石不转③，遗恨失吞吴④。

**注释：**

①八阵图：诸葛亮发明创造的由八种阵势组成的阵法，用来操练军队和作战。②功盖三分国：盖，超过。三分国，指三国时魏、蜀、吴三国。③石不转：指涨水时，八阵图中的石块仍然不动。④失吞吴：是吞并吴国失策的意思。

**译文：**

三国鼎立你建立了盖世功绩，发明创造八阵图你成就了永久声名。

江水东流推不转你当年布阵的石头，吞并吴国失策留下千古遗恨。

**赏析：**

这是杜甫初到夔（kuí）州时作的一首咏怀诸葛亮的诗。该诗首先赞颂诸葛亮在确立魏、蜀、吴三国鼎立局面中，功绩最为卓绝。他不负刘备的托付，辅佐刘禅建立蜀汉天下，鞠躬尽瘁，志意如磐（pán）石般不可动摇。然而，令作者无限感叹的是：刘备企图吞并吴国失策，致使诸葛亮联吴抗曹的策略无法实现，铸成千古遗恨，实在令人惋惜。

## 【说文解字】

**字源：**

恭，甲骨文中“龚”与“恭”通用。恭，甲骨文[甲骨文字形] = [甲骨文字形]（龙）+ [甲骨文字形]（共，是拱手），双手拜龙之意，表示敬奉神龙。

**释义：**

恭，肃敬，有礼貌。字形采用“心”作形旁，“共”作声旁。

**演变：**

| 甲骨文 | 金文 | 篆书 | 隶书 | 草书 | 楷书 | 行书 |
|---|---|---|---|---|---|---|
| 恭 | 恭 | 恭 | 恭 | 恭 | 恭 | 恭 |

## 【乾坤通识】

### 八阵图

诸葛亮是三国时的政治家、军事家、谋略家，他创设的八阵图是一种战斗队形及兵力布局的大型阵法，反映了他卓越的军事才能。

《三国志·蜀书》记载：“亮性长于巧思，损益连弩（nǔ），木牛流马，皆出其意；推演兵法，作八阵图，咸得其要云。”诸葛亮吸收了井田和道家八卦的排列组合，兼容了天文地理，以乱石堆成“八阵图”，形成由天、地、风、云、龙、虎、鸟、蛇八种阵势所组成的军事作战阵图，按遁（dùn）甲分成生、伤、休、杜、景、死、惊、开八门，变化万端，可挡十万精兵，是古代军事兵法中不可多得的作战阵法。

据记载，八阵图的遗迹有三处：《水经·沔（miǎn）水注》及《汉中府志》说在陕西沔县（今勉县）东南诸葛亮墓东；《太平寰（huán）宇记》说在四川奉节县（今属重庆）南江边；《明一统志》说在四川新都县北三十里弥牟（mù）镇（今属成都市青白江区）。

## 【知学思考】

1. 你去找老师请教问题，可老师正在跟别人交谈，这时你会怎么做？
2. 理解“江海之所以能为百谷王者，以其善下之”的意思，思考：如何才能成为“百谷王”呢？

## 【知行合一】

1. 讲述《三顾茅庐》的故事，说说自己如果要做一件重要的事情，是不是也会很真诚、很有耐心地请有本领的人帮助。
2. 和家人一起吟诵、背诵杜甫的《八阵图》，请父母讲诸葛亮“鞠躬尽瘁，死而后已”的动人故事。
3. 和父母、朋友一起理解、书写“恭”“江海之所以能为百谷王者，以其善下之，故能为百谷王”。

4. 素养提升训练：

（1）阅读“与人交游，无问高下，须常和易，不可妄自尊大”，说说平时你是怎样和同学、小伙伴相处的，选取某个事例写一篇生活日记。

（2）《三国演义》中有许多家喻户晓的故事，例如“三顾茅庐”“桃园结义”“草船借箭”等，选取你最感兴趣的一个故事，讲述给同学听。

5. 请父母帮助搜索“三国地图”，看看自己的家乡当年属于哪一国。

# 本单元教学建议

◎教学目标

学习以“礼”为主题的历史典故，诵读与讲解国学典籍，认识“礼”在古今社会中的重要作用并加以践行。

◎教学重点

1. 简单了解《百家姓》，认识自己家族姓氏的来源及变迁。
2. 理解并初步掌握“礼”的概念和相关的历史典故、古诗词、家训、汉字渊源等。
3. 了解一些我国传统文化通识。

◎教学难点

理解“礼”的内涵，认识知行合一、身体力行的重要性，掌握一些适用于当代社会的基本礼仪。

◎博学阅览

1. 搜索、阅读《千家诗》。
2. 搜索、阅读《笠翁对韵》。
3. 搜索、阅读《孟子》。
4. 搜索、阅读《礼记》。
5. 搜索、阅读《宋词三百首》。

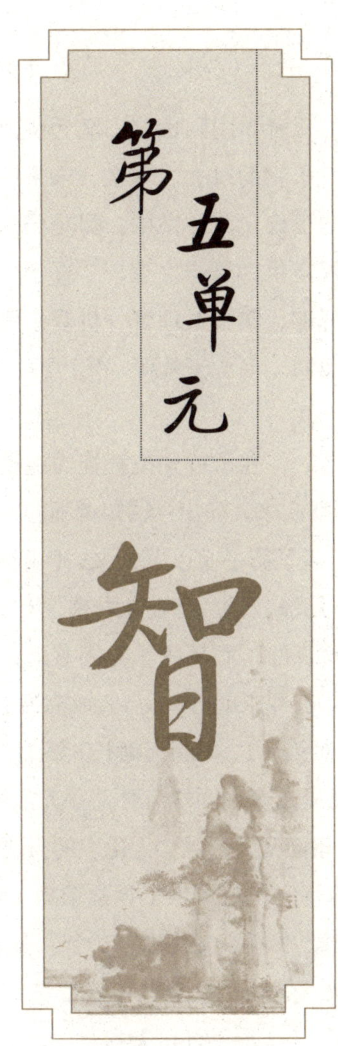
第五単元
智

# 本单元概述

“智者，知也，无所不知也。”智者知阴阳也，广义为明万物阴阳之本，知万物阴阳之变化，对事物的过去、现在、未来的变化了如指掌，成竹在胸。在儒家的道德规范体系中，智是儒家理想人格的重要品质之一，孔子把智定位为君子之道，“好学近乎知”“知者不惑”。智乃智慧、智谋、明智、理智、机智，明白是非、曲直、邪正、真妄。智非与生俱来，而源于教育，积于学习，成于运用。

智是儒家最基本最重要的德目之一，孔子首先把智视为道德规范，把智与仁、勇两个道德规范并举起来，提出：“知者不惑，仁者不忧，勇者不惧。”(《论语·子罕》)孟子第一次以“仁、义、礼、智”四德并提，确立了智在道德体系中不可或缺的位置。在他看来，“仁、义、礼、智”不是由外在的因素加给我的，而是我本身固有的，只不过平时没有去想它因而不觉得罢了，探求就可以得到，放弃便会失去。到了汉代，董仲舒提出：“仁、义、礼、智、信五常之道”（《举贤良对策》），即为天地长久的常道法则。在他看来，仁、义、礼、智、信之“五常”是高于皇权的，国家最高统治者也同样需要遵守五常规范。他还将仁、义、礼、智、信“五常”与木、火、土、金、水“五行”相匹配，把纯“人伦”的行为规范纳入天道运行规律的范畴中，从而为“仁、义、礼、智、信”道德行为规范提供了哲学依据，形成了一套完整的“五常之道”，并倡导帝王将相与平民百姓共同遵守。在儒家文化中，“智”是自觉践行道德规范和处世原则的理性精神。王夫之说：“夫智，仁资以知爱之真，礼资以知敬之节，义资以知制之宜，信资以知诚之实，故行乎四德之中，而彻乎六位之终始”（《周易外传》卷一），他将智视为德行中必要的心理品质，使儒家道德观念始终自觉地保持着理性精神。

本单元的主题是“智”，安排了“知学”“勤勉”“明智”“智谋”“应变”“力行”六篇课文。课程内容和教学目标，是引导学员了解智的基本概念、用智的方式和现实意义。通过学习《划粥断齑（jī）》《入木三分》《功成身退》《空城计》《田忌赛马》《纸上谈兵》等历史典故，阅读《弟子规》《三字经》《千字文》《中庸》《论语·述而》《论语·为政》《论语·里仁》《论语·子罕》《论语·公冶长》《荀子·劝学》《荀子·儒效》等有关义的内容，接触《颜氏家训》《袁氏世范》、左宗棠《与陶少云书》、刘备《遗诏敕（chì）后主》、刘邦《手敕太子书》、欧阳修《诲学说》等书香门第、名门望族的家学文化，吟诵汉乐府《长歌行》、叶采《暮春即事》、颜真卿《劝学》、苏轼《定风波·莫听穿林打叶声》、朱熹《观书有感》、陆游《冬夜读书示子聿》等古诗文，明白智是儒家理想人格的重要品质之一，懂得智非与生俱来，而是源于教育，积于学习，成于运用。从小就要勤学苦练，以启发和不断充实智慧；通过“明德养正”教学，懂得“知学者大成”、待人处事需“虚怀若谷”和“见贤思齐”，学习需“持之以恒”“知行合一”“学以致用”；通过了解二十四节气、四大古典名著、天干地支、六十甲子、十二生肖、三十六计、孙子兵法、文房四宝、四大发明等通识，知道世代流传的通用常识，以扩大知识面。

第二十五课　知学

【历史典故】

## 划粥断齑[1]

范仲淹两岁时父亲逝世，母亲谢氏贫困无依，带着范仲淹改嫁山东淄州长山县朱文翰。范仲淹也改从其姓，取名朱说。

朱家是长山的富户，但范仲淹为了励志，常去长山附近的醴（lǐ）泉寺寄宿读书，生活极其艰苦。他每天只煮一碗稠粥，等粥凉了以后再划成四块，早晚各取两块，拌一点细碎的菜末蘸醋吃，吃完继续读书。对这种清苦生活，范仲淹毫不介意，在书中寻找着自己的乐趣。

这样过了将近三年，长山县的书籍已渐渐不能满足他的阅读需要。于是，他收拾了几样简单的衣物，佩上琴剑，辞别母亲，徒步去远方求学了。

二十二岁那年，他来到宋代四大书院之一的睢（suī）阳应天府书院（在今河南商丘）求学，这里藏书数千卷，范仲淹昼夜不息地攻读，他的一个同学见他常年吃粥，便送他些美食，他却婉言拒绝说："我已安于划粥割齑的生活，担心一旦享受美餐，日后就咽不下粥和咸菜了。"

二十六岁那年，范仲淹科举考试中了进士。不久，他被任命为广德军的司理参军。接着，又调任为集庆军节度推官。他把母亲接来赡养，恢复范姓，改名仲淹，字希文。从此，开始了他近四十年的政治生涯。范仲淹为政清廉，刚正不阿[2]，力主改革，触动了保守势力的既得利益，故屡遭奸佞[3]诬谤（bàng），数度被贬，但始终如一地持守忧国忧民、以天下为怀的士大夫情怀。他的文学素养很高，有《范文正公集》传世，著名的《岳阳楼记》中的"先天下之忧而忧，后天下之乐而乐"成为历代儒士的座右铭。

**注释：**

①划粥断齑：把粥划成若干块，咸菜切成碎末。齑：捣碎的姜、蒜、韭菜等。②刚正不阿：刚强正直，不阿谀奉承。③奸佞：

奸邪谄媚的人。多指奸臣。

**启示：**

范仲淹“划粥断齑”刻苦学习的精神，为官正直清廉的作风和忧国忧民的士人情怀，激励了一代代仁人志士。“先天下之忧而忧，后天下之乐而乐”已经熔铸成为中华民族高尚的品格，影响了千千万万人，成为中华民族乃至世界人民的精神财富。

## 【典籍阅读】

### 1. 启蒙阅读：

犬守夜，鸡司①晨，苟不学，曷(hé)②为人？蚕吐丝，蜂酿(niàng)蜜，人不学，不如物。

——《三字经》

**注释：**

①司：管理。②曷：何，怎么。

**译文：**

狗会在夜间为人看守家门，鸡能在每天早晨报晓啼鸣，人如果不用心学习，有什么资格称为人呢？春蚕会辛苦吐丝，蜜蜂会勤劳酿蜜，人如果不勤奋学习，还不如这些小动物。

### 2. 进士阅读：

子曰：“我非生而知之者，好①古②，敏③以求之者也。”

——《论语·述而》

**注释：**

①好：喜爱，喜好。②古：古代的事物。③敏：勤勉。

**译文：**

孔子说：“我不是生来就有知识的人，而是爱好古代文化，勤勉求学而获取知识的人。”

子曰：“好①学近乎知②，力行③近乎仁，知耻近乎勇。知斯三者，则知所以修身④；知所以修身，则知所以治人；知所以治人，则知所以治天下国家矣。”

——《礼记·中庸》

**注释：**

①好：喜欢。②知：通“智”，智慧，聪明。③力行：努力实践。④修身：陶冶身心，涵养德性。

**译文：**

孔子说："喜爱学习就接近智慧了，努力实践就接近仁爱了，知道羞耻就接近勇敢了。知道这三点，就知道怎样修养德行；知道怎样修养德行，就知道怎样管理人；知道怎样管理人，就知道怎样治理国家了。"

## 【明德养正】

"划粥断齑"的故事广为流传，它告诫人们：学习要专心致志、持之以恒，切不可生活上贪图安逸、追求奢华，学习上心猿（yuán）意马、三天打鱼两天晒网，只有学好知识、练好本领，长大才能成大事业。我们要珍惜现在优越的读书环境，珍惜时间，努力学习。人类只有先知学，才能有大成，只有通过不断的学习，才能掌握前人留下来的知识，并以此来开拓更深更广的知识领域，以真才实学开创事业。

## 【书香家学】

人之德性出于天资①者，各有所偏②。君子知其有所偏，故以其所习③为而补④之，则为全德⑤之人。常人不自知其偏，以其所偏而直情径行⑥，故多失⑦。

——《袁氏世范》

**注释：**

①天资：天赋，资质。 ②偏：不足之处。 ③习：学习。 ④补：弥补。 ⑤全德：道德上完美无缺。 ⑥直情径行：凭着自己的意思径直地去做。比喻想怎么干就怎么干。径，直。行，从事。 ⑦失：过失。

**译文：**

人的品德、性格从生下来就各有不足之处。有学问、有修养的人知道自己的不足之处，所以通过学习来弥补，从而成为一个具有完美品德和良好性格的人。普通人不知道自己的不足之处，被这种不足支配着，想怎么干就怎么干，率性行事，所以造成许多过失。

## 【诗文吟诵】

### 长歌行①

青青园中葵（kuí）②，朝露待日晞（xī）③。
阳春布④德泽⑤，万物生光辉。
常恐秋节至，焜（kūn）黄⑥华叶衰（cuī）⑦。
百川东到海，何时复西归？

少（shào）壮⑧不努力，老大徒⑨伤悲！

**注释：**

①长歌行：汉乐府曲调名。②葵：蔬菜名。古代的重要蔬菜之一。③晞：曝，晒。④布：布施，给予。⑤德泽：恩惠。⑥焜黄：草木凋落枯黄的样子。⑦华叶衰：华，同“花”。衰，减少，缺乏。⑧少壮：年轻力壮。⑨徒：白白地。

**译文：**

菜园中长着青青的葵菜，清晨的露水等太阳出来就会干。

春天的阳光普照大地，万物都焕发勃勃生机。

常常担心秋天一到，树叶花草就会衰败凋零。

无数条江河流向东方大海，何时才能够重返西方？

年轻力壮时如果不努力，到老就只能悲伤叹息、悔恨一生。

**赏析：**

这是一首汉乐府民歌，劝诫世人要惜时奋进。诗歌借物言理，由眼前春天美丽的景色想到秋天的萧条，从而联想到人生易逝，勉励青少年要珍惜时光、努力学习和劳作。“少壮不努力，老大徒伤悲”，一个人如果不趁着大好时光努力奋斗，白白浪费青春，等到年老时后悔也来不及了。千古警言，催人奋进。

**作者：**

乐府是自秦代以来设立的配置乐曲、训练乐工和采集民歌的专门官署，汉乐府指由汉时乐府机关所采集的诗歌，具体作者无考。这些诗，原本在民间流传，经由乐府采集、保存下来，汉朝时叫“歌诗”，魏晋时始称“乐府”或“汉乐府”，它是继《诗经》《楚辞》而兴起的一种新诗体。后世文人仿此形式所作的诗，亦称“乐府诗”。

## 【说文解字】

**字源：**

知，篆文 = （矢，是箭，表示直的意思）+ （口，谈论），口述知道的事物快捷如箭径直，表示已完全知晓。

**释义：**

知，知道。字形采用“口”“矢（shǐ）”会意。

**演变：**

| 甲骨文 | 金文 | 篆书 | 隶书 | 草书 | 楷书 | 行书 |
| --- | --- | --- | --- | --- | --- | --- |
| 缺 | 知 | 知 | 知 | 知 | 知 | 知 |

## 【乾坤通识】

### 二十四节气

二十四节气是十二个中气（每月的第二个节气）和十二个节气（每月第一个节气）的总称，可能起源于战国时期，是中国古代的独特创造。它告诉人们太阳移到黄道上二十四个具有季节意义的位置的日期，几千年来对中国农牧业发展起了重要作用。

地球围绕太阳旋转的轨道面的圆周角是三百六十度，根据太阳直射在地球不同位置的气候变化情况，每隔十五度划分一个节气，每个节气相隔约十五天。这样，每个月就有两个节气，一年十二个月就有二十四个节气。

立春、立夏、立秋、立冬“四立”表示季节的开始；春分、夏至、秋分、冬至“二分”“二至”是季节的转折点；小暑、大暑、处暑、小寒、大寒，表示一年中最热、最冷的时期；白露、寒露、霜降反映气温下降的过程与程度；雨水、谷雨、小雪、大雪反映降雨降雪时期的程度；惊蛰（zhé）、清明、小满、芒种反映季节和农作物的生长状况。为了便于记忆，先祖还编写了一首简短、便于记忆的《二十四节气歌》：“春雨惊春清谷天，夏满芒夏暑相连，秋处露秋寒霜降，冬雪雪冬小大寒。”这首节气歌，每句中除一两个字外，其余每一个字都代表一个节气。如第一句“春雨惊春清谷天”，除“天”字外，其余六字就是代表六个节气。

## 【知学思考】

1. 下列情况下，你怎样坚持学习：

（1）爷爷奶奶喜欢看戏剧节目，由于耳朵不好把电视的声音开得很响，你把自己小房间的门关上，声音还是有点吵；

（2）小弟弟很调皮，一直缠着要你陪他玩游戏；

（3）家里突然停电了。

2. 阅读《凿壁借光》回答问题：你是怎样珍惜时间、勤奋学习的？你有自己的学习计划吗？你又是怎样去完成自己的学习计划的？

匡衡家境贫寒，父母没有钱供他上学。后来，他跟一个亲戚学认字，有了看书的能力。

匡衡买不起书，只好借书来读。那时书非常贵重，有书的人不肯轻易借给别人。匡衡就在农忙的时节给有钱的人家打短工，不要工钱，只求人家借书给他看。

过了几年，匡衡成了家里的主要劳动力。他一天到晚在地里干活，只有中午歇晌时才有工夫看一会书，一部书常常要十天半月才能读完。匡衡很着急，心想：白天要种庄稼没有时间，不如利用晚上的时间来看书，可是家里很穷，买不起点灯的油，怎么办呢？

有一天晚上，匡衡躺在床上背诵白天读过的书，背着背着，突然看到东边的墙壁上透过来一线亮光，原来是从壁缝里透过来的邻居家的灯光。匡衡顿时眼前一亮，他拿了一把小刀，把壁缝挖大了一些。这样，透过来的光亮也大了，他就借着透过来的灯光，读起书来。匡衡通过刻苦求知，后来成了一个很有学问的人，成了解说《诗经》的学者，官至丞相。

## 【知行合一】

1. 向家人和朋友讲述《划粥断齑》的故事，说说现在有良好的生活条件了应该怎样好好学习。

2. 和家人一起吟诵《长歌行》，背诵、默写“少壮不努力，老大徒伤悲”。

3. 和父母、朋友一起理解、书写“知”“好学近乎知，力行近乎仁，知耻近乎勇”。

4. 素养提升训练：

（1）阅读理解“少壮不努力，老大徒伤悲”，结合自己学习经历写一篇生活日记。

（2）阅读历史故事《划粥割齑》《凿壁借光》，说说你是怎样利用现在优越的条件努力学习的，与朋友分享自己的真实故事。

5. 家庭小测试：谁能按顺序背诵“二十四节气”，并说说记住节气的小窍门。

6. “乾知大始，坤作成物”，大自然是非常伟大、奇妙的，每个月都绽放许多美丽的花，把世界妆扮得五彩缤纷。请选择下列花名，编写成《十二月花季歌》。

正月：红梅、迎春花；二月：兰花、杏花、玉兰花；三月：桃花、梨花、海棠花；四月：牡丹花、芍药花、杜鹃花、蔷薇花、丁香花；五月：石榴花、牵牛花、百合花；六月：荷花、昙花；七月：美人蕉、紫薇花、凤仙花、茉莉花；八月：桂花、木槿；九月：菊花、荚竹桃；十月：木芙蓉；十一月：山茶花、水仙花；十二月：腊梅。

第二十六课　勤勉

【历史典故】

## 入木三分[①]

王羲之字逸少，琅（láng）琊（yá）（今山东临沂 yí）人，后迁会（kuài）稽（jī）山阴（今浙江绍兴），晚年隐居剡（shàn）县（今浙江绍兴嵊 shèng 州）。东晋时期书法家，有“书圣”之称。王羲之的书法秀丽中透着苍劲，柔和中带着刚强，可谓冠绝[②]古今，代表作《兰亭序》被誉为“天下第一行书”。在书法史上，他与其子王献之合称为“二王”。

王羲之自幼聪明好学，饱读诗书。为了把字练好，他无论休息还是走路，心里总是想着汉字的渊源和字体演变规律，揣（chuǎi）摩着字体结构和气势，常用手指头在衣襟[③]上比划，时间久了，连身上的衣服也划破了。王羲之家的庭院里有个池塘，他每次练完字就在池塘里洗涤（dí）笔砚（yàn）。时间一久，整个池塘的水都变黑了，这池子也被人们称为“洗砚池”。

经过长期的勤学苦练，王羲之的书法形成了笔法高古[④]精妙、行笔潇洒飘逸、结体遒美[⑤]清秀、章法巧妙有度的特点。有一次，当时的皇帝要到北郊去祭祀，让王羲之把祝辞写在一块木板上，再派工人雕刻。工人雕刻时非常惊奇，王羲之写的字，墨水竟渗入木头三分多，不禁赞叹道：“右军的字，真是入木三分呀！”这件事轰动了整个京城，“入木三分”也就成了人人皆知的成语了。

**注释：**

①入木三分：形容书法刚劲有力。也比喻分析问题很深刻。
②冠绝：远远超过。③衣襟：上衣、袍（páo）子前面的部分。
④高古：高雅古朴。⑤遒（qiú）美：劲健优美。

**启示：**

人的学问、才艺、技能都来自于勤奋学习，智者学艺都是先从勤学苦练上下功夫，练好基本功，然后慢慢形成自己的风格。

## 【典籍阅读】

### 1. 启蒙阅读：

披蒲(pú)编①，削(xiāo)竹简②，彼无书，且知勉③。头悬梁④，锥(zhuī)刺股⑤，彼不教⑥，自勤苦⑦。如囊萤(nángyíng)⑧，如映雪⑨，家虽贫，学不辍(chuò)⑩。如负薪⑪，如挂角⑫，身虽劳，犹苦卓⑬。

——《三字经》

**注释：**

①披蒲编：翻阅蒲草编制的席子。西汉路温舒家贫，在水泽边放羊时割蒲草编成本册，作为书写文字的纸张。披，劈分。②削竹简：西汉公孙弘幼贫，在竹林中放猪时将青竹削成竹片，向别人借书抄在上面苦读。③彼无书，且知勉：他们虽没有书籍，但依然创造条件勤勉学习。勉，尽力，这里指勤奋读书。④头悬梁：汉代孙敬读书十分刻苦，晚上阅读时，他把头发拴在屋梁上以免打瞌睡。⑤锥刺股：战国时苏秦读书每到疲倦时，便用锥子刺大腿来使自己猛然清醒起来。股，大腿。⑥教：督促，引导，教诲。⑦自勤苦：自己依旧勤苦读书。⑧如囊萤：如，譬如。囊萤，把萤火虫装在袋子里。晋朝车胤因为家贫买不起灯油，就捉来许多萤火虫装在纱袋里照明读书。⑨如映雪：映着雪光读书。晋朝孙康家贫，晚上点不起油灯，便借着积雪的反光读书。⑩辍：停止。⑪负薪：汉代朱买臣靠砍柴为生，挑柴时将书挂在柴草担上，边走边读。⑫挂角：隋朝人李密给别人放牛时把书册挂在牛角上，一边放牛一边读书。⑬苦卓：刻苦自强。苦，艰苦。卓，卓越，不同一般。

**译文：**

路温舒编草写字，公孙弘在竹片上抄书苦读，他俩虽然没有钱买书，但依然创造条件勤勉学习。孙敬唯恐读书时打瞌睡，用绳子把头发系在屋梁上；苏秦读书每到疲倦时，就拿锥子刺大腿来痛醒自己。他们无需督促，学习勤奋刻苦。车胤借助萤火虫照明夜读，孙康借助积雪的反光来读书。他俩家境贫苦，依然坚持求学。朱买臣挑柴时将书挂在柴草担上，边走边读；李密放牛时把书挂在牛角上，一边放牛一边读书。他们每天干活虽然辛苦，却时刻不忘读书。

### 2. 进士阅读：

子曰：“温故而知新①，可以为师矣。”

——《论语·为政》

**注释：**

①温故而知新：温习旧知识得到新的理解和体会。也指回忆过去，能更好地认识现在。

温，温习。故，旧的。

**译文：**

孔子说："经常温习学过的知识，可以从中获得新的理解和体会，这样的人可以做老师了。"

学不可以已。青，取之于蓝[①]，而青于蓝[②]；冰，水为之，而寒于水。木直中(zhòng)绳[③]，𫐓(róu)[④]以为轮，其曲中规[⑤]。虽有槁暴(yǒugǎo pù)[⑥]，不复挺[⑦]者，𫐓使之然也。故木受绳[⑧]则直，金[⑨]就砺(lì)[⑩]则利，君子博学而日参省(xǐng)乎己[⑪]，则知明而行无过[⑫]矣。

——荀子《劝学》

**注释：**

①青，取之于蓝：靛（diàn）青，从蓝草中取得。青，靛青，一种染料。蓝，草名，也叫蓼（liǎo）蓝，叶子可制染料。②青于蓝：比蓼蓝颜色（更）深。③中绳：（木材）合乎拉直的墨线。木工用拉直的墨线来取直。绳，墨线。④𫐓：通"煣"，使弯曲。⑤规：圆规。⑥虽有槁暴：即使又晒干了。有，通"又"。槁暴，晒干。槁，枯。暴，同"曝"，晒。⑦挺：直。⑧受绳：用墨线比量。⑨金：指金属制的刀剑等。⑩就砺：拿到磨刀石上去磨。就，接近、靠近。砺，磨刀石。⑪参省乎己：对自己检查、省察。参，验，检查。省，省察。乎，相当于"于"。⑫知明而行无过：聪慧明智而行为没有过错。知，通"智"，智慧。明，明达。行无过，行为没有过错。

**译文：**

学习是不可以停止的。靛青这种染料是从蓝草里提取的，却比蓝草的颜色更蓝；冰块由水凝结而成，却比水更寒冷。木材笔直，合乎拉直的墨线，但是用火熏烘使它弯曲成车轮，木材的弯度就如圆规画的一般标准，即使晒干了也不会再挺直，这是用火熏烘使它成为这样的。所以木材用墨线比量过就变得笔直，刀剑在磨刀石上磨过就变得锋利，君子广览博学并每天检验反省自己，那么他就会聪慧明智而行为没有过错。

## 【明德养正】

成语"入木三分"的意思是笔力深入木板三分，形容书法笔力强劲，也比喻见解、议论十分深刻、恰切。"只要功夫深，铁杵（chǔ）磨成针"，王羲之勤学苦练、持之以恒练字的精神，使他的字达到了入木三分的境界，最终成了书法大家。

人的智慧来自于勤奋学习和不断实践，要想成为一个有学问的人，首先必须自觉刻苦地读书，因为追求知识这件事任何人也代替不了，只有通过自己的努力才能得到。现在我们有印制精美的书本，有优越的学习条件和环境，还有父母、老师的关心和教导，更应该勤勉学习，使自己成为有智慧的人。

【书香家学】

谚曰："积财千万，不如薄伎(báo jì)在身[①]。"伎之易习而可贵者，无过[②]读书也。世人不问愚智，皆欲识人之多，见事之广，而不肯读书，是犹求饱而懒营馔[③]，欲暖而惰裁衣也。

——《颜氏家训·勉学》

**注释：**

①积财千万，不如薄伎在身：积财千万，不如学会一种技能。薄，小。伎，同"技"，技能。②无过：未超过，比不上。③是犹求饱而懒营馔：这就好比想要饱餐却懒于做饭。是，这。犹，如同，好像。营，谋求，谋取。馔，食物。

**译文：**

俗话说："积累充足的财富，不如学会一种技能。"容易学习而又可致富贵的才艺，没有比得上读书的。世人不管是愚蠢还是聪明，都希望认识的人多，见识的事广，却不肯刻苦读书，这就好比想要饱餐却懒于做饭，想要身暖却懒于裁缝衣服一样。

【诗文吟诵】

## 劝　学

唐·颜真卿

三更[①]灯火五更鸡[②]，正是男儿读书时。
黑发[③]不知勤学早，白首[④]方[⑤]悔读书迟。

**注释：**

①更：古时夜间计算时间的单位，一夜分五更，每更为两小时。午夜11点到1点为三更。②五更鸡：夜间按更报时的鸡。指夜间。③黑发：指少年。④白首：白头，指老年。⑤方：才。

**译文：**

晚上三更以前，早晨五更以后的时间，是男孩们读书的最好时间。

少年时不知珍惜时间、勤奋学习，到老的时候才后悔自己年轻时没有好好学习就晚了。

**赏析：**

《劝学》这首诗劝勉青少年要珍惜少壮年华，勤奋学习，有所作为，否则到老一事无成，后悔已晚。诗歌句句都在勉励惜时，劝人勤学，催人奋进。

**作者：**

颜真卿（709—784），字清臣，京兆万年（今陕西西安）人，祖籍琅玡临沂（今属山东省），唐代名臣、书法家，曾任监察御史、殿中侍御史、吏部尚书等职。颜真卿书法精妙，擅长行、楷，创“颜体”楷书，与柳公权并称“颜筋柳骨”，与欧阳询、柳公权、赵孟頫并称为“楷书四大家”。善诗文，后人辑有《颜鲁公文集》。

## 【说文解字】

**字源：**

学，是“學”字的简体字。學，甲骨文 = （算筹）+ （表示房屋），表示在屋下学习计算。有的甲骨文写作，在两边加（爪，手）。金文在房屋下面加（子），表示教孩子计算。西周时，“學”是“斆”篆文写法，斆，教导，使觉悟，引申为学校、学习。

**释义：**

“斆”是“學”的异体字。斆，学、觉悟、教学。字形采用“學”“攴”会意。

**演变：**

| 甲骨文 | 金文 | 篆书 | 隶书 | 草书 | 楷书 | 行书 |
| --- | --- | --- | --- | --- | --- | --- |
|  |  |  |  |  |  |  |

## 【乾坤通识】

### 四大古典名著

四大古典名著，指的是我国古典文学名著《三国演义》《水浒传》《西游记》和《红楼梦》，诞生于明清时期，是我国乃至全人类共同拥有的宝贵文化遗产。

《三国演义》是我国古代第一部长篇章回体小说，作者是元末明初小说家罗贯中。故事起于刘备、关羽、张飞桃园三结义，结束于王濬平吴实现西晋统一大业，生动描写了东汉末年和整个三国时代的社会动乱及几个统治、军事集团之间的矛盾和斗争。全书结构宏伟，情节曲折，文字浅显生动，人物形象鲜明，表现出长篇叙事技巧的巨大进展，成为我国历史小说中的经典之作。

《水浒传》是我国历史上最早用白话文写成的章回体小说之一，作者是元末明初作家施耐庵(ān)。全书以北宋末年的宋江起义为题材，描写了各阶层人士在奸臣当道的背景下被逼上梁山，从聚义、壮大到因受招安而失败的过程，塑造出李逵、武松、林冲、鲁智深、宋江等一系列各具个性特征的人物形象。它以农民战争为主要题材，故事曲折，语言生动，人物性格鲜明，歌颂了起义英雄的反抗精神和他们的社会理想，也深刻揭示了起义的社会根源和起义失败的内在历史原因。

《西游记》是一部浪漫主义章回体长篇神魔小说，作者是明代小说家吴承恩。小说在民间传说唐僧取经的故事和有关话本、杂剧的基础上创作而成。前七回叙述孙悟空出世、大闹天宫的故事，此后，转而写他被迫皈（guī）依佛门，在八戒和沙僧的协助下，保护唐僧去西天取经，沿途降妖伏魔的经过。成功塑造了孙悟空、猪八戒、沙和尚、牛魔王、铁扇公主等一系列兼具人性、神性和动物性特征的艺术形象，显示出作者具有超乎寻常的虚构和想象能力，成为我国古代神魔小说的经典之作。

《红楼梦》是章回体长篇小说，是我国古典小说的巅峰之作，作者是清代文学家曹雪芹。全书以贾、王、史、薛四大家族的兴衰为背景，以贾宝玉与林黛玉、薛宝钗的恋爱经历以及其他红楼女子的生活经历为中心线索，真实而深入地描写了日益丰富的人性与生存环境的冲突、人性被压抑的痛苦以及要求人性解放而进行的挣扎或反抗，生动地塑造了贾宝玉、林黛玉、薛宝钗、王熙凤等许多具有鲜明个性的艺术形象，具有高度的思想性和卓越的艺术成就，达到中国古代长篇小说中现实主义的高峰。

## 【知学思考】

1. 理解“温故而知新，可以为师矣”，联系实际，思考：如何做到“温故知新”？

2. 读《十八缸水》的故事，回答：学习需要专心，做事需要坚持，你做到了吗？如果没做到，今后打算怎样做到？

王羲之是晋代书法家，他的儿子王献之自幼练习书法，慢慢地，字有了较大的长进，开始产生自满情绪。有一天，王献之写到“太”字时墨水不够了，于是就少了一点写成了“大”字，他放下笔走出书房干别的事去了。父亲来到儿子的书房照例看他写的字，当他看见“太”字少了一点，就加水磨墨提笔将这一“点”补了上去。不一会儿，王献之回到书房，拿着刚写的几张字请母亲点评。母亲看了一会儿，慢慢地说：“你的字有进步，但笔力还不够，只有‘太’字这一‘点’苍劲有力，很像是你父亲写的。”王献之仔细地比较了一下，果然不同，突然想起当时自己没有写这一“点”，脸顿时就红了。

王献之找父亲讨教笔力秘诀，王羲之指着院子里的十八口大水缸说：“你把这十八缸水写完，你的笔力就刚健了。”王献之遵从父亲的教导，坚持不懈地勤学苦练，写干了十八缸水，终于攀登上了书法艺术的高峰。

## 【知行合一】

1. 向家人和朋友讲述《入木三分》的故事，学习王羲之苦练书法勤学专志的精神。

2. 和家人一起吟诵、背诵颜真卿的《劝学》，理解少年儿童时期勤学的重要性。

3. 和父母、朋友一起理解、书写“学”“青，取之于蓝，而青于蓝”。

4. 素养提升训练：

（1）阅读《入木三分》《十八缸水》的故事，你平时是怎样勤奋读书的？以自己勤奋学习的亲身经历写一篇学习日记。

（2）联系实际，理解“黑发不知勤学早，白首方悔读书迟”的意思，以《惜时勤学》为题讲述或记叙一则真实的故事。

5. 家庭小测试：中国“四大名著”是指哪几部书？作者分别是谁？

6. 猜字谜，看看你能猜中几个：

上下一体（打一字）

半耕半读（打一字）

四个晚上（打一字）

熙熙攘攘（打一字）

凤头虎尾（打一字）

【历史典故】

## 功成身退[1]

范蠡（lǐ），春秋末期的政治家、军事家、道学者和经济学家。他出身贫贱，但自幼虚心好学、聪敏睿智[2]，文韬武略[3]，无所不精，因不满当时楚国的黑暗政治，与好友文种一起投奔越国，辅佐越王勾践。

公元前 494 年，勾践听说吴国准备向越国报仇，打算先发制人伐吴。范蠡认为，吴国打着复仇的旗号，同仇敌忾[4]，士气高涨，但敌军远道而征，粮草缺乏，越军只需坚守不战，等其粮尽气衰时自然退兵而去。勾践不听劝谏，执意出兵。果然，越军失利，节节败退。在都城沦陷之际，范蠡献“卑辞厚礼[5]，乞吴存越”之策，劝勾践与吴王夫差议和。吴王夫差见勾践进献金银财宝，以为勾践真心称臣，不顾伍子胥（xū）的劝阻，罢兵而归。

按照双方的议和条件，越王勾践要带着妻子到吴国当三年奴仆，范蠡主动请缨[6]随勾践同行。在吴国为奴三年里，范蠡陪同勾践忍辱负重[7]，拒绝夫差的高官厚禄，并劝夫差对勾践从轻发落。吴王对勾践动了恻隐之心。

三年期满，范蠡随勾践回越后，建议勾践卧薪尝胆[8]，励精图治。为了进一步消磨吴王的意志，勾践还将全国第一美女西施进献吴王夫差。越国经过近二十年的精心准备，兵强马壮，范蠡建议勾践趁机兴兵伐吴。公元前 473 年，越国伐吴，吴军全线崩溃，吴王自杀。

范蠡在帮助越王勾践成功复国后，明智地选择功成身退。他曾写信给好友文种说：“蜚（fēi，同‘飞’）鸟尽，良弓藏；狡兔死，走狗烹（pēng）。越王为人生性多疑，工于心计，可与同患，难与处安。你我已帮助他平定了天下，就应该功成身退，远离是非之地。”文种收到信后便称病不上朝，但还是舍不得彻底离开朝政，最终仍未逃脱被赐死的命运。

范蠡带着西施悄然离开了越国。他们乘船来到太湖北边的五里湖边，见这里山明水秀，就搭了几间草房子住了下来，并经营起粮食、水产和布匹丝绸的生意，很快积累了千万家产。他仗义疏财[⑨]，施善乡梓[⑩]，财富皆用于慈善事业。后定居宋国陶丘（今山东菏泽），自号陶朱公，一边经营生意，一边乐善好施帮助穷苦人，后人供奉其为“财神”。

**注释：**

①功成身退：指大功告成之后，自行隐退，不再复出。身，自身，自己。②睿（ruì）智：英明有远见。③文韬（tāo）武略：比喻用兵的谋略。韬，指《六韬》，古代兵书，内容分文、武、龙、虎、豹、犬六韬。略，指《三略》，古代兵书，分上、中、下三略，凡三卷。④同仇敌忾（kài）：全体一致地仇恨敌人。同仇，共同对敌。敌，对抗，抵拒。忾，愤怒。⑤卑辞厚礼：言辞谦恭，礼物丰厚。⑥请缨（yīng）：指请求杀敌或请求给予任务。缨，绳索，带子。⑦忍辱负重：为了承担重任，忍受暂时的屈辱。⑧卧薪尝胆：睡觉睡在柴草上，吃饭都尝一尝苦胆。形容人刻苦自励，发奋图强。薪，柴草。⑨仗义疏财：指人讲义气，拿出自己的钱财来帮助别人。⑩施善乡梓：乐于行善将财物布施给乡亲。乡梓，乡亲；梓，一种树。古人常在家屋旁栽种桑树和梓树，所以桑梓被人们喻为家乡。

**启示：**

范蠡曾辅佐越王勾践复国，功劳显赫，却能功成身退，及时离开复杂的政界官场；他三次经商成巨富，三散家财行善积德，被人尊称为“商圣”“文财神”。范蠡的为人处世方式是一种大智慧、大境界，世人誉之：“忠以为国，智以保身；商以致富，成名天下。”

## 【典籍阅读】

### 1. 启蒙阅读：

昔[①]仲尼[②]，师项橐[③]。古圣贤，尚勤学。赵中令[④]，读鲁论[⑤]。彼既仕[⑥]，学且勤。

——《三字经》

**注释：**

①昔：以前，往昔。②仲尼：孔子名丘，字仲尼，春秋时期鲁国陬（zōu）邑（今山东曲阜）人，儒家学说的创始人，被尊为“至圣先师”。③师项橐：以项橐为师。项橐，鲁国的神童。④赵中令：赵普，北宋初年两朝宰相。中令，即中书令，宋代行政中枢中书省长官。⑤鲁论：西汉初年鲁国人所传的《论语》。⑥彼既仕：他虽已做了高官。彼，他，指赵中令。仕，做官。

**译文：**

从前圣人孔子曾向七岁的项橐求教。古人即便是像孔子这样的圣贤尚且不忘勤学。宋朝时的中书令赵普，长年手不释卷地阅读《论语》。他虽然已经做了高官，依旧勤奋好学。

**2. 进士阅读：**

子曰："三人[①]行，必有我师焉[②]；择其[③]善者[④]而从[⑤]之，其不善者而改之。"

——《论语·述而》

**注释：**

①三人：泛指多人。②焉：于此，意思是在其中。③其：代词，他们。④善者：好的方面，优点。⑤从：追随。

**译文：**

孔子说："几个人同行相处，其中一定有人可以做我的老师。我选择他的优点向他学习，他的缺点作为借鉴，自己加以改正。"

子曰："见贤思齐[①]焉，见不贤而内[②]自省[③]也。"

——《论语·里仁》

**注释：**

①见贤思齐：见到德才兼备的人就要向他看齐。贤，德才兼备的人。思，思考，心里想。齐，相等。②内：在心里。③自省：自我省察，自我反思。

**译文：**

孔子说："见到德才兼备的人就要向他看齐，以他为楷模；看见没有德行或才干欠缺的人就要反省自己，自我省察是否也有类似的问题。"

## 【明德养正】

范蠡辅佐后越王勾践复国，却在功成后弃官归隐。自古名臣良将善始者众多，而能善终者却少之又少，而范蠡便是善始善终的典范。苏轼曾赞曰："春秋以来、用舍进退未有如蠡之全者"。范蠡在功成后不贪恋权力，不计较名利得失，急流勇退，毅然放弃高官厚禄，远离复杂的官场纷争，堪称世人的典范；退身官场后，他又用自己的才智去创造财富，在积累了万千家财后又仗义疏财、济民行善，此乃商人的楷模。

范蠡在得失之间，独善其身，从他身上表现的是一种大智慧、大境界，司马迁称赞他"忠以治国、勇以克敌、智以保身、商以致富"，被民间奉为"文财神"，与关羽"武财神"一样，受到世人的敬仰崇拜。

## 【书香家学】

学业才识，不日进，则日退。需随时随事，留心着力为要。事无大小，均有一当然之理，即事穷理[①]，何处非学？昔人②云："此心如水，不流③即腐④。"

——清·左宗棠《与陶少云书》

**注释：**

①即事穷理：根据事实深究它的道理。②昔人：古人，从前的人。③流：流动。④腐：腐臭。

**译文：**

学业和才识，不一天天努力进步，就会一天天倒退。随时随事留心用力，这是关键。事情不分大小，都有一个自然的道理，根据事实深究它的道理，什么地方没有学问呢？古人说："这心就像水一样，不流动就会腐臭。"

## 【诗文吟诵】

### 暮春即事

南宋·叶采

双双瓦雀①行书案②，点点杨花入砚池③。

闲坐小窗读周易④，不知春去几多时。

**注释：**

①瓦雀：麻雀的别称。②行书案：在书案上行走。③砚池：砚台的墨池。④周易：古代卜筮（shì）之书，儒学经典著作。

**译文：**

两只麻雀在书案上走动，点点杨花飘入屋内落到砚池中。

我静心坐在小窗前潜心读着《周易》，不知道春天过去了多久。

**赏析：**

此诗写的是古时读书人一心埋头书案、专注在书中的情景。宁静的书室，垂柳飞絮的季节，几只麻雀在书案上悠闲自在地漫步，窗外柳絮随风飘落，落进书案上的砚台墨池中。诗以瓦雀、杨花的动态来反衬书室宁静的环境。书室里有人在读书，却静得似乎没有人存在，他全神贯注在《周易》这本书上，一切外在的动静都仿佛与他毫不相干，内心世界一片平静。

**作者：**

叶采（？—1241），字仲圭（guī），号平岩，建阳（今属福建省）人，南宋官员、学者，曾任翰林学士兼侍讲。

## 【说文解字】

**字源：**

明，甲骨文 =（太阳）+（月亮），表示明亮。有的甲骨文 =（月亮）+（囧jiǒng，窗户），表示月亮照到窗户，也表示明亮。

**释义：**

明明，照耀。字形采用“日”“月”会意。

**演变：**

| 甲骨文 | 金文 | 篆书 | 隶书 | 草书 | 楷书 | 行书 |
|---|---|---|---|---|---|---|
| 明 | 明 | 明 | 明 | 明 | 明 | 明 |

## 【乾坤通识】

### 天干地支　六十甲子　十二生肖

**天干地支**　在中国古代的历法中，天干地支被用来表示年、月、日、时。甲、乙、丙、丁、戊（wù）、己、庚、辛、壬（rén）、癸为“十天干”，子、丑、寅（yín）、卯（mǎo）、辰、巳（sì）、午、未、申、酉、戌、亥（hài）为“十二地支”。年、月、日、时就像四个柱子一样撑起时间的大厦，所以被称为“四柱”。

**六十甲子**　十天干和十二地支循环组合，从甲子一直到癸亥，共可得六十个组合，称为六十甲子，如此周而复始。在中国古代的历法中，年、月、日、时都是六十个循环。六十个干支（六十甲子）组合分别为：

甲子、乙丑、丙寅、丁卯、戊辰、己巳、庚午、辛未、壬申、癸酉；

甲戌、乙亥、丙子、丁丑、戊寅、己卯、庚辰、辛巳、壬午、癸未；

甲申、乙酉、丙戌、丁亥、戊子、己丑、庚寅、辛卯、壬辰、癸巳；

甲午、乙未、丙申、丁酉、戊戌、己亥、庚子、辛丑、壬寅、癸卯；

甲辰、乙巳、丙午、丁未、戊申、己酉、庚戌、辛亥、壬子、癸丑；

甲寅、乙卯、丙辰、丁巳、戊午、己未、庚申、辛酉、壬戌、癸亥。

**十二生肖**　子鼠、丑牛、寅虎、卯兔、辰龙、巳蛇、午马、未羊、申猴、酉鸡、戌狗、亥猪，合称十二生肖。十二生肖又称属相，与十二地支呈现一一对应，与人的出生年份相配，是我国悠久而重要的民俗文化符号。

## 【知学思考】

1. 范蠡协助越王勾践完成复国大业，功不可没，理应享受高官厚禄，但他却选择功成身退，为什么？你是如何看待这件事的？

2. 情景思考：如果你是许颖，你会怎么做？为什么？

许颖是小学三年级的学生，她下围棋的技能很好，同班同学都不是她的对手，被大家称为“无忧公主”。有一次，许颖与一年级的金泽对弈，却连输三局。她感到输给比自己年少的男孩很没面子，不想再与他对弈了。她转而一想，孔子都拜七岁的项橐为师，我为何不能向棋艺比自己高的小同学学习呢？但如果再输下去，“无忧公主”不就徒有虚名了吗？是放弃还是继续与金泽对弈？许颖犹豫不决。

## 【知行合一】

1. 向家人和朋友讲述《功成身退》的故事，明白做人要懂得审时度势、明白事理，该进则进，该退则退，同时要懂得聚财是为了更多地行善积德，普惠百姓。

2. 和家人一起吟诵、背诵叶采的《暮春即事》，学习古人认真学习的专注精神。

3. 和父母、朋友一起理解、书写“明”“见贤思齐焉，见不贤而内自省也”。

4. 素养提升训练：

（1）阅读“三人行，必有我师焉”，平时你是怎样学习别人的长处的？选取某个事例写一篇生活日记。

（2）阅读理解“见贤思齐焉，见不贤而内自省也”，联系实际，以《向优秀的人学习》为题讲述或记叙一则真实的故事。

5. 家庭小测试：按顺序背诵“十二生肖”，比一比谁能将自己生肖的故事讲得更精彩。

6. 阅读《司马光砸缸》的故事，思考：七岁的司马光为什么能急中生智救出同伴？少年儿童为什么要勤奋读书？为什么要虚心向有知识、有本领的人学习？

司马光是北宋政治家、史学家、文学家，是历仕北宋四朝的重臣，主持编纂（zuǎn）了中国历史上第一部编年体通史《资治通鉴》。司马光深受家学影响，自幼便聪敏好学，七岁时便能够熟练背诵《左传》，并且能清楚地讲述二百多年的历史梗（gěng）概，知识面非常广，碰到问题很爱动脑筋。

有一次，他和小伙伴们在后院玩耍。有个小孩爬到大缸上玩，一不小心掉到了缸里的水中。别的孩子们一见出了事，撒腿就跑头也不回，而司马光却急中生智，从地上捡起一块大石头，使劲向水缸砸去，水缸破了一个洞，缸里的水“哗”地涌了出来，那个小孩也得救了。

【历史典故】

## 空城计[①]

《三国演义》讲述了诸葛亮面对大军压境、敌众我寡、孤城难守的危急关头，巧用“空城计”迷惑司马懿(yì)，惊退魏军的故事。

有一次，魏国得知蜀国的战略要地西城兵力薄弱，就派大将司马懿率军攻打。蜀国得知消息上下惊慌，以一万士兵抵挡十几万敌人有如以卵击石[②]，西城危在旦夕[③]。诸葛亮急中生智[④]，将百姓转移到安全的地方后，大开城门，等候敌人的到来。

魏国大将司马懿不久就带兵包围了西城，却发现戒备森严的西城竟城门大开，城墙上看不到一个守卫的士兵，只有一个老头在城门前扫地。大惑不解之时，披鹤氅[⑤]、戴纶巾[⑥]的诸葛亮出现在城楼上，只见他领着两个小书童，带着一张古琴，到城楼前凭栏坐下。小书童燃起一炷清香，诸葛亮镇定而悠闲地弹起《卧龙吟》。

老谋深算的司马懿竟丈二和尚摸不着头脑[⑦]。他深知诸葛亮足智多谋，今日敢大开城门迎候十几万大军，城里想必埋伏了大量兵马。此时，城楼上又传来一曲《十面埋伏》，琴声由舒缓渐渐变得急促，仿佛千军万马如同洪水猛兽般围过来。司马懿越听越觉得不对劲，怀疑这是诸葛亮在发出反攻的信号，于是急忙下令撤退。诸葛亮巧用空城计，未动用一兵一卒就惊退司马懿十几万大军，保全了蜀国西城。

**注释：**

①空城计：泛指掩饰力量空虚，骗过对方的策略。也指人员全部外出、无人留守的情况。②以卵(luǎn)击石：拿蛋去打石头。比喻不自量力，自取灭亡。③危在旦夕：形容危险就在眼前。旦夕，早晨和晚上，形容时间短。④急中生智：紧急的时候，

猛然想出办法。智，智谋。⑤鹤氅（chǎng）：羽毛所制的裘（毛皮的衣服）。⑥纶（guān）巾：古代用青丝带做的头巾，又名诸葛巾。⑦丈二和尚摸不着头脑：比喻弄不明情况，搞不清底细。

**启示：**

陷入困境时要临危不惧，要沉得住气，耐心地分析形势，制定出奇制胜的谋略，使局势转危为安、转败为胜，这就是军事上的雄才大略，是一种大智大勇。

## 【典籍阅读】

### 1. 启蒙阅读：

布①射僚②丸，嵇③琴阮④啸。恬(tián)⑤笔伦⑥纸，钧⑦巧任⑧钓。释⑨纷⑩利俗⑪，并皆⑫佳妙。

——《千字文》

**注释：**

①布：吕布，东汉末年人，善于骑射。②僚：熊宜僚，春秋时期楚国人，善于耍弄弹丸。③嵇：嵇康。三国时期魏国谯郡人，“竹林七贤”之一，擅长抚琴。④阮：阮籍，三国时期魏国尉（wèi）氏人，“竹林七贤”之一，擅于长啸。⑤恬：秦朝大将军蒙恬，据说蒙恬开始用兔毫竹管做笔。⑥伦：蔡伦，《后汉书》记载蔡伦开始创造性地用树皮、麻头、破布等来造纸。⑦钧：马钧，三国时期魏国的能工巧匠，曾作指南针和龙骨水车。⑧任：任公子，《庄子·外物》篇说他善于捕获大鱼。⑨释：解除，排除。⑩纷：纠纷。⑪利俗：有利于世俗社会。⑫并皆：共同都是。

**译文：**

吕布善于骑马射箭，熊宜僚善丁抛掷球丸，嵇康善于抚琴，阮籍善于长啸。蒙恬发明了毛笔，蔡伦发明了造纸，马钧制造了很多机械，任公子善于捕获大鱼。他们的技艺有的能解除人间纠纷，有的在造福普通百姓，这都属于高妙绝佳的技艺。

### 2. 进士阅读：

子曰：“学而不思则罔①，思而不学则殆(dài)②。”

——《论语·为政》

**注释：**

①罔：通“惘”，迷惑，意思是感到迷茫而无所适从。②殆：疑惑。

**译文：**

孔子说：“只学习却不思考，就会惘然无知；只空想却不学习，就会疑惑不解。”

凡事豫[①]则立，不豫则废。言前定，则不跲（jiá）[②]；事前定，则不困；行前定，则不疚[③]；道前定，则不穷。

——《礼记·中庸》

**注释：**

①豫：通“预”，预备，准备。②跲：绊倒，此处指说话不顺畅。③疚：困惑。

**译文：**

任何事情，事先有准备就会成功，没有准备就会失败。说话先有准备，就不会不顺畅；做事先有准备，就不会受挫；出行先有准备，就不会困惑；道路预先选定，就不会走投无路。

## 【明德养正】

晋代陈寿《三国志》曰：“将当以勇为本，行之以智计；但知任勇，一匹夫敌耳。”大意是：身为将领，应把勇敢无畏作为基本品质，实际行动要机智灵活有计谋；只是一味地仗恃自己的勇力，那不过是一个普通人的敌手而已。所谓的将才就是要有勇有谋，智勇双全。为将胆小如鼠，临阵退缩，自然是不能担当大任的，故有“两军相遇勇者胜”之说；但若只有匹夫之勇，敢于冲锋陷阵，斩将夺旗，却不善于斗智用谋，也不是好的将领，故有“将在谋不在勇”之说。智与勇不是与生俱来的，而是通过不断的学习和实践获得的。

## 【书香家学】

勿以恶小而为之，勿以善小而不为。惟贤惟德，能服于人。可读《汉书》《礼记》，闲暇历观诸子及《六韬》[①]《商君书》[②]，益人意智。

——三国·刘备《遗诏（zhào）[③]敕[④]后主[⑤]》

**注释：**

①《六韬》：兵书名，分文韬、武韬、龙韬、虎韬、豹韬、犬韬六卷。②《商君书》：战国时期商鞅一派法家著作的汇编，又称《商子》。③遗诏：皇帝临终时所留的诏书。④敕：告诫。⑤后主：即刘禅。后主，后代的君主，嗣（sì）君。

**译文：**

不要因为坏事很小就去做它，也不要因为好事很小就不去做它。只有贤明和德行，才能使人们敬服。应该读读《汉书》《礼记》，空闲时阅读诸子百家的著作和《六韬》《商君书》，它们可以增长人的见识和智慧。

【诗文吟诵】

## 定风波①·莫听穿林打叶声

北宋·苏轼

三月七日，沙湖②道中遇雨。雨具先去，同行皆狼狈，余独不觉，已而③遂晴，故作此词。

莫听穿林打叶声，何妨吟啸④且徐行。竹杖芒鞋⑤轻胜马，谁怕？一蓑(suō)⑥烟雨任平生。料峭⑦春风吹酒醒，微冷，山头斜照⑧却相迎。回首向来萧瑟⑨处，归去，也无风雨也无晴⑩。

**注释：**

①定风波：词牌名，双调。②沙湖：地名，在黄州城东南30里。苏轼被贬黄州后，准备在沙湖买田终老。这首词是去沙湖看田归途遇雨后所作。③已而：不久，过一会。④吟啸：吟咏长啸。⑤芒鞋：指草鞋。⑥一蓑：蓑衣，用棕毛制成的雨披。⑦料峭：微寒的样子。⑧斜照：偏西的阳光。⑨萧瑟：风吹雨落的声音。⑩也无风雨也无晴：风雨天气和晴朗的天气是一样的，没有差别。

**译文：**

不用理会那穿林打叶的声音，不妨一边吟咏长啸，一边悠然地行走。竹杖和草鞋轻捷得胜过马，怕什么！一身蓑衣，可在风雨中过上一生。

我的酒意被略带寒意的春风吹醒，有几分寒意，山头初晴的斜阳却相迎而来。回首走过的遇到风雨的地方，我信步归去，对我来说风雨天气和晴朗的天气没有任何差别。

**赏析：**

本诗通过途中偶遇风雨这一生活小事，表现了作者虽处逆境也毫不畏惧、颓丧的倔强与旷达，风趣幽默，毫无羁旅飘泊、宦途失意、抱负莫展的抑郁悲苦。“也无风雨也无晴”更是一种宠辱不惊、物我两忘的人生境界，是一种大彻大悟、回归自然的大智慧。

**作者：**

苏轼（1037—1101），字子瞻（zhān），号东坡居士，世称“苏东坡”“苏仙”，眉州眉山（今属四川省）人，北宋文学家、书法家、画家，“唐宋八大家”之一，曾任翰林侍读学士、礼部尚书等职。苏轼诗、词、散文、书、画等方面造诣都极高。他的诗题材广阔，清新豪健，独具风格，与黄庭坚并称“苏黄”；词开豪放一派，与辛弃疾并称“苏辛”；散文豪放自如，与欧阳修并称“欧苏”，为“唐宋八大家”之一；善书法，与黄庭坚、米芾、蔡襄并称“宋四家”；工于画，尤擅墨竹，主张神似，提出“文人画”概念。有《东坡七集》等传世。

## 【说文解字】

**字源：**

智，与“知”同源，表示智慧。

**释义：**

知，同“智”，智慧。字形采用“白”“亏”“知”会意。

**演变：**

| 甲骨文 | 金文 | 篆书 | 隶书 | 草书 | 楷书 | 行书 |
| --- | --- | --- | --- | --- | --- | --- |
|  |  |  |  |  |  |  |

## 【乾坤通识】

### 三十六计

《三十六计》又称“三十六策”，是指我国古代三十六个用兵策略，大约成书于明清时期，它是根据我国古代的军事思想和斗争经验总结而成的兵书，是我国古代兵家计谋和军事谋略学的宝贵遗产。

《三十六计》原书按计名排列为胜战计、敌战计、攻战计、混战计、并战计、败战计共六套。每套包含六计，总共三十六计：金蝉脱壳（qiào）、抛砖引玉、借刀杀人、以逸待劳、擒（qín）贼擒王、趁火打劫、关门捉贼、浑（hún）水摸鱼、打草惊蛇、瞒天过海、反间计、笑里藏刀、顺手牵羊、调虎离山、李代桃僵、指桑骂槐、隔岸观火、树上开花、暗渡陈仓、走为上、假痴不癫（diān）、欲擒故纵、釜（fǔ）底抽薪、空城计、苦肉计、远交近攻、反客为主、上屋抽梯、偷梁换柱、无中生有、美人计、借尸还魂、声东击西、围魏救赵、连环计、假道伐虢（guó）。为便于熟记，有学者在三十六计中各取一字组成一首诗：“金玉檀公策，借以擒劫贼，鱼蛇海间笑，羊虎桃桑隔，树暗走痴故，釜空苦远客，屋梁有美尸，击魏连伐虢。”

## 【知学思考】

1. 为什么说“三十六计，走为上计”？哪些情况下可运用“走为上计”？你在现实生活中运用过“走为上计”吗？

2. 阅读《拔苗助长》寓言，思考：农夫拔苗助长明智吗？为什么？他犯了什么错误？

从前，宋国有个农夫总嫌田里的秧苗长得太慢。他成天围着那块田转悠，想着用什么办法可以让苗长得快一些。有一天，他终于想出了一个办法："把秧苗往上拔，不就一下子长高了吗？"说干就干，他立即动手把秧苗一棵一棵拔高，从早上一直拔到中午才完成。他筋疲力尽地回到家里，洋洋得意地说："我们田里的秧苗一上午就长高了一大截！"他的儿子觉得很奇怪，拔腿就往田里跑。到田边一看，糟了，秧苗全枯萎了！

## 【知行合一】

1. 向家人和朋友讲述《空城计》的故事，学习诸葛亮临危不惧、从容应对、以智取胜的大智慧。

2. 吟诵苏轼的《定风波·莫听穿林打叶声》，学习其处逆境、遭挫折时仍然不畏惧、不颓丧的坚强意志和旷达胸怀。

3. 和父母、朋友一起理解、书写"智""勿以恶小而为之，勿以善小而不为"。

4. 素养提升训练：

（1）阅读"凡事豫则立，不豫则废"，你在做一件重要的事情前会精心准备吗？选取某个事例写一篇生活日记。

（2）阅读理解"勿以恶小而为之，勿以善小而不为"，联系实际讲述或记叙一则故事。

5. 家庭小测试："三十六计"知多少？

第二十九课 应变

【历史典故】

## 田忌赛马

战国时，齐国的大将田忌很喜欢赛马。有一次，他和齐威王赛马，双方商定把各自的马分成上、中、下三等，比赛的时候上马对上马，中马对中马，下马对下马。齐威王的马都比田忌的马强健，赛了几场，田忌全败了。

田忌很扫兴，垂头丧气[①]，比赛还没有结束就准备离开赛马场。这时，他的好友孙膑[②]走来劝阻说："我刚才看了赛马，威王的马比你的马快不了多少，你还是有胜算的。"田忌气呼呼地说："想不到你也来挖苦我！"孙膑说："我不是挖苦你，你们两个再赛一次，我有办法让你赢。"田忌疑惑地问："你是说另换几匹马来？"孙膑摇头说："一匹马也不用换。"田忌毫无信心地说："那不还是要输！"孙膑胸有成竹地说："你按我的安排办就行了。"

齐威王屡战屡胜，洋洋得意，看见田忌和孙膑迎面走来，就讥讽道："难道你输得不服气？"田忌说："当然不服气，咱们再赛一次！"

一声锣响，比赛开始了。孙膑先以下等马对齐威王的上等马，第一局输了。第二场孙膑以上等马对齐威王的中等马，胜了一局。第三场，孙膑以中等马对齐威王的下等马，又胜了一局。三局两胜，齐威王目瞪口呆[③]了。同样的马匹，调换了一下比赛的出场顺序，结果就截然不同了。

**注释：**

①垂头丧气：形容因失败或不顺利而情绪低落、萎靡不振的

样子。垂头，耷（dā）拉脑袋；丧气，神情沮丧。②孙膑：战国中期军事家。③目瞪口呆：形容因吃惊或害怕而发愣的样子。

**启示：**

在战斗和比赛中，要知己知彼，扬长避短，沉着应对，善于分析敌我双方的优势和劣势，善于取舍和布局，以己之长攻敌之短，出奇招反败为胜。

## 【典籍阅读】

### 1. 启蒙阅读：

行高[①]者，名自高，人所重，非貌高。才大者，望[②]自大，人所服[③]，非言大[④]。

——《弟子规》

**注释：**

①行高：品行高洁。②望：声望，名望。③服：敬佩，钦佩。④言大：说大话，夸夸其谈。

**译文：**

品行高洁的人，自然拥有名望，大家敬重的是他的德行，而非外表容貌。才学博大精深的人，声望自然高，人们钦佩的是他的才学和能力，而不是他的夸夸其谈。

### 2. 进士阅读：

子[①]绝[②]四：毋意[③]，毋必[④]，毋固[⑤]，毋我[⑥]。

——《论语·子罕》

**注释：**

①子：指孔子。②绝：杜绝，摒弃。③毋意：不主观臆（yì）断。④毋必：不持绝对的态度，要能因时变通。⑤毋固：不固执拘泥。⑥毋我：无私见，不自以为是。

**译文：**

孔子杜绝四种毛病：不主观臆断，不绝对化不知变通，不固执拘泥，不自以为是。

假[①]舆马[②]者，非利足[③]也，而致[④]千里；假舟楫(jí)[⑤]者，非能水[⑥]也，而绝[⑦]江河。君子生(xìng)非异[⑧]也，善假于物[⑨]也。

——战国·荀子《劝学》

**注释：**

①假：借助，利用。②舆马：车马。③利足：脚走得快。④致：到达。⑤舟楫：船和桨。⑥能水：善于游水。水，游泳。⑦绝：横渡。⑧生非异：本性（同一般人）没有差别。生，通“性”，资质、禀赋。⑨物：外物，指各种客观条件。

**译文：**

借助车马的人，并不是脚走得快，却可以到达千里之外；借助舟船的人，未必善于游泳，却可以横渡江河。君子的资质、禀赋同一般人没有差别，只是善于借助外物罢了。

## 【明德养正】

田忌赛马主要讲述了齐国大将田忌与齐威王举行赛马比赛并反败为胜的故事，是中国历史上广为流传的以己之长攻敌之短的事例。孙膑的计谋之所以能够成功，是因为他事先已了解了齐威王与田忌的赛马规则以及双方马的优劣，并在比赛中力避锋芒，利用己方的长处来对抗对方的短处，可谓“知己知彼，百战不殆。”

田忌赛马蕴藏着很多智慧：无论是在战斗还是比赛中，我们都要善于思考，善于观察。了解和分析敌我的优劣势，学会取舍，懂得在劣势中找到优势，以己之长攻敌之短，出奇制胜。

## 【书香家学】

吾生不学书，但读书问字而遂知耳。以此故不大工，然亦足自辞解。今视汝书，犹不如吾。汝可勤学习，每上疏[①]宜自书，勿使人也。汝见萧、曹、张、陈诸公侯，吾同时人，倍年[②]于汝者，皆拜。并语于汝诸弟。

——西汉・刘邦《手敕[③]太子书》

**注释：**

①上疏：臣下向皇帝进呈奏章。②倍年：年龄大一倍。③手敕：手诏。

**译文：**

我平生没有多少学问，不过在读书问字时知道一些罢了。因此文词写得不大工整，但也还可以表达自己的意思。现在看你写的文字，还不如我。你应该勤奋学习，每次上的奏章要自己写，不要让别人代笔。你见到萧何、曹参、张良、陈平这些我同辈的公侯，岁数比你大一倍的长者，都要拜他们为师。你也要把这些话告诉你的弟弟们。

## 【诗文吟诵】

### 观书有感·其一

南宋·朱熹

半亩方塘[1]一鉴[2]开，天光云影共徘(pái)徊[3]。
问渠(qú)[4]那得[5]清如许[6]？为(wèi)[7]有源头活水[8]来。

**注释：**

①方塘：又称半亩塘，在福建尤溪城南郑义斋馆舍（后为南溪书院）内。②鉴：镜子。指像镜子一样可以照人。③徘徊：来回移动。④渠：指方塘之水。⑤那得：怎么会。那，通“哪”。⑥清如许：这样清澈。⑦为：因为。⑧源头活水：喻指事物发展的源泉和动力。

**译文：**

半亩大的方塘如同一面镜子，展现在眼前，天上光和云的影子在水面闪耀浮动。

要问池塘里的水为何如此清澈，是因为有源头不断地为它输送活水。

**赏析：**

这是一首说理诗，作者以景喻理，形象生动，内涵丰富，寓意深刻，表达了微妙而又令人愉悦的读书感受。“问渠那得清如许，为有源头活水来”两句预示人们，要想心灵澄明，就要不断读书，不断获得新的知识、汲取新的营养，才能达到至高的境界。

**作者：**

朱熹（1130—1200），字元晦（huì），号晦庵，徽州婺（wù）源（今属江西省）人，南宋哲学家、教育家、文学家，曾任焕（huàn）章阁待制兼侍讲等职。朱熹是闽学派的代表人物，儒学集大成者，后世尊称为朱子。他著述颇丰，其中《四书章句集注》成为钦定的教科书和科举考试的标准。有《朱文公文集》。

## 【说文解字】

**字源：**

变，是“變”字的简体字。變，金文[金文字形] = [金文字形]（䜌，表示舞队连续不绝变化）+ [金文字形]（是攵字，象跳舞行走）。

**释义：**

由舞列反复变形，而表示变更、变化、改变。

**演变：**

| 甲骨文 | 金文 | 篆书 | 隶书 | 草书 | 楷书 | 行书 |
|---|---|---|---|---|---|---|
| 缺 | 變 | 變 | 變 | 变 | 变 | 变 |

## 【乾坤通识】

### 孙子兵法

《孙子兵法》又称《孙子》《吴孙子》《孙武兵法》等，是世界现存最古老的军事理论著作，作者为春秋时期吴国将军孙武。本书共十三篇，分别为计、作战、谋攻、形、势、虚实、军争、九变、行军、地形、九地、火攻、用间。该书总结了春秋末期及以前的战争经验，揭示了一系列带普遍性的军事规律，如“知彼知己，百战不殆”“不战而屈人之兵”“攻其无备，出其不意”“致人而不致于人”等，形成了系统的军事理论体系，后被称为“兵经”，备受国内外推崇。《孙子兵法》主要内容归纳如下：

**始计篇**　庙算，即出兵前在庙堂上分析双方战争条件，估算战事胜负的可能性，并制订作战计划。

**作战篇**　庙算后的战争动员，着重分析战争与经济的关系。

**谋攻篇**　以智谋攻城，采用各种手段使守敌投降。

**军形篇**　客观、稳定、易见的因素，如战争的物质准备等。

**兵势篇**　主观、易变、带有偶然性的因素，如士气的高低等。

**虚实篇**　如何通过分散集结、包围迂回，造成预定会战地点上的我强敌弱，以多胜少。

**军争篇**　如何通过“以患为利”等争得战争先机。

**九变篇**　将军根据不同情况采取不同的战略战术。

**行军篇**　如何在行军中宿营和观察敌情。

**地形篇**　六种不同的作战地形和相应的战术要求。

**九地篇**　九种作战环境及相应的战术要求。

**火攻篇**　用火助攻与“慎（shèn）战”思想。

**用间篇**　五种间（jiàn）谍（dié）的配合使用。

## 【知学思考】

1.“田忌赛马”反败为胜的原因是什么？

2.《孙子兵法》既然是军事谋略的理论，为什么一再强调“慎战”？

3.情景思考：叶姿为什么起初不愿意搬新家？你能理解她吗？如果换成你也会这样吗？为什么？

叶姿要搬新家了，她却很不愿意，新家装潢（huáng）得很豪华，但没有专门的书房，连她心爱的文房四宝都没有一个合适的摆放处。后来叶姿的爸爸将一间小卧室改成古色古香的书房，还购置了一个用于摆放文房四宝的博古架，叶姿高高兴兴地和家人一起住进了新家。

## 【知行合一】

1.讲述《田忌赛马》的故事，理解、熟记“知彼知已，百战不殆”。

2.和家人一起吟诵、背诵朱熹的《观书有感·其一》，说说读书有哪些好处，我们应该阅读哪些书，列一个阅读书目清单，听听父母和老师的建议后，再到书店购买或到图书馆借阅。

3.和父母、朋友一起理解、书写“变”“假舆马者，非利足也，而致千里；假舟楫者，非能水也，而绝江河”。

4.素养提升训练：

（1）阅读“君子生非异也，善假于物也”，你有没有因“善假于物”而成功地做成了某事？

（2）阅读理解“问渠那得清如许，为有源头活水来”，联系实际写一篇读后感。

5.家庭讨论会：领会“假舆马者，非利足也，而致千里；假舟楫者，非能水也，而绝江河。君子生非异也，善假于物也”的意思，联系生活实际，说说平时哪些方面是属于“善假于物”的。

6.在家里书桌上摆上文房四宝，经常观赏和使用，提高家庭的书香味和自身的人文品味。

7.阅读《曹冲称象》的故事，想想自己有没有运用智慧解决生活中难题的经历。

三国时候，魏王曹操的小儿子名叫曹冲，他自幼聪明伶俐，智慧过人。有一天，吴王孙权派人给曹操送来了一头大象作为礼物。曹操第一次见到这样的庞然大物，就问吴使：“这头大象究竟有多重呢？”吴使回答：“我国从来没有称过大象，也没有办法称，所以不知道大象有多重。早就听说魏王才略过人，手下谋士众多，请您想个办法称称大象的重量，也让我等领教一下北方大国的风范。”

曹操顿时明白这是孙权给他出的一道难题，于是召集群臣想办法。大家绞（jiǎo）尽脑汁，想不出一个切实可行的办法。就在大家一筹莫展之际，小曹冲走到曹操身边说道：“父王我有办法，先把大象牵到船上，在船舷齐水处作个记号，再将大象牵上岸，把砂石运到船上去，一直装到与船舷记号相平为止，然后把石头一担一担地称一称，把这些重量加起来，不就知道大象的重量了吗？”

曹操听了大喜，众人无不对曹冲的聪慧赞叹不已。就这样，大象的重量终于被称出来了。

第三十课　力行

【历史典故】

## 纸上谈兵①

赵括是战国时期赵国名将赵奢的儿子，从小读了不少兵书，认为自己在军事上已经天下无敌了。然而赵奢却认为自己的儿子对待打仗太过草率，若日后他当了将军，一定会给赵国造成严重的后果。所以，赵奢从不向赵王举荐赵括。

过了几年，赵奢逝世。这一年，秦国派大将白起率大军进攻赵国，赵国派老将廉颇（pō）率军迎敌连连失利。面对强大的秦军，廉颇改变作战方针，下令坚守城池，拖垮秦军。秦军的粮草渐渐接不上，十分恐慌，于是施展计谋，争取速战速决。白起派人悄悄潜入赵国散布流言说：“廉颇已老，毫无斗志。秦军谁都不怕，就怕将门虎子赵括。”

赵王正为廉颇毫无进展而闷闷不乐，听到流言，便要撤掉廉颇，派赵括前去统帅军队。赵括的母亲记住丈夫生前的嘱咐，极力劝阻，可赵王坚持让赵括取代廉颇。赵括一到前线，立即改变了廉颇的策略，大量撤换将官，弄得人心惶惶②。秦军得知这些情况，深夜派兵偷袭赵营，然后佯（yáng）装不敌败走，同时又派兵乘机切断了赵军的粮道。赵括还以为秦军真的是败逃，命令部队紧紧追击。结果，赵军被秦军伏兵拦腰截断，首尾不能相顾。秦军一齐杀出，赵军被团团围住。

赵军被秦军围困 40 多天，粮食已尽，又没有接应，一时军心大乱。赵括一筹莫展③，继续守下去也会被活活饿死，便率军仓皇突围，秦军四面掩杀，赵括被乱箭射死，赵军大败，赵国从此一蹶不振④。

**释义：**

①纸上谈兵：在纸面上谈论打仗。比喻空谈理论，不能解决实际问题。也比喻空谈不能成为现实。　②人心惶惶：人们心中

惊惶不安。惶惶，也作“皇皇”，惊惶不安的样子。③一筹莫展：一点计策也施展不出，一点办法也想不出。④一蹶（jué）不振：一跌倒就再也爬不起来。比喻遭受一次挫折以后就再也振作不起来。蹶，栽跟头。振，振作。

**启示：**

不重视实践，毫无实战经验，只在文字上谈用兵策略、空发议论，最终会误了大事，甚至误国害己。做任何事，都要理论联系实际，切不可热衷于脱离实际的夸夸其谈。

## 【典籍阅读】

### 1. 启蒙阅读：

不力行[①]，但学文，长浮华[②]，成何人。但力行，不学文，任[③]己见，昧[④]理真。

——《弟子规》

**注释：**

①力行：努力实践。②浮华：讲究表面上的华丽或阔气，不务实际。③任：由着，听凭。④昧：蒙蔽，掩蔽。

**译文：**

凡事不能身体力行，一味死读书，纵然有些知识，只是增长浮华的习气，怎能为人才。反之，如果只是一味埋头苦干，而不读书学习，只凭自己的意见做事，就会蒙蔽真理，这也是不对的。

### 2. 进士阅读：

子路[①]有闻，未之能行，唯恐有闻。

——《论语·公冶长》

**注释：**

①子路：仲由，字子路，又字季路，孔子的弟子。

**译文：**

子路在听到一条道理，还没能亲自实行前，唯恐又听到新的道理。

不闻不若闻之，闻之不若见之，见之不若知之，知之不若行[①]之。学至于行之而止[②]矣。

——《荀子·儒效》

**注释：**

①行：实际做，实践。②止：停止。

**译文：**

没有听到不如听到，听到不如见到，见到不如了解到，了解到不如实践过。学问到了实践，就达到了极点。

## 【明德养正】

赵括只会不切实际地纸上谈兵，赵王对将帅未经考察并不听劝告委以重任，结果招致惨败，重创了赵国的元气。《纸上谈兵》的故事告诫我们，有理论知识而没有实践经验，只会夸夸其谈，根本无法解决实际问题，并会给国家、社会、家庭和自身带来灾难。正如陆游所言："纸上得来终觉浅，绝知此事要躬行。"明代哲学家、教育家王阳明提出，教育要"知行合一"，经世致用，理论联系实际。我们应高度重视理论联系实际，勇于实践，勤于实践，善于实践，将书本上学到的知识用来解决实际生活中遇到的问题。

## 【书香家学】

玉不琢，不成器；人不学，不知道。然玉之为物，有不变之常德[①]，虽不琢以为器，而犹不害为玉也。人之性，因物则迁[②]，不学，则舍君子而为小人，可不念[③]哉？

——北宋·欧阳修《诲学说》

**注释：**

①常德：始终不变的品德。②迁：变动。③念：思考，深思。

**译文：**

玉石不打磨雕刻，不能成为精美的玉器；人若是不学习，不会明白道理。然而玉有着永恒不变的特性，即使不制作成器物也依然是玉，它的特性没有受到损伤。人的本性，如果受到外界事物的影响就会发生变化，如果不学习，就会失去君子的高尚情操，变成品行恶劣的小人，这难道不值得深思吗？

## 【诗文吟诵】

### 冬夜读书示[①]子聿[②]

南宋·陆游

古人学问无遗力[③]，少壮工夫[④]老始成。

纸[⑤]上得来终[⑥]觉浅[⑦]，绝[⑧]知此事要躬行[⑨]。

**注释：**

①示：训示、指示。②子聿：陆子聿，陆游的小儿子。③无遗力：用出全部力量，没有一点保留。遗，保留，存留。④工夫：做事所耗费的时间。⑤纸：书本。⑥终：到底，毕竟。⑦浅：肤浅，浅薄。⑧绝：很、甚。⑨躬行：亲身实践。

**译文：**

古人做学问尽心尽力，往往年轻时开始努力，到老年才取得成就。

从书本上得来的知识毕竟是肤浅的，清楚地知道做学问需要亲身实践。

**赏析：**

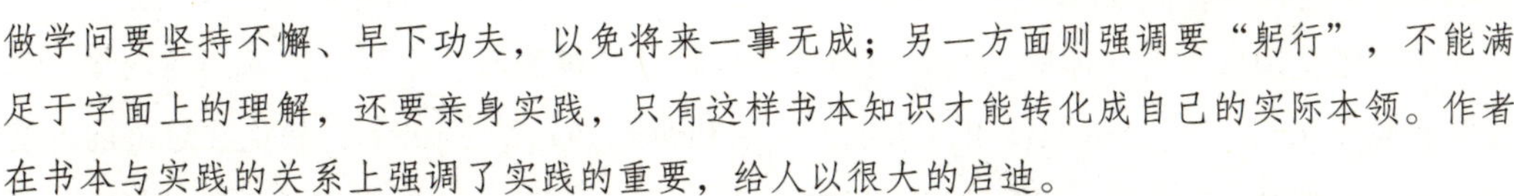

这是一首通俗易懂的训子劝学诗。作者一方面强调做学问要坚持不懈、早下功夫，以免将来一事无成；另一方面则强调要“躬行”，不能满足于字面上的理解，还要亲身实践，只有这样书本知识才能转化成自己的实际本领。作者在书本与实践的关系上强调了实践的重要，给人以很大的启迪。

**作者：**

陆游（1125—1210），字务观，号放翁，越州山阴（今浙江绍兴）人，南宋文学家、史学家、爱国诗人，曾任严州知州、秘书监等职。陆游诗、词、文、书法成就都很高，其诗章法谨严，语言平易晓畅，兼具李白的雄奇奔放与杜甫的沉郁悲凉，尤以饱含的爱国热情对后世影响深远。有《陆放翁全集》。

## 【说文解字】

**字源：**

行，甲骨文 ，表示通达的道路。

**释义：**

行，名词用作动词，在四通八达的路上行走。字形采用“彳”“亍”会意。

**演变：**

| 甲骨文 | 金文 | 篆书 | 隶书 | 草书 | 楷书 | 行书 |
|---|---|---|---|---|---|---|
| | | | | | | |

## 【乾坤通识】

### 四大发明

我国古代“四大发明”指的是对世界具有很大影响的四种发明，即造纸术、指南针、火药和印刷术，是中华民族对世界文明的重大贡献。

指南针，指示方位的一种简单仪器，常用于航海、旅行和行军。指南针的主要组成部分是一根可以转动的磁针，磁针在地磁作用下可以自由转动并能保持在磁子午线平面内，利用这一性能，可以辨别方向。

火药，可由火花、火焰或点火器材引燃，能在没有外界助燃剂的参加下进行迅速而有规律的燃烧并放出大量气体和热的药剂。自秦汉以来，道教炼丹家用硫（liú）黄、硝（xiāo）石等物炼丹，从偶然发生的爆炸现象中找到了火药的配方，它是硝石、硫黄和木炭这三种物质混合制成的，当时这三种东西可作为药物治病，所以取名“火药”。

造纸术，纸是用以书写、印刷、绘画或包装等的片状纤维制品。中国古代常用石灰水或草木灰水为丝麻脱胶（jiāo），这给造纸技术以启示。东汉和帝元兴元年（105），蔡伦在总结前人造纸经验的基础上，用树皮、破渔网、破布、麻头等作原料，制造出了适合书写且造价低廉的植物纤维纸，使纸张成为普遍使用的书写材料。

印刷术，始于隋朝的雕版印刷，雕版印刷是用刀在木板上雕刻成凸出来的反写字，然后再上墨印到纸上。后来，北宋刻字工人毕昇（shēng）在胶泥上刻上反写的单字，然后放在土窑（yáo）里用火烧硬，形成活字。然后按文章内容，将字依次排列，放在事先做好的印版上，再在火上加热使凝固剂软化，把字模压平，冷却固定后用于印刷。印刷结束后再加热，把活字取下，还可再次使用，这就是活字印刷术。

## 【知学思考】

1. 你有没有运用书本上的知识解决生活中难题的经历？
2. “知行合一”是明代思想家、教育家王阳明提出的教学理念，请你对照“纸上谈兵”的故事谈谈体会。

## 【知行合一】

1. 向家人和朋友讲述《纸上谈兵》的故事，懂得知行合一的重要性。
2. 和家人一起吟诵、背诵陆游的《冬夜读书示子聿》，懂得读书要趁年轻，还要知行合一，理论与实际相结合的道理。
3. 和父母、朋友一起理解、书写“行”“人之性，因物则迁，不学，则舍君子而为小人”。

4. 素养提升训练：

（1）造纸术是我国的四大发明之一。纸是由树木纤维而来，浪费纸就等于是毁坏树木。你平时都是如何节约用纸的呢？请结合自身经历写一篇生活日记。

（2）联系实际，理解“纸上得来终觉浅，绝知此事要躬行”的意思，讲述或记叙一则故事。

5. 家庭小测试：各自将自己心中“最有智慧的名人”的名字写在纸条上，然后一起打开纸条对照，看看有没有相同的名字。

6. 家庭讨论会：用逆向思维描述：“假如世界上没有造纸术、印刷术、指南针和火药，那么人类社会将会是怎样的？”

7. 阅读《刻舟求剑》的故事，思考：这位楚国人顺着他刻有记号的地方下水去找剑，为什么找不到？这则寓言给我们哪些启发？

有一个楚国人出门远行。他在乘船过江的时候，不小心把随身带着的剑落到了江中的急流中。船上的人都大叫：“剑掉进水里了！”这个楚国人不慌不忙拿出一把小刀在船舷上刻了个记号，然后回头对大家说：“这是我的剑掉下去的地方。”众人疑惑不解地望着那个刀刻的印记。有人催促他说：“快下水去找剑呀！”楚国人自信地说：“慌什么，我有记号呢！”船继续前行，又有人催他说：“再不下去找剑，这船越走越远，当心找不回来了。”楚国人轻蔑地说：“用不到你们着急，没看见我有记号刻在船舷上吗？”

直至船行到岸边停下后，这个楚国人才顺着他刻有记号的地方下水去找剑。他在水中找来找去，怎么也找不到那把剑。于是，他浮出水面抚摸着船舷上的记号满脸疑惑地说：“我的剑明明是从这儿掉下去的，怎么找不到了呢？”

# 本单元教学建议

**◎教学目标**

学习以“智”为主题的历史典故，诵读与讲解国学典籍，启迪智慧，向往智慧，掌握通往智慧之门的钥匙。

**◎教学重点**

1. 了解《幼学琼林》《朱子家训》等启蒙国学典籍的总体特征和主要内容。
2. 理解并初步掌握“智”的概念、历史典故、古诗词、家训、汉字渊源等。
3. 了解一些我国传统文化通识。

**◎教学难点**

理解“智”的内涵，勤学励志，善于思考，勤于实践。

**◎广览博学**

1. 搜索、阅读《幼学琼林》。
2. 搜索、阅读《朱子家训》。
3. 搜索、选读《楚辞》。
4. 搜索、选读《周易》。
5. 搜索、选读《老子》。
6. 搜索、选读《尚书》。
7. 搜索、阅读《三国演义》。
8. 搜索、阅读《红楼梦》。

第六单元
信

# 本单元概述

“诚信者，天下之结也。”（《管子》）信的基本释义是诚实、不欺骗、可靠。儒家把信作为立国、治国的根本，要求人们按照礼的规定互守信用，借以调整统治阶级之间、对立阶级之间的矛盾。儒家还把信作为立身、立业之本，“人无信而不立”，信既是儒家实现仁这个道德原则的重要条件之一，又是其道德修养的重要内容之一。

信，本义为诚实、真诚、信用、崇奉，后来成了“五常”之一的道德范畴——诚实不欺、遵守诺言、善始善终的品德。孔子把信作为仁的重要表现之一，认为信是儒家恪（kè）守的做人基本原则，即待人真诚，有信用，并且符合道义，“信近于义，言可复也”（《论语·学而》）。孟子把“朋友有信”纳入五伦之中，使信在人伦关系中的价值和作用得到了肯定。西汉时期，董仲舒在《举贤良对策》中谓：“仁、义、礼、智、信五常之道”，首次将这五者并而论之，称之为常恒不变之道。在儒家看来，诚信是“格物致知”和“修齐治平”最基本的前提，是为人处世最起码的条件。对个人来说，诚信是一种美德，是个人自我修养的基本准则。“主忠信，徙义，崇德也。”（《论语·颜渊》）对国家来说，诚信是为政的基本准则。孔子说：“道千乘之国，敬事而信，节用而爱人，使民以时。”（《论语·学而》）“足食，足兵，民信之矣……民无信不立。”（《论语·颜渊》）孟子提出：“不信仁贤，则国空虚。”（《孟子·尽心上》）把诚信看作是为政治国的一个基本条件。朱熹提出：“诚是自然底实，信是人做底实”（《朱子语类》卷六），信，一种必须兑（duì）现的承诺，故在许诺他人之时先要“度其事之合义与不合义”（《朱子语类》卷二十二），合义则诺，不合义则不可轻诺。

本单元的主题是“信”，安排了“真诚”“守信”“重诺”“信义”“担当”“忠信”六篇课文。课程内容和教学目标，是引导学员了解信的基本概念、守信的言行和现实意义。通过学习《季札挂剑》《曾子杀猪》《千里赴约》《急不相弃》《千里送鹅毛》《立木为信》等历史典故，阅读《弟子规》《三字经》《千字文》《中庸》《论语·卫灵公》《论语·为政》《论语·子张》《论语·颜渊》《易传·系辞传上》、张载《横渠语录》、欧阳修《朋党论》等有关信的内容，接触《琅琊王氏家训》、纪昀（yún）《训大儿》《曾国藩家书》《孔子家语·儒行解》、吕本中《童蒙训》、羊祜（hù）《诫子书》等书香门第、名门望族的家学文化，吟诵王维《九月九日忆山东兄弟》、赵师秀《约客》、骆宾王《在狱咏蝉》、刘禹锡《陋室铭》、李清照《题八咏楼》、程颢《秋日偶成》等古诗文，明白信是儒家理想人格的重要品质之一，是立身、立业和立国、治国的根本；通过“明德养正”教学，懂得“人无信而不立”、诚信要“从小从今做起”，做人要“勇于担当责任”，做事要“善始善终”；通过了解五德之禽、柜坊与交子、五湖四海、忠义之犬、三山五岳、春联习俗等通识，知道世代流传的通用常识，以扩大知识面。

第三十一课　真诚

【历史典故】

## 季札挂剑

春秋时期，吴国公子季札是个讲信义、重友情、很有诚信的人。有一次，他出使晋国，中途经过徐国，便去拜见徐国国君。两人闲谈时，徐国国君流露出很喜欢他所佩的宝剑，但始终没有开口索要。季札明白他的心思，因为出使晋国必须带上佩剑，所以心里已决定等出使回来时将此剑赠给他。

季札完成使命归国时经过徐国，但此时国君已经辞世，他便将宝剑赠送给国君的继承人。季札的随从阻止说："此剑是吴国的宝贝，不应用来送人，徐国国君并未开口索求宝剑，更何况他已不在人世了，何必还要赠送宝剑呢？"季札说："上次我从他的眼神中知道他很喜欢此剑，我打算出使回来送给他，如今他去世了我便不赠送，那是不讲诚信。君子待人一定要真诚，心里的承诺也一样要兑现。"季札坚持取下佩剑送给徐国嗣君，但嗣君推辞说："先君没有遗命，我不敢接受您这么贵重的宝剑。"季札见嗣君坚辞不受，就亲自到徐国国君陵墓前祭拜，并将宝剑挂在的墓旁的树上，然后辞别而去。

徐国人作歌称赞季札道："延陵季子[①]兮不忘故，脱千金之剑兮带丘墓。"意思是说，延陵季札公子不忘故友旧情，坚守信用解下千金之剑挂于徐国国君的陵墓边。

**注释：**

①延陵季子：季札，春秋时期吴国人，因封地延陵而得名延陵季子。

**启示：**

宝剑值千金，而真诚守信比千金更贵重，后人把这种真诚守信的行为称为“一诺千金”。

## 【典籍阅读】

### 1. 启蒙阅读：

凡出言，信为先，诈[①]与妄[②]，奚[③]可焉[④]？话说多，不如少，惟其是，勿佞巧[⑤]。刻薄语，秽污词，市井气，切戒之。

——《弟子规》

**注释：**

①诈：欺骗，不诚实。②妄：胡乱，荒诞不合理。③奚：疑问代词，怎么。④焉：句末语气词，啊，呢。⑤佞巧：谄佞巧诈。

**译文：**

凡开口说话，要以诚信为先，欺骗和花言巧语怎么可以呢？话多不如话少，言多必失，说话要恰到好处，不要花言巧语，好听却靠不住。尖酸刻薄之语、污秽不堪之语以及粗俗无赖的习气，一定要戒除。

### 2. 进士阅读：

子曰：“人而无信[①]，不知其[②]可[③]也。大车无輗（ní）[④]，小车无軏（yuè）[⑤]，其何以[⑥]行之[⑦]哉？”

——《论语·为政》

**注释：**

①信：信用。②其：代词，他。③可：可以。④輗：古代大车辕端用来连接、固定横木或车轭（è）的部件。⑤軏：古代车辕与横木相连接的关键。⑥何以：以何，凭什么。⑦之：音节助词，无实义。

**译文：**

孔子说：“人如果没有信用，不知道他还可以做什么。（就像）大车、小车没有车辕与轭相连接的关键，它靠什么行走呢？”

诚者，天之道也。诚之者，人之道也。诚者，不勉而中[①]，不思而得，从容中道，圣人也。诚之者，择善而固执[②]之者也。

——《礼记·中庸》

**注释：**

①不勉而中：不用努力就能符合“诚”。中，恰好合乎。②执：握住。

**译文：**

真诚是上天赋予人的道理，而努力达到"诚"则是人道。真诚的人，不用努力就能符合"诚"，不用思考就能拥有，自然而然就符合天道，这样的人是圣人。努力追求真诚的人，选择至善的道德，并且坚守不渝。

## 【明德养正】

季札是一个品德高尚的人，正直、诚实而守信。季札挂剑的故事，也许最能表达古人对于友情及诚信的理解。孔子说："人而无信，不知其可也。"为人处世，如果连最基本的诚信都没有，那在世间也就很难有立足之地了。

## 【书香家学】

夫[①]言行可覆[②]，信之至[③]也；推美引过[④]，德之至也；扬名显亲[⑤]，孝之至也；兄弟怡(yí)怡[⑥]，宗族欣欣，悌之至也；临财[⑦]莫过乎让。此五者，立身之本。

——《琅琊王氏家训》

**注释：**

①夫：发语词。②覆：审查，检验。③至：极，最。④推美引过：推崇美德，承认过失。⑤扬名显亲：使双亲显耀，名声传扬。亲，父母。 ⑥怡怡：和悦相亲的样子。 ⑦临财：面对财物。

**译文：**

说话做事经得起检验，这是诚信的最高境界；推崇美德，承认过失，这是德行的最高境界；为国建功立业使自己成名，让父母感到荣耀，这是孝敬的最高境界；兄弟之间和悦相亲，家族成员和睦相处，这是友爱的最高境界；面对财富最重要的是谦让。这五个方面，是立身处世的根本。

## 【诗文吟诵】

### 九月九日[①]忆山东[②]兄弟

唐·王维

独在异乡[③]为异客[④]，每逢佳节倍思亲。

遥知兄弟登高处，遍插茱萸[⑤]少一人。

**注释：**

①九月九日：即重阳节。古人有在重阳节登高、佩带茱萸、饮菊花酒的习俗。②山东：指华山以东，王维的家乡就在这一带。③异乡：他乡，外乡。④异客：作客他乡的人。⑤茱萸：一种有浓烈香气的植物。古时人们认为重阳节插戴茱萸可以避邪。

**译文：**

独自远离亲人客居在陌生的地方，每到节日时就会加倍思念远方的亲人。

远远想到重阳节兄弟们登上高处，亲人们插戴茱萸时会因为少我一人而产生牵挂之情。

**赏析：**

此诗是作者在重阳节思念家乡的亲人而作。王维为了功名而客居长安，帝都虽然繁华，充满吸引力，但毕竟是举目无亲的异地，长期远离亲人难免感到自己是漂浮在异地的一叶浮萍。在王维的家乡，重阳节有登高插戴茱萸的习俗，此时他遥想兄弟们登高插戴茱萸时，却发现少了一位兄弟——自己不在内。

**作者：**

王维（约 701—761），字摩诘（jié），河东蒲州（今山西永济）人，唐代诗人、画家，历任右拾遗、监察御史、尚书右丞，故世称“王右丞”。王维深受佛家思想影响，他的诗中蕴含着俊逸明秀、空灵澄澈的禅学意境，被后世称为“诗佛”，与“诗仙”李白、“诗圣”杜甫、“诗王”白居易齐名。他的画特臻（zhēn）其妙，后人推其为南宗山水画之祖。苏轼评价道：“味摩诘之诗，诗中有画；观摩诘之画，画中有诗。”有《王右丞集》。

## 【说文解字】

**字源：**

诚，是“誠”字的简体字。誠，金文誠＝言（言，言语）＋成（成，完成、成就），表示实现、信守诺言。

**释义：**

诚，信也，诚实、真诚、诚信。字形采用“言”作形旁，“成”作声旁。

**演变：**

| 甲骨文 | 金文 | 篆书 | 隶书 | 草书 | 楷书 | 行书 |
|---|---|---|---|---|---|---|
| 缺 | 誠 | 誠 | 誠 | 诚 | 诚 | 诚 |

## 【乾坤通识】

### 五德之禽

鸡是十二生肖中唯一的飞禽，自古以来就与人类的生活密切相关。西汉初期，韩婴在《韩诗外传》中说鸡有五德："头戴冠者，文也；足傅距者，武也；敌在前敢斗者，勇也；见食相呼者，仁也；守夜不失时者，信也。"

**文德** 雄鸡红色的鸡冠端庄整洁。"冠"与"官"谐音，"文"即"礼"。古人以冠冕堂皇为礼，寓意升官腾达。

**武德** 距是鸡脚后面突出似足趾（zhǐ）之物，使鸡站立时趾高气扬，行走时雄赳（jiū）赳气昂昂，大有武士的风貌。

**勇德** 鸡对儿女是百倍呵护，遇到老鹰或其他强敌袭击时，母鸡会立即把小鸡护在翅膀底下，高声尖叫。公鸡闻讯会马上赶过来，羽毛倒竖，鸣叫迎战，毫无畏惧。

**仁德** 在动物中，鸡很爱家族成员。人喂鸡撒一把米，母鸡常叼（diāo）着米粒送到小鸡跟前教鸡崽（zǎi）吃食，母鸡从不抢吃，它只吃小鸡吃剩的米粒。公鸡找到虫子后，会送给母鸡享用，以示慰劳母鸡生蛋或带小鸡的辛苦。

**信德** 雄鸡天天报晓，准时唤醒人们起床。几千年来，鸡伴随着中华民族"日出而作，日入而息"的传统习俗，与我们的生活相随相伴。鸡这种守信报时的美德，赢得了人们的赞誉，并效仿鸡守时而"闻鸡起舞"。

## 【知学思考】

1. 想一想，你自己承诺过的事都做到了吗？如果没有做到，心里会感到惭愧吗？为什么？
2. 情景思考：你觉得于同最终会帮助丰一菱吗？为什么？

于同、丰一菱是邻居，又是同班同学，平时经常一起写作业，一起玩耍。丰一菱去台北看望姥姥，说好帮于同买一套丰子恺绘画的启蒙国学读本，由于回程转去香港就没买读本。丰一菱回到杭州后请于同帮助讲解缺课耽误的功课，于同有些不乐意但又不好意思拒绝。

## 【知行合一】

1. 向家人和朋友讲述《季札挂剑》的故事，学习季札对待朋友真诚守信的好品质。
2. 和家人一起吟诵、背诵王维的《九月九日忆山东兄弟》，体会作者客居他乡时的孤寂心情和对家人真挚的感情。
3. 和父母、朋友一起理解、书写"诚""诚之者，择善而固执之者也"。

4. 素养提升训练：

（1）学习了《五德之禽》，你对鸡是否有了新的认识？请结合自身经历写一篇生活日记。

（2）阅读“独在异乡为异客，每逢佳节倍思亲”，你是否出过远门？离家久了是否很想念家里的亲人？如果遇上节日是否更加想念亲人？学着写一封家书寄给爸爸妈妈。

5. 家庭讨论会：“鸡有五德”，很多事物都有其德性，想想平时接触的小动物、小植物有哪些品德。

6. 阅读寓言《掩耳盗铃》，思考：这则寓言告诉我们一个什么道理？你有没有遇见过“自欺欺人”的事例？你会用怎样的方式提醒他（她）？

春秋时候，晋国有个小偷伺机去范府偷东西。小偷看见范府院子里吊着一口大钟，是用上等青铜铸成的。小偷暗喜，想把这口大钟偷走卖个好价钱。可是钟又大又重，怎么也挪不动。他想来想去，想到一个办法，把钟敲碎然后分几趟搬走。

小偷找来一把大锤子，拼命朝着钟砸去，咣的一声巨响，把他吓了一大跳。小偷心想，这下糟了，这钟声不是等于告诉人们我正在这里偷钟吗？他心里一急，身子扑到了钟上，张开双臂想捂住钟声，可钟声依然传向远方。他越听越害怕，不由自主地抽回双手，使劲捂住自己的耳朵。“咦，钟声变小了，听不见了！”小偷非常高兴，“嘿！把耳朵捂住不就听不到钟声了吗！”他立刻从衣服上撕下两条布，卷成两个小布团把耳朵紧紧塞住。然后，毫无顾忌地用大锤子砸起钟来。人们在很远的地方就听到了钟声，四面八方围过来把小偷抓住了。

# 第三十二课 守信

【历史典故】

## 曾子杀猪

曾参是春秋时期鲁国人，是孔子的弟子。一天早晨，曾参的妻子梳洗完毕，准备去集市①买些东西。刚走到门口，儿子就哭喊着要跟去。孩子还小，集市离家又远，带着他很不方便，因此曾参的妻子就说："你乖乖在家等着，我买好东西回来杀猪炖肉给你吃。"儿子一听，立即不吵闹了，乖乖地望着妈妈一个人远去。

曾参的妻子从集市回来，还没跨进家门就听见院子里捉猪的声音。进门一看，曾参正准备杀猪。她急忙上前拦住丈夫，说："这猪是过年才杀的，你怎么拿我哄孩子的话当真呢？"曾参说："对小孩是不能撒谎的。他们年幼无知，父母是他们的榜样。如果我们欺骗他，等于是教他今后去欺骗别人。而且孩子知道受了骗，下次就不会再相信你的话了，你以后就难以再教育好他们了。"

曾参的妻子觉得丈夫的话很有道理，心悦诚服②地帮助曾参杀猪，没过多久就为儿子做好了香喷喷的猪肉。

**注释：**

①集市：定期或在固定地点买卖货物的市场。②心悦诚服：由衷地高兴，真心地服气。指真心服气或服从。悦，愉快，高兴。诚，确实。

**启示：**

要言而有信，不能出尔反尔，守信的人才能得到大家的信任。父母是小孩的榜样，父母的一言一行，孩子目濡耳染。父母守信，孩子才会学着守信。

## 【典籍阅读】

**1. 启蒙阅读：**

养[①]不教[②]，父之过[③]；教不严，师之惰[④]。子不学，非所宜[⑤]；幼不学，老何为[⑥]。

——《三字经》

**注释：**

①养：生育，供养。②教：教导，培育。③过：过错。④惰：懒惰，此指失职。⑤宜：应该，适宜。⑥何为：做什么，怎么办。

**译文：**

抚养子女却不好好教导，是做父母的过错；对学生不严格教育，是做老师的失职。孩子不肯学习，是很不应该的；小时候不好好学习，到老了还能做什么呢？

无心非[①]，名[②]为错；有心非，名为恶。过能改，归于无；倘[③]掩饰，增一辜[④]。

——《弟子规》

**注释：**

①非：过失，错误。②名：称作。③倘：假使，如果。④辜：过错，罪行。

**译文：**

无心犯了错叫做过错，故意去干坏事就是罪恶。知错就能及时改正，错误会慢慢减少消失。如果为了面子去掩饰错误，那就是错上加错了。

**2. 进士阅读：**

子张问行。子曰："言忠信，行[①]笃[②]敬，虽蛮貊(mán mò)[③]之邦，行矣；言不忠信，行不笃敬，虽州里[④]，行乎哉？立则见其参于前也，在舆则见其倚于衡[⑤]也，夫然后行。"子张书诸绅[⑥]。

——《论语·卫灵公》

**注释：**

①行：行为。又一说通达。②笃：忠厚诚实。③蛮貊：蛮在南，貊在北，都是少数民族。④州里：五家为邻，二十五家为里，二千五百家为州。⑤衡：车辕前端的横木。⑥绅：古代士大夫束腰的大带子。

**译文：**

子张问如何才能行得通。孔子说："说话忠诚信实，行事笃实敬慎，即使到了落后野蛮的部族，也可以行得通；说话不忠诚信实，行事不笃实敬慎，就是在本州里，能行得通吗？

站着就好像看到‘忠信笃敬’树立在面前，坐车就好像看到‘忠信笃敬’刻在车辕前的横木上。能够做到这样，然后才能使自己行得通。”子张把这些话写在了腰间的大带上。

## 【明德养正】

曾子用自己的言行告诉人们，身教重于言教，对孩子也应言而有信，诚实无诈（zhà）。父母是孩子重要的老师，父母的一言一行都会在孩子心灵深处留下烙（lào）印，对孩子今后形成怎样的人生观和价值观有着至关重要的影响。因此，父母在和孩子的相处过程中要时刻注重自己的言行举止，教孩子守信是尤为最重要的一课。

## 【书香家学】

尔[①]初入世途，择交宜慎，友直[②]、友谅[③]、友多闻[④]，益矣。误交真小人，其害犹浅；误交伪君子，其祸为烈[⑤]矣。

——清·纪昀[⑥]《训大儿》

**注释：**

①尔：你。 ②直：正直。 ③谅：诚信，诚实。 ④多闻：见多识广。 ⑤烈：严重。 ⑥纪昀：字晓岚（lán），清代学者、文学家，任《四库全书》总纂官。

**译文：**

你刚踏入社会，选择交往的朋友时应当谨慎，多结交正直、诚信、见多识广的朋友，会有很多好处。如果误交了真正的小人，祸害还小一些；如果误交了伪装成君子的小人，那祸害就大了。

## 【诗文吟诵】

### 约 客[①]

南宋·赵师秀

黄梅时节[②]家家雨[③]，青草池塘处处蛙[④]。
有约不来过夜半，闲敲棋子落灯花[⑤]。

**注释：**

①约客：约请客人来相会，此处指约请朋友来下棋。 ②黄梅时节：夏初江南梅子黄熟

的时节，即梅雨季节。③家家雨：家家户户都赶上下雨，形容处处都在下雨。④处处蛙：到处是青蛙的鸣叫声。⑤落灯花：旧时以油灯照明，灯心烧残，落下来时好像闪亮的小花。灯花，灯芯（xīn）燃烧后结成的花状物。

**译文：**

黄梅时节阴雨绵绵的乡村，青草池塘中传来一阵阵青蛙的鸣叫声。

已经是半夜时分了，朋友却未如约而至，（我）无聊地敲着棋子，灯灰一点一点落在桌子上。

**赏析：**

这首诗通过对环境的描写以及对“闲敲棋子”这一细节的渲染，写出等待朋友而深夜未到的些许怅惘，隐约地表现了作者寂寞的心情和对朋友真挚的感情。

**作者：**

赵师秀（？—1219），字紫芝，号灵秀，永嘉（今浙江温州）人，南宋诗人，曾任上元主簿、筠（jūn）州推官等职。赵师秀开创了“江湖派”诗风，擅长五律。有《赵师秀集》。

## 【说文解字】

**字源：**

信，金文信=亻（人）+言（言，说话），表示人的言论应当是诚实的。

**释义：**

信，诚实。字形采用“人”“言”会意。

**演变：**

| 甲骨文 | 金文 | 篆书 | 隶书 | 草书 | 楷书 | 行书 |
| --- | --- | --- | --- | --- | --- | --- |
| 缺 | 信 | 信 | 信 | 信 | 信 | 信 |

【乾坤通识】

## 柜坊与交子

柜坊是唐、宋都市中代客保管金银财务的商铺。唐朝商业繁荣，城市中的富商巨贾（gǔ）常常把钱物储存在柜坊，将钱存放在柜坊没有利息，还要缴（jiǎo）纳（nà）存放租金，需用时，可以凭帖或信物提取。宋代柜坊成为销熔（róng）铜钱和赌博的场所，官府常常加以取缔（dì），柜坊业务逐渐衰落。到了元朝，柜坊已不存在。

交子是中国最早的纸币。宋初，四川使用铁钱，而铁钱体大值小，流通不便。于是，有些商人就收取铁钱，开发了一种类似存款收据的证券，这种可兑现、可流通的纸币就是“交子”。交子的产生使中国成为纸币流通最早的国家，是货币史上的一大进步，对社会经济发展起到了重要的推动作用。

【知学思考】

1. 你的父母答应你的事情可能也有做不到的，你能谅解吗？为什么？

2. 你答应朋友的事情，是不是都做到了？如果忘了或者遇到特殊情况做不到，是否会及时向朋友道歉或说明原因？

【知行合一】

1. 讲述《曾子杀猪》的故事，懂得说话要算数，做人做事要讲信用。

2. 和家人一起吟诵、背诵赵师秀的《约客》，体会作者久等朋友不至时寂寞的心情和对朋友真挚的感情。

3. 和父母、朋友一起理解、书写“信”“养不教，父之过；教不严，师之惰。子不学，非所宜；幼不学，老何为”。

4. 素养提升训练：

（1）阅读“择交宜慎，友直、友谅、友多闻，益矣”，你有过哪些交友经历？最让你印象深刻的是哪一次经历呢？请据此写一篇生活日记。

（2）学了《约客》这首诗，你有过与朋友相约，朋友却没有如期赴约的情况吗？当时你的心情是怎样的呢？选取某个事例讲述或记叙一个真实的故事。

5. 阅读《望梅止渴》的成语故事，思考：曹操谎言“前面的山坡上有梅林”以激励将士走出死亡地带，这是不是有失诚信？如果你遇上这种困境会怎样做？为什么？

东汉末年，曹操带兵去攻打宛城（今河南南阳）军阀张绣，一路行军，十分疲乏。时值盛夏，太阳火辣辣地挂在空中，方圆数十里都没有水源，将士们被晒得口干舌燥。每走几里路，就有人中暑倒下死去，眼看整支部队快支持不住了。

曹操目睹这样的情景，心里非常焦急。他策马奔向山冈，极目远眺，干裂的土地一望无际，根本不可能找到水。有什么办法鼓舞士气，激励大家走出干旱地带呢？他灵机一动突然大声喊道："前面不远的山坡上有一大片梅林，结满了又大又酸的梅子，大家再坚持一下，走到那里就可以吃到梅子解渴了！"

战士们听了曹操的话，想起梅子的酸味，就好像真的吃到了梅子一样，口里顿时生出了不少口水，精神也振作起来，鼓足力气继续前进。就这样，曹操终于率领军队走到了有水的地方，渡过了难关。

6. 猜一猜下列谜语，看看能猜中几个：

春天来了（打一水浒人物）

免费住宾馆（打一诗人）

唐代瑰宝（打一古人名）

凿壁借光（打一古人名）

衣锦还乡（打一古人名）

# 第三十三课　重诺

【历史典故】

## 千里赴约[1]

东汉时，汝南郡的张劭（shào）和山阳郡的范式一同在京城洛阳读书，是志同道合的同窗好友。学业结束要分别的时候，张劭站在路口，望着长空的大雁说："今日一别，不知何年才能见面。"说着感慨万千[2]，不禁流下泪来。范式劝解道："不要伤感，两年后的秋天，我到汝南登门拜望令堂，你我同窗兄弟又可相见了。"

两年后的秋天，落叶萧萧。这天，张劭突然听见长空一声雁叫，回屋对母亲说："刚才我听见长空雁叫，范式快来了，把两年陈的家酿[3]开出来准备招待他吧！"张母说："山阳郡距离我们这里一千多里，两年前分别时随口说的一句话，也许早就忘了，你又何必当真呢。"张劭说："范式为人正直、诚恳，极守信用，一定会来。"张母并不相信，但还是宽慰儿子说："好，好，他会来的，我去开陈酿老酒。"

第二天傍晚，长空中又传来一声雁鸣，张劭急忙跑到门口，范式果然风尘仆仆地赶来了。张母激动得站在一旁直抹眼泪，感叹地说："天下真有这么讲信用的人啊！"范式重诺千里赴约的故事，一直被后人传为佳话。

**注释：**

①赴约：去和约会的人见面。②感慨万千：因外界事物变化很大而引起许多感想、感触。③家酿：家中自酿的酒。

**启示：**

重承诺，讲信用，守信义，是立身处世之道。重诺是一种高尚的品质和情操，它既体现了对人的尊重，也是对自己的尊重。韩非子说，"小信成则大信立"，事无大小，人无贵贱，都要注重诚信，修身、齐家、治国都需要讲信用。

## 【典籍阅读】

### 1. 启蒙阅读：

见未真，勿轻言[①]，知未的(dí)[②]，勿轻传。事非宜，勿轻诺，苟轻诺，进退错。凡道字[③]，重且舒，勿急疾，勿模糊。彼说长，此说短，不关己，莫闲管。

——《弟子规》

**注释：**

①轻言：说话轻率、不慎重。②的：真实，确实。③道字：吐字，咬字。

**译文：**

事情没有弄清真相之前，不要轻易发表意见，了解得不够清楚明白，不要轻易传播。不合义理的事情，不要轻易答应，如果轻易答应，到时候会进退两难。说话吐字口齿要清晰，不要讲得太快，不要含糊不清。他人来说长短是非，不要轻信，更不要乱传播，与自己无关的事不要多管。

### 2. 进士阅读：

子贡曰："君子一言[①]以为知，一言以为不知，言不可不慎也。"

——《论语·子张》

**注释：**

①一言：一句话，一番话。

**译文：**

子贡说："君子一句话能够表现出智慧，一句话也会暴露出无知，所以说话不可以不谨慎啊。"

曾子曰："吾日三省吾身：为人谋[①]而不忠[②]乎？与朋友交而不信[③]乎？传[④]不习乎？"

——《论语·学而》

**注释：**

①谋：谋划，谋事。②忠：竭尽自己的全力。③信：诚信。④传：传授，指老师传授的知识。

**译文：**

曾子说："我每天多次反省自己：替人谋划事情是不是尽心竭力了？与朋友交往是不是诚实可信了？老师传授的知识是不是认真温习了？"

## 【明德养正】

“诚”是指人们内在的一种品质、信念，表现为真诚、诚实、诚恳等；“信”则是指人在社会生活中与他人或社会整体交往时所表现出来的具体行为及其价值指向，表现为讲信义、守信用、重承诺、言行一致。诚信是做人的基本品格和基本要求，是每个人良好道德修养的前提，是人与人之间建立良好人际关系的关键。诚信要从我做起，从与人交往中做起，从每一件事情做起，说真话，有真情，表里如一，使诚信成为自己的道德品性。

## 【书香家学】

吾辈读书，只有两事，一者进德①之事，讲求乎诚正②修齐③之道，以图无忝(tiǎn)④所生；一者修业⑤之事，操习乎记诵词章⑥之术，以图自卫其身。

——《曾国藩家书》

**注释：**

①进德：增进道德。②诚正：心意真诚，思想端正。③修齐：修身齐家。④无忝：不玷（diàn）辱，不羞愧。⑤修业：建功立业。⑥词章：诗文的总称。

**译文：**

我们读书，只有两件事：一是提升品德，学习探究真诚正直、修身齐家之道，以求问心无愧地立于天地之间；另一件是建功立业，掌握通晓记诵词章的方法，以求安顿好自己的一生。

## 【诗文吟诵】

### 在狱咏蝉

唐·骆宾王

西陆①蝉声唱，南冠②客思深。  
不堪玄鬓(bìn)③影，来对白头吟。  
露重飞难进，风多响易沉。  
无人信高洁④，谁为表予心？

**注释：**

①西陆：指秋天。②南冠：指囚犯、战俘。③玄鬓：即蝉鬓。古代妇女的鬓发梳得薄如蝉翼，看上去像蝉翼的影子，所以将玄鬓比喻为蝉。鬓，指脸旁靠近耳朵的头发。

④高洁：高尚纯洁，本诗表面指蝉，其实是作者自喻。

**译文：**

深秋季节寒蝉不停地鸣唱，我囚禁在狱中，思乡之情越来越深。

真不能忍受，秋蝉扇动乌黑的双翅，对着头发斑白的我不停地长吟。

清晨露水太重，蝉很难振翅高飞，秋风狂虐，蝉的吟唱被风声掩盖。

蝉居高树饮清露，可没有人相信它高洁的品质，同样，又能向谁表明我的清白廉洁呢？

**赏析：**

此诗是骆宾王因上疏论事触怒武则天，以贪赃罪名遭诬下狱时的作品。作者咏蝉之妙，在于蝉包涵了丰富的文化内蕴。古人认为蝉具有君子的高尚品格，所以文人常以蝉为自己的人格化身。骆宾王以蝉喻己，顾影自怜，表明自己是高洁清白的。

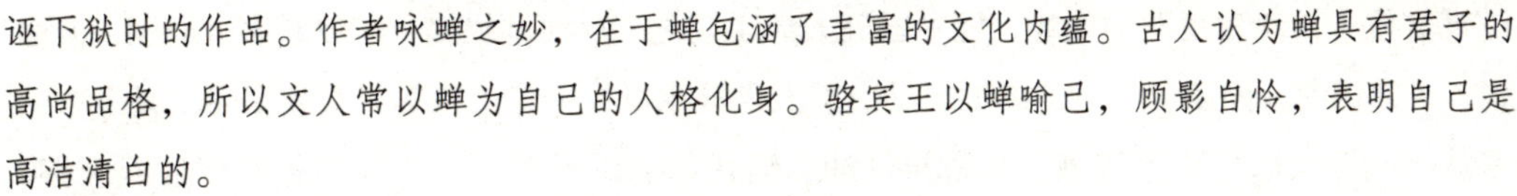

**作者：**

骆宾王（约638—？），字观光，婺州义乌（今属浙江省）人，唐代诗人，曾任临海县丞，世称骆临海。骆宾王与王勃、杨炯、卢照邻合称“初唐四杰”。有《骆宾王集》。

## 【说文解字】

**字源：**

诺，是“諾”字的简体字。諾，篆文 = （言，言语）+ （若，顺从），表示顺从他人之意的应答。

**释义：**

诺，表示应答。字形采用“言”作形旁，“若”作声旁。

**演变：**

| 甲骨文 | 金文 | 篆书 | 隶书 | 草书 | 楷书 | 行书 |
|---|---|---|---|---|---|---|
| 缺 |  |  | 諾 | 诺 | 诺 | 诺 |

【乾坤通识】

## 五湖四海

《周礼·夏官·职方氏》曰："其浸五湖"，《论语·颜渊》云："四海之内，皆兄弟也"。"五湖"指洞庭湖、鄱（pó）阳湖、太湖、巢湖、洪泽湖，"四海"指东海、黄海、南海、渤海。五湖四海泛指全国乃至世界各地，比喻广泛的团结。

### 1. 五湖

洞庭湖，古称云梦、九江和重湖，处于长江中游荆江南岸，其名始于春秋时期，因湖中庭山而得名，是历史上重要的战略要地；鄱阳湖，古称彭蠡、彭蠡泽、彭泽，地处江西省的北部，长江中下游南岸，是中国第一大淡水湖，也是中国仅次于青海湖的第二大湖；太湖，古称震泽、具区，又名五湖、笠（lì）泽，位于长江三角洲的南缘，是中国五大淡水湖之一，河港纵横，河口众多；巢湖，古称南巢、居巢湖，俗称焦湖，长江水系下游湖泊，是中国五大淡水湖之一，历来为"兵家必争之地"；洪泽湖，古称富陵湖，两汉以后称破釜塘，隋称洪泽浦，唐代始名洪泽湖，位于江苏省西部淮河下游，是中国第四大淡水湖，湖面辽阔，物产丰富，素有"日出斗金"的美誉。

### 2. 四海

东海，是中国陆架最宽的边缘海，是长江出海口以南、中国大陆以东的海域；黄海，位于中国大陆与朝鲜半岛之间，海底平缓，为东亚大陆架的一部分，因其大片水域水色呈黄色而得名；南海，位于中国大陆的南方，汉代、南北朝时称为涨海、沸海，清代逐渐改称南海，是中国三大边缘海之一，九段线内海域为中国领海；渤海，是一个近封闭的内海，地处中国大陆东部北端，在临近中国诸海中，它的面积最小、深度最浅。

【知学思考】

1. 阅读《铺沙识字》的小故事，你向父母许诺过吗？你会如何实现自己的诺言？

宋代文学家欧阳修，四岁丧父，全靠母亲给别人洗衣服、做针线活来维持一家生活。到了入学年龄，欧阳修家贫不能入塾，母亲十分难过。欧阳修发誓说："母亲，您放心，我将来要成为一位有学问的人！"从此，欧阳修把院子里的细沙当纸，把芦苇杆当笔，日日跟母亲学字，接受训蒙教育。过了一段时间，欧阳修就认识了很多汉字，可以阅读一些书籍了。有了自学能力以后，他更加刻苦努力，在22岁时考中了进士，后来成了有名的文学家、政治家。

2. 情景思考：

（1）廖蒨答应帮助朋友做事，后来发现这事很难做到，廖蒨已尽力但事情没完成，朋友埋怨她耽误了事情，廖蒨感到很委屈。如果你是廖蒨，你会怎么想？如果你是廖蒨的朋友，你会怎么做？为什么？

（2）盛玲答应帮助朋友做事，她竭尽全力快要完成了，这时她发现这件事是损公利己的错事。是继续做下去兑现诺言，还是停下来维护公共利益？盛玲左右为难，举棋不定。如果你是盛玲会怎么办？为什么？

## 【知行合一】

1. 向家人和朋友讲述《千里赴约》的故事，学习范式千里赴约、重诺守信的好品质。

2. 和家人一起吟诵骆宾王的《在狱咏蝉》，回忆以前父母教你初读《咏鹅》的情景，效仿骆宾王学习写通俗浅显的小诗，回学堂时与同学分享。

3. 和父母、朋友一起理解、书写“诺”“吾日三省吾身：为人谋而不忠乎？与朋友交而不信乎？传不习乎？”

4. 素养提升训练：

（1）蝉，俗称“知了”，每到夏秋季节的傍晚，村庄旁、小区里的树梢上蝉会大声地鸣叫，蝉到底为什么要使劲鸣叫？它想告诉别人什么？展开想象写一篇日记。

（2）曾子提出的“吾日三省吾身”的内容是什么？有什么意义？给了你什么启示？

5. 家庭讨论会：聊一聊，自家有没有不诚信的情况，原因是什么，今后将如何改正成为一个讲诚信的家庭？

6. 阅读寓言《滥（làn）竽（yú）充数》，思考：没有真才实学，靠蒙骗取得他人的信任，迟早都会被人识破和发现的。回想一下，自己有没有骗过别人？心里慌张吗？为什么？

春秋时期，齐国的国君齐宣王喜欢听吹竽，总是让三百人的乐队用竽合奏给他听。有个南郭先生觉得有机可乘，就混进了那支乐队中。其实，南郭先生不会吹竽，演奏时捧着竽混在乐队中做做样子。南郭先生就这样靠着蒙骗混过了一天又一天，和大家一样拿优厚的薪水和丰厚的赏赐，心里得意极了。

过了几年，爱听竽合奏的齐宣王死了。他的儿子齐湣（mǐn）王也爱听吹竽，可是他喜欢听独奏。他让乐队中的人一个个轮流吹竽。乐师们接到命令后都积极练习，想一展身手，只有那个滥竽充数的南郭先生急得像热锅上的蚂蚁，惶惶不可终日，因为他知道自己再也混不下去了，弄不好还会追究欺君之罪。他越想越害怕，连夜偷偷逃走了。

# 第三十四课 信义

【历史典故】

## 急不相弃

华歆和王朗是曹魏重臣，有一次，他们一起乘船躲避战乱，船即将出发时有人要求搭船逃难。面对求助，华歆感到为难，拒绝了对方的请求；王朗则慷慨[①]地说："船上还有空位，为什么不让他上来？"最终，他们带上了那个人一起走。

船没开多久，有追兵赶来了，情况十分危急。为了减轻船载，加快船速，王朗提出将搭船的人赶下船，华歆却对他说："刚才我犹豫不决，就是怕出现这种情况。现在我们既然答应帮助人家，哪能因为情况危急就反悔而丢下他不管？"

于是，他们继续带着搭船的人一起逃难，终于逃脱追兵转危为安[②]。

**注释：**

①慷慨：气量大；不吝啬、不小气。 ②转危为安：由危险转为平安（多指局势或病情）。

**启示：**

信义是指讲信用、重道义，遵守信用与道义不变，善始善终地对待他人，对待事物。有道是，"善始容易善终难"，做事情往往有好的开头，如果不坚持信义就不会有好的结局。我们要学习华歆坚持信义的品质，而不能像王朗那样一旦事情有变，影响自身利益时，就放弃操守，背信弃义。

【典籍阅读】

**1. 启蒙阅读：**

罔[①]谈彼短[②]，靡(mí)[③]恃[④]己长[⑤]。信使可覆[⑥]，器[⑦]欲难量[⑧]。

——《千字文》

**注释：**

①罔：不要，不可。②短：短处。③靡：不。④恃：倚仗。⑤长：长处。⑥覆：本义是翻转、倾覆，此处指审察、核实、检验。⑦器：气量，气度。⑧量：计算，测量。

**译文：**

不要谈论别人的短处，也不要依仗自己的长处而骄傲自大。诚信要能经得住检验，气量（气度）要大到难以被估量。

### 2. 进士阅读：

天之所助者，顺[①]也；人之所助者，信也。

——《易传·系辞传上》

**注释：**

①顺：顺应，顺从。

**译文：**

上天所扶助的是能顺应大道的人，世人所扶助的是笃守诚信的人。

子贡问政。子曰："足食，足兵[①]，民信之矣。"子贡曰："必不得已而去，于斯三者何先？"曰："去[②]兵。"子贡曰："必不得已而去，于斯二者何先？"曰："去食。自古皆有死，民无信不立。"

——《论语·颜渊》

**注释：**

①兵：武器，兵器，此处指军备。②去：去掉，放弃。

**译文：**

子贡问怎样治理国家。孔子回答："备足粮食，充实军备，老百姓信任统治者。"子贡说："如果不得不去掉一项，那么先去掉这三项中的哪一项呢？"孔子说："去掉军备。"子贡说："如果不得不再去掉一项，那么再去掉剩余两项中的哪一项呢？"孔子说："去掉粮食。自古以来人都有一死，如果老百姓不信任统治者，国家就无法存在。"

## 【明德养正】

华歆"急不相弃"的故事至今仍有重要的意义。千百年来，人们讲求信义、坚持操守，推崇做事善始善终。坚持操守、善始善终是中华民族的传统美德，是中华民族最可贵的精神遗产之一，是维系人与人之间各种关联的重要纽带，也是我们做人应遵循的基本原则之一。

## 【书香家学】

儒有居处齐（zhāi）难[①]，其起坐恭敬，言必诚信，行必忠正。道涂[②]不争险易之利，冬夏不争阴阳之和。爱其死，以有待也；养其身，以有为也。

——《孔子家语·儒行解》

**注释：**

①齐难：庄敬。齐，肃敬，庄重。 ②道涂：即“道途”。涂，通“途”。

**译文：**

儒士的起居庄重谨慎，坐立行走谦恭有礼，说话一定诚信，行为必定忠诚正直。在途不与人争好走的路，冬夏之季不与人争冬暖夏凉的地方。不轻易赴死，除非遇到值得牺牲生命的事情；保养身体，以期待有所作为。

## 【诗文吟诵】

### 陋室[①]铭[②]

唐·刘禹锡

山不在高，有仙则名[③]；水不在深，有龙则灵[④]。斯是陋室，惟吾德馨[⑤]。苔痕上阶绿，草色入帘青[⑥]。谈笑有鸿儒[⑦]，往来无白丁[⑧]。可以调（tiáo）素琴[⑨]，阅金经[⑩]。无丝竹之乱耳[⑪]，无案牍（dú）之劳形[⑫]。南阳诸葛庐[⑬]，西蜀子云亭[⑭]。孔子云：何陋之有[⑮]？

**注释：**

①陋室：简陋的屋子。 ②铭：古代刻在器物上用来警诫自己或称述功德的文字，后来成为一种文体。 ③名：出名，有名。④灵：灵验。⑤斯是陋室，惟吾德馨：这是简陋的屋舍，只因我（住屋的人）的品德好（就不感到简陋了）。斯，这。馨，能散布很远的香气，此处指德行美好。 ⑥苔痕上阶绿，草色入帘青：苔痕长到阶上，使台阶都绿了；草色映入竹帘，使室内染上了青色。 ⑦鸿儒：博学的人。鸿，大。 ⑧白丁：平民，指没有功名的人。 ⑨调素琴：弹琴。调，调弄。素琴，不加装饰的琴。 ⑩金经：指佛经。 ⑪无丝竹之乱耳：没有世俗的乐曲扰乱心境。丝，指弦乐器。竹，指管乐器。 ⑫无案牍之劳形：没有官府公文劳神伤身。案牍，指官府文书。形，形体、躯体。 ⑬南阳诸葛庐：诸葛亮隐居南阳住的草庐。

⑭ 西蜀子云亭：扬子云在西蜀的草舍。西蜀，今四川。子云，即扬雄，字子云，蜀郡成都（今属四川省）人，西汉哲学家、文学家。 ⑮ 何陋之有：语出《论语·子罕》，意思是，有什么简陋的呢？

**译文：**

山不在于高，只要有仙人居住就会出名；水不在于深，只要有蛟龙出没就会显灵。这是简陋的屋舍，只因我（住屋的人）的品德好就不感到简陋了。苔痕长到阶上，使台阶都绿了；草色映入竹帘，使室内染上了青色。在这里谈笑的都是博学多识的人，来往的没有不学无术之徒。平时可以弹奏清雅的古琴，阅读泥金书写的经文。没有世俗的乐曲扰乱心境，没有官府公文劳神伤身。似诸葛亮隐居南阳住的草庐，如扬子云在西蜀的草舍。孔子说：“有什么简陋的呢？”

**赏析：**

《陋室铭》开篇即以山水起兴，山可以不高，水可以不深，只要有仙有龙就能够出名显灵。接着，点明陋室不陋的原因在于德馨。通篇以“比”的手法一气呵成，作者以青苔和野草来比喻自己独立的人格，借诸葛亮隐居南阳住的草庐、扬子云在西蜀的草舍作类比，反映了自己以古代贤人自况的思想，表达了他对道德品质的追求。

**作者：**

刘禹锡（772—842），字梦得，洛阳（今属河南省）人，唐代文学家、哲学家，曾任礼部郎中、苏州刺史、太子宾客等职。刘禹锡诗、文俱佳，涉猎题材广泛，有“诗豪”之称。有《刘宾客集》。

## 【说文解字】

**字源：**

持，“寺”是“持”的本字。寺，金文 = （草向上长）+（又，手，表示向上托起），表示携扶、持守、维护。

**释义：**

持，抓握。字形采用“手”作形旁，“寺”作声旁，也表义，下从“寸”，也是手。

**演变：**

| 甲骨文 | 金文 | 篆书 | 隶书 | 草书 | 楷书 | 行书 |
|---|---|---|---|---|---|---|
| 缺 |  |  | 持 |  | 持 | 持 |

【乾坤通识】

## 忠义之犬

狗作为人类最亲密的伙伴之一，自古就有“义”的美名，义犬救主、义犬伸冤、义犬报恩等传说层出不穷。如《续搜神记》中就讲述了这样一个故事：

晋代有个姓杨的年轻人，养了一条狗。有一天，他喝醉了酒，路过一片沼泽地时，躺在草地上睡着了。这时恰巧野火烧起，风势很大。狗见状惊恐大叫，但这年轻人依旧酣（hān）睡不醒。狗情急生智，自己跳到了水里，带上一身水，洒在主人睡的草地上，这样来回很多次，年轻人周围的草变湿了，他也因此获救了，而狗却累死了。

狗不仅对主人重义，同时还具有许多特殊的功能和本领，比如嗅（xiù）觉灵敏，勇而有谋，具有追踪、防御、助猎、战斗等能力，带着它们狩（shòu）猎，利用它们看家，训练它们当“侦察员”都能胜任。

【知学思考】

1. 想一想，如果华歆同意王朗将搭船的人赶下船，可能会发生什么情况？假如你是华歆，会同意王朗将搭船的人赶下船吗？为什么？

2. 情景思考：你认为，钟宁最终会做出怎样的决定？为什么？

钟宁和隔壁班马珍是同时跟贺老师学书法的，她们的书法技能旗鼓相当。学校里举行全校学生书法比赛，经过第一轮隶书和第二轮行书的比赛，钟宁和马珍双双名列前茅，接下来还将举行第三轮小楷比赛，以决出第一名和第二名。这是一场真功夫的比拼，谁能夺魁，连贺老师和评委也难以预料。

比赛的前一天，钟宁在校门口遇见马珍，见她右手中指包扎着创口贴。原来昨天晚上，马珍帮妈妈切菜时不小心割破了手指。钟宁心想，马珍右手中指受伤，肯定会影响握笔，她几乎已不可能写出好小楷了，我已胜券在握，可一举实现夺魁的梦想。但转而一想，这对马珍是不公平的，自己即使赢了也不光荣。是向评委会申请延迟比赛时间，还是当作不知道此事？钟宁左思右想，犹豫不决。

【知行合一】

1. 向家人和朋友讲述《急不相弃》的故事，回忆一下自己有没有做好事半途后悔而放弃的事例。

2. 和家人一起吟诵刘禹锡的《陋室铭》，我们从小就要珍惜现有的条件，家庭条件优越的，要好好利用条件努力学习；家庭条件不够好的，要有“陋室不陋”的心境，“自古才子出寒门”，做到不攀比、不自卑、不自暴自弃，只要你把精力放在学习上，条件差也照样能成才。

3. 和父母、朋友一起理解、书写“持”“天之所助者，顺也；人之所助者，信也”。

4. 素养提升训练：

（1）狗是世上最重义的动物，你家养过狗吗？你一定喜欢摇头摆尾的小狗吧？请结合自身经历写一篇生活日记。

（2）阅读理解“言必诚信，行必忠正”，联系实际讲述或记叙一则故事。

5. 阅读寓言《守株待兔》，思考：俗话说“人勤土变金”“坚持就会成功”，可《守株待兔》中的农夫为什么没有成功？他错在哪里？

宋国有个农夫正在田里干活。突然有一只野兔从草丛里慌慌张张地窜出来，一头撞在田边的树墩（dūn）上，死了。农民白捡了一只又肥又大的野兔。他心想：要是天天都能捡到野兔，日子就好过了。

从此，他每天起早摸黑地守在树墩旁边，等待着第二只、第三只……不断地有野兔撞到树墩上。一天又一天，好几个月过去了，农夫一直坚守在树墩旁边，田地都荒芜了，全家人都过着挨饿的日子，可是野兔一直没有出现。这个农夫也成了宋国的一个笑话。

6. 和家人、朋友一起完成下列歇后语：

卢俊义上梁山——（　　　　　　）

林冲误入白虎堂——（　　　　　　）

史进认师父——（　　　　　　）

梁山兄弟——（　　　　　　）

花荣射箭——（　　　　　　）

时迁偷鸡——（　　　　　　）

张顺浪里斗李逵——（　　　　　　）

武松打虎——（　　　　　　）

第三十五课 担当

【历史典故】

## 千里送鹅毛①

回纥（hé）国是大唐的藩国②。有一年，回纥国的国王想将自己十分珍爱的一只白天鹅进贡给唐太宗李世民，表示对大唐的友好。

千里迢迢送天鹅，跋山涉水③辛苦自不必说，白天鹅是很爱干净的珍禽，喝的水要一尘不染，每天都要在很干净的水里洗澡，这可不是件容易的事。于是，国王就派遣一贯做人真诚、做事认真的缅伯高为使者，护送白天鹅去长安。一路上，缅伯高亲自为白天鹅喂水、喂食、洗澡，一刻也不敢怠慢。

有一天，缅伯高一行途经沔水河边，河水清澈见底，于是便打开笼子，让白天鹅去喝水冲凉。谁知白天鹅喝足了水，翅膀一展飞了起来！说时迟那时快，缅伯高向前一抓，只拔下几根羽毛，眼睁睁看着白天鹅飞得无影无踪。缅伯高捧着几根雪白的鹅毛，嚎（háo）啕大哭了起来。随从们都纷纷劝说："我们已犯了欺君之罪，赶快逃命吧！"缅伯高说："逃命后隐姓埋名④过日子，不是君子所为，人立于世就要敢于担当。"于是，缅伯高拿出一块洁白的绸（chóu）子，小心翼翼地把鹅毛包好，继续东行。

到了长安，缅伯高拜见唐太宗，献上礼物。唐太宗见是一个精致的绸缎（duàn）小包，便令人打开，一看是几根鹅毛和一首小诗。诗曰："天鹅贡唐朝，山高路途遥。沔阳河失宝，倒地哭号啕。上复圣天子，可饶缅伯高？礼轻情意重，千里送鹅毛。"唐太宗问其缘故，缅伯高一五一十讲出事情原委⑤。唐太宗觉得难能可贵，赞道："千里送鹅毛，礼轻情意重！"不仅没有降罪缅伯高，还当众夸赞他讲诚信，敢负责，有担当。

**注释：**

①千里送鹅毛：比喻礼物虽然微薄，却含有深厚的情谊。②藩国：古代王朝的属国。③跋（bá）山涉水：翻山越岭，蹚

水过河。形容旅途艰苦。④隐姓埋名：隐瞒自己的真实姓名，不让别人知道。⑤原委：事情的始末。

**启示：**

这个故事表现了缅伯高注重诚信的美德和敢于担当的精神。今天，人们用“千里送鹅毛”比喻送的礼物虽轻薄，但情意却十分厚重。

## 【典籍阅读】

### 1. 启蒙阅读：

笃[①]初诚[②]美，慎终宜令[③]。荣业[④]所基[⑤]，籍甚[⑥]无竟[⑦]。

——《千字文》

**注释：**

①笃：重视。②诚：实在，的确。③令：美好。④荣业：盛大的功业。⑤基：依托，根本。⑥籍甚：盛大，盛多。⑦竟：终止。

**译文：**

任何事情，重视开头的确不错，始终如一的坚持更让人称颂。这是荣誉与事业的基础，功业盛大，凭借此根基，发展没有止境。

### 2. 进士阅读：

唯天下至诚，为能经纶（lún）[①]天下[②]之大经[③]，立天下之大本[④]，知天地之化育[⑤]。

——《礼记·中庸》

**注释：**

①经纶：比喻筹划治理国家大事。②天下：国家。③大经：常道，常规。④大本：根本，事物的基础。⑤化育：化生长育。

**译文：**

只有天下最真诚的人，才能制定治理国家的法则，树立天下的根本，掌握天地化育万物的道理。

为天地立心，为生民[①]立命[②]，为往圣[③]继绝学[④]，为万世[⑤]开太平。

——北宋·张载《横渠语录》

**注释：**

①生民：指民众。②命：指民众的命运。③往圣：历史上的圣人。④绝学：失传的学问。⑤万世：万代，很多世代。

**译文：**

为天地确立起繁衍发展之心，为百姓指明一条康庄大道，继承孔孟等以往圣人快要失传的学问，为天下后世开辟永久太平的基业。（这是宋代大儒张载所著《横渠语录》中的四句话，是中国古代知识分子的至高追求，也是读书、做人、处事最高境界的担当精神和终极目标。当代哲学家冯友兰把这四句话称为“横渠四句”，给予极高的评价。）

## 【明德养正】

有学者评说：“中国古代文人有两条命，一是生命，一是使命。”这就是说，古代文人有崇高的使命感，他们把使命看得和生命一样重要，甚至更重要，他们勇于承担责任，敢于担当使命。他们展现出来的这种文人的气节，以及这种勇于负责、敢于担当的精神，激励着一代代中国人自觉地为国家、为社会、为广大民众的事业奉献自己毕生的精力。

## 【书香家学】

刘公待制[①]器之尝为本中言：“少时就洛中师事司马公，从之者二年。临别，问公所以为学之道。公曰：‘本于至诚。’器之因效颜子之问孔子，曰：‘请问其目[②]。’公曰：‘从不妄语[③]始。’器之自此专守此言，不敢失坠[④]。”

——南宋·吕本中《童蒙训》

**注释：**

①待制：官名，宋代的殿、阁都设有待制官，职责是典守文物。②目：条目，要目。③妄语：胡说，乱说话。④失坠：丧失，丢失。

**译文：**

刘安世待制曾对我说过：“（我）年少的时候在洛阳，拜司马公为老师，时间长达两年。临别时，曾向司马公请教为学之道。司马公说：‘最根本的是要诚实。’我效法古时颜渊问孔子的话进一步请教司马公：‘请问具体条目。’司马公回答说：‘从不乱说话开始。’自此，我对这话奉守不渝，不敢忘记。”

## 【诗文吟诵】

### 题八咏楼[①]

南宋·李清照

千古风流[②]八咏楼，江山留与后人愁。

水通南国③三千里，气压江城十四州④。

**注释：**

①八咏楼：在婺州（今浙江金华）。②风流：流风余韵。③南国：泛指中国南方。④十四州：宋两浙路辖十四州，即苏州、常州、润州（镇江）、杭州、湖州、秀州（嘉兴）、越州（绍兴）、明州（宁波）、婺州（金华）、台州、衢州、睦州（建德）、温州、处州（丽水）。

**译文：**

登上千年流风余韵的八咏楼，极目远望，江山破碎的国事忧愁只能留给后人了。

这里水道密集可以通达江南三千多里，战略地位重要，气势足以压倒江南十四州。

**赏析：**

八咏楼原名元畅楼，宋太宗至道年间更名八咏楼，与双溪楼、极目亭同为婺州临观胜地。年近五十的李清照避乱流寓金华，登临此楼，感叹四处漂泊、无家可归的悲惨身世，表达对国破家亡和孤苦生活的愁绪。此诗作于宋高宗绍兴四年（1134），作者站在八咏楼上感时咏史，情辞慷慨，悲宋室之不振，慨江山之难守，叹山河之破碎，表现了作者强烈的忧国之情，“江山留与后人愁”，抒发了一种既宛转又深沉的爱国情怀，也是对南宋政权苟安一隅的批评，堪称千古绝唱。

**作者：**

李清照（1084—1155），自号易安居士，济南章丘（今属山东省）人，南宋女词人，婉约词派代表，有“千古第一才女”之称。李清照所作词，前期多写其悠闲生活，格调清新自然；后期多悲叹身世，忧愁感伤。其诗与其婉约词风不同，多感时咏史，情辞慷慨。后人有《漱玉词》辑本，今有《李清照集校注》。

## 【说文解字】

**字源：**

当，是“當”字的简体字。當，篆文當=尚（尚，有相合义）+田（田，农田），表示田与田相当、相等。

**释义：**

当，两块田相当、相等。字形采用“田”作形旁，“尚”作声旁。

**演变：**

| 甲骨文 | 金文 | 篆书 | 隶书 | 草书 | 楷书 | 行书 |
|---|---|---|---|---|---|---|
| 缺 | 當 | 當 | 當 | 当 | 当 | 當 |

## 【乾坤通识】

### 三山五岳

三山是传说中神仙住的蓬（péng）莱（lái）、方丈、瀛（yíng）洲三座神山，也指安徽黄山、江西庐山、四川峨嵋（méi）山，还有另一种说法是安徽黄山、江西庐山、浙江雁荡山。

五岳是中国五大名山的总称，即东岳泰山、南岳衡山、西岳华山、北岳恒山和中岳嵩（sōng）山，传说群神所居，历代帝王多往祭祀。唐玄宗、宋真宗曾封五岳为王、为帝。明太祖尊五岳为神。泰山山势巍峨陡峻，被尊为五岳之首；华山之险居五岳之首，自古以来就有“奇险天下第一山”“自古华山一条路”的说法；衡山林木苍郁，景色幽秀，享有“五岳独秀”的美名，也是道教、佛教文化圣地；恒山奇峰林立，因其险峻的自然山势和地理位置的特点，成为兵家必争之地；嵩山三十六峰雄浑奇秀，有奇特的地质地貌，称为“天然地质博物馆”。

## 【知学思考】

1. 吴茵坐公交车忘了带零钱，司机叔叔让她“先乘坐，下次补票”。过了几天，吴茵又乘坐这趟公交车，但司机叔叔已经换了。吴茵心想，反正没人知道上次的事，何必补上次的票钱呢？这时她想起“杨震四知”的故事，就补了上次的票钱。如果你是吴茵，会补票钱吗？为什么？

2. 情景思考：你觉得黄鞠会罚王丹扫地吗？为什么？你如果是黄鞠会怎么做？为什么？你如果是王丹会怎么做？为什么？

黄鞠和王丹是同龄表姐妹，她们在同一学校、同一班级学习。黄鞠任班长，学习和做事很认真；而王丹喜欢上学带零食，少不了被黄鞠批评。有一次，王丹随意将果壳丢在教室的地上。按照班级公约，要罚王丹扫地三次。这时黄鞠犹豫了，如果不罚王丹扫地，班级公约就如同虚设，以后就没人会遵守了；如果罚了王丹，她肯定会生气，甚至会回家“告状”，舅妈会不高兴。怎么办呢？

## 【知行合一】

1. 向家人和朋友讲述《千里送鹅毛》的故事，说说自己有没有“勇于负责，敢于担当”的表现。

2. 吟诵李清照的《题八咏楼》，建议暑假期间全家人一起到浙江金华游览八咏楼，感悟作者怀古忧国的情怀。

3. 和父母一起理解书写“當”“笃初诚美，慎终宜令。荣业所基，籍甚无竟”。

4. 素养提升训练：

（1）理解“从不妄语始”的意思，说说平时你是怎样做的，请据此写一篇生活日记。

（2）阅读理解“为天地立心，为生民立命，为往圣继绝学，为万世开太平”，联系实际写一篇读后感。

5. 家庭小测试：“五岳”是中国的五座名山，它们的名称是什么？分别用一个词概括它们的特色。

6. 飞花令游戏：以“春”为关键字，和家人、朋友按游戏规定背诵含有“春”字的诗句，回学堂后与同学赛一场。

第三十六课　忠信

【历史典故】

## 立木为信

战国时，秦国的商鞅（yāng）在秦孝公的支持下主持变法。法虽然制定了，但是秦国百姓长期形成的彪悍[①]野蛮的习性已是积重难返[②]，他们能不能遵守这些法纪呢？商鞅心里没底。

为了树立法令的权威，同时也为了引起广大民众、官吏对新法的重视，商鞅让人在咸阳南城门口竖起一根三丈高的木头，旁边贴一告示说："谁能把这根木头扛到北城门口，就赏黄金十两"。十两黄金对一般人来说，是一笔大财富。大家都不相信扛一根木头穿城走一趟，就能得到十两黄金。因此尽管围观的、指指点点议论的人越来越多，但没有一个人去扛这根木头。

商鞅见无人响应，就把赏金提到了五十两。这下人们更加疑惑，以为这是一个大陷阱，人们更加不敢去扛木头。终于，人群中有一个人跑出来说："我来试试。"说罢，他扛起木头就走，一直搬到了北门。看守告示的官吏急忙跑去报告商鞅，商鞅二话不说，下令将扛木头的人带来，当着众人的面表扬了他，并将早已准备好的五十两黄金赏给了他。众人顿时目瞪口呆：还真有这样的好事！告示上怎么说，官府就怎么做，朝廷真的是言而有信啊！

朝廷有公信的消息不胫而走[③]，很快传遍了整个秦国，所有的变法新政也随之公布，传遍秦国的城市乡邑，深入了人心。

**注释：**

①彪（biāo）悍（hàn）：强壮而勇猛。②积重难返：经过长时间形成的思想作风或习惯，很难改变。重，程度深。返，回

转。③不胫（jìng）而走：没有腿却能跑，形容传播迅速。胫，小腿。

**启示：**

诚信是为人处世的根本。无论是一个人还是一个团体、一个政府，只有注重信用，才能在公众中树立威信，做事才能得到大家的拥护、支持和帮助。

## 【典籍阅读】

### 1. 启蒙阅读：

始春秋，终战国[①]，五霸（bà）[②]强，七雄[③]出。嬴（yíng）秦氏[④]，始兼并[⑤]，传二世[⑥]，楚汉争[⑦]。

——《三字经》

**注释：**

①始春秋，终战国：东周分两个时期，前期是春秋时期（公元前770—前476），后期是战国时期（公元前475—前221）。②五霸：指齐桓公、晋文公、秦穆公、宋襄公和楚庄王五个春秋时期的霸主（一说指齐桓公、晋文公、楚庄王、吴王阖闾、越王勾践）。③七雄：指齐、楚、燕、韩、赵、魏、秦等战国时期的七个强国。④嬴秦氏：秦国国君姓嬴，所以秦也称嬴秦。此处指秦始皇嬴政。⑤兼并：并吞。⑥二世：秦始皇的儿子胡亥，继承始皇为二世皇帝。⑦楚汉争：项羽和刘邦争霸。楚，楚霸王项羽。汉，汉王刘邦。

**译文：**

东周始于春秋时期，终于战国时期。春秋时五霸称雄，战国时七雄割据。嬴政即位当了秦王，并吞六国建立了统一的秦朝。秦仅传到二世，天下又大乱，项羽、刘邦争夺天下。

### 2. 进士阅读：

庸[①]言必信[②]之，庸行必慎[③]之。

——《荀子·不苟》

**注释：**

①庸：指平常。②信：守信用。③慎：当心，谨慎。

**译文：**

平时的言论一定要守信用，平时的行为一定要谨慎。

所守[①]者道义，所行[②]者忠信，所惜者名节。以之修身，则同道[③]而相益；以之事国，则同心而共济[④]，终始如一。此君子之朋[⑤]也。

——北宋·欧阳修《朋党论》

**注释：**

①守：遵守，奉行。②行：奉行。③同道：有共同志趣的人。④共济：互相帮助，共同成事。⑤朋：朋党。

**译文：**

（君子）所依据的是道义，所奉行的是忠信，所爱惜的是名声和节操。用它们来修养品德，则有共同志趣的人在一起，可以相辅相成；用它们来效力于国家，则能够同心同德、和衷共济，自始至终，一直不变。这就是君子的朋党。

## 【明德养正】

子曰："民无信不立。"意思是说，如果老百姓对统治者不信任，那么国家就不能存在了。同样的道理，人不讲忠信就没有立足之地。忠信既是中华民族的传统美德，也是我们每个人应该做到的最起码的道德标准。忠信不仅是一种品行，更是做人的立身之本和立业之根。

## 【书香家学】

恭为德首[①]，慎为行基[②]。愿汝等言则忠信，行则笃敬，无口许人以财，无传不经之谈[③]，无听毁誉[④]之语。闻人之过，耳可得受，口不得宣，思而后动。若言行无信，身受大谤，自入刑论，岂复惜汝？耻及祖考。

——三国·羊祜[⑤]《诫子书》

**注释：**

①首：开端。②基：根本，基础。③不经之谈：荒诞无稽、没有根据的话。不经，不见于经典，没有根据。④毁誉：诋毁和赞誉。⑤羊祜：字叔子，泰山（今属山东省）人，西晋初年名将。

**译文：**

恭敬是修养品德的开端，谨慎是为人做事的基础。希望你们要做到言语忠诚信实，行为笃实敬慎，不要口头上随意承诺给别人财物，不要传播没有根据的谣言，不要偏听诋毁和赞誉的言辞。听到别人的过错，耳朵可以听，但不要去宣扬，凡事先思考后行动。如果言行不讲信用，一定会遭受很多指责，甚至落得以刑罚论处，到那时又有谁会同情你呢？也会给父祖们带来耻辱啊。

【诗文吟诵】

## 秋日偶成

北宋·程颢

闲来无事不从容，睡觉[①]东窗日已红；
万物静观[②]皆自得，四时佳兴与人同。
道通天地有形外，思入风云变态中；
富贵不淫[③]贫贱乐，男儿到此是豪雄。

**注释：**

①觉：醒来。②静观：仔细观察，冷静观察。③淫：放纵，奢侈。

**译文：**

心情闲静安适，做什么事情都从容不迫；一觉醒来，红日已高照东边的窗户了。

仔细观察万物，都能得到自然的乐趣；人们对一年四季中美妙风光的兴致都是一样的。

道理通着天地之间一切有形无形的事物，思想融合在风云变幻之中。

只要能够做到富贵却不骄奢淫逸、贫贱却能乐观快乐，这样的男子汉就是英雄豪杰。

**赏析：**

此诗以赋闲居家、闲适自在的生活状态为背景，描写了东窗日红、万物生机、一年四季景观变化等自然现象，以及天人相应所产生的惬意，领悟到人与自然的和谐融汇，原因在于“道通天地”，表明了自己顺天适命、宠辱不惊的人生态度。

**作者：**

程颢（1032—1085），字伯淳，学者称明道先生，洛阳（今属河南省）人，北宋哲学家、教育家、诗人，曾任太子中允、监察御史里行等职。程颢、程颐兄弟俩同为北宋理学的奠基者，世称“二程”，提出“天者理也”的命题，倡导“传心”说，在理学发展史上占有重要地位，后来为朱熹所继承和发展，世称“程朱学派”。著述颇丰，后人收入《二程全书》。

## 【说文解字】

**字源：**

公，甲骨文 = （八，分开）+ （表示自己圈定的范围），表示分解私有权利，象征公平。上面的“八”犹如分解之意，下面的“厶”古同“私”，与私相背，即公正无私。

**释义：**

公，公平。字形采用“八”“厶”会意。

**演变：**

| 甲骨文 | 金文 | 篆书 | 隶书 | 草书 | 楷书 | 行书 |
|---|---|---|---|---|---|---|
| | | | | | | |

## 【乾坤通识】

### 春联习俗

春联是春节时用红纸书写吉祥或祝颂语句贴于门上的一种传统装饰物，起源于桃符[1]。清代《燕京岁时记》上说：“春联者，即桃符也。”春联字数的多寡没有定规，但要求对偶工整，平仄（zè）协调，是诗词形式的演变。

五代时，西蜀的宫廷里，有人在桃符上题写联语。据《宋史·蜀世家》说：后蜀主孟昶（chǎng）令学士章逊题桃木板，“以其非工，自命笔题云：‘新年纳馀（yú）庆，嘉节号长春’”，这便是我国的第一副春联。宋代，桃符由桃木板改为纸张，但春联仍称“桃符”，王安石《元日》诗有“千门万户曈（tóng）曈日，总把新桃换旧符”之句。明代，桃符才改称“春联”，陈云瞻《簪云楼杂话》中载：“春联之设，自明太祖始。帝都金陵，除夕前忽传旨：公卿士庶家门口须加春联一副，帝微行时出现。”

## 【知学思考】

1. 学了《立木为信》的故事，谈谈你对“言而有信”的理解。

[1] 桃符：周代悬挂在大门两旁的长方形桃木板。据《后汉书·礼仪志》说，桃符长六寸，宽三寸，桃木板上书“神荼（tú）”“郁（yù）垒（lǜ）”二神之名。

2. 情景思考：李蕾、辛宜、孟雪和高洋各是怎样的人？你最喜欢谁？为什么？读了这篇短文，你有怎样的感想？

李蕾和辛宜今天值日，放学后应该一起留下来打扫整理教室。可是刚放学，李蕾就匆匆离开学校了。

李蕾今天是怎么啦？辛宜一个人要做两个人的事，很晚才能回家了。

一向直率讲义气的孟雪忿忿地说："李蕾也太不讲理了吧，连个招呼也不打就走了。辛宜你留下一半的活让李蕾明天回来做！"辛宜说："不要啦，李蕾一定是遇上什么重要的事需要赶紧回家，而忘了跟我说，她不是故意的。"这时，隔壁班的高洋搭讪说："我和李蕾是邻居，她的姥姥今天生日，她妈妈要她放学就去拿生日蛋糕。李蕾可能是怕去迟了蛋糕店关门吧？"

"哦，原来是这样！"孟雪一边说一边帮辛宜整理教室。高洋二话没说，也加入进来一起整理教室。不到一个小时，教室整理好了。

她们正想离开的时候，李蕾气喘吁吁地回来了，看见教室已打扫得干干净净，她激动地说："辛宜，对不起，我蛋糕拿回家才忽然想起今天值日。你们都在帮我值日，谢谢，谢谢辛宜，谢谢孟雪和高洋，谢谢！你们都去我家吃蛋糕吧！"

孟雪建议说："我们一起去祝贺李蕾的姥姥生日快乐吧！"

"我们一起去唱生日歌！"大家手拉手直奔李蕾家。

## 【知行合一】

1. 向家人和朋友讲述《立木为信》的故事，懂得无论是国家还是家庭、个人都要讲忠信，只有忠信才能取信于人，才会得到大家的拥护和帮助，才能成就一番事业。

2. 和家人一起吟诵程颢的《秋日偶成》，懂得人与自然和谐相处，做人处事才会顺利。

3. 和父母、朋友一起理解、书写"公""恭为德首，慎为行基"。

4. 素养提升训练：

（1）阅读"庸言必信之，庸行必慎之"，说说平时你是怎样做的。

（2）阅读理解"所守者道义，所行者忠信，所惜者名节"的意思，联系实际写一篇读后感。

5. 和父母一起写春联，春节时贴在自家和爷爷奶奶、外公外婆家的门上。

6. 向父母做一个承诺，并在约定的时间内完成，然后整理成一个真实完整的故事，回学堂时与同学分享。

# 本单元教学建议

◎**教学目标**

学习以“信”为主题的历史典故，诵读与讲解国学典籍，深刻领会诚信的重要意义，树立正确的世界观、人生观、价值观。

◎**教学重点**

1. 了解《增广贤文》《龙文鞭影》等启蒙国学典籍的总体特征和主要内容。
2. 理解并初步掌握“信”的概念、历史典故、古诗词、家训、汉字渊源等。
3. 了解一些我国传统文化通识。

◎**教学难点**

理解“信”的内涵，在生活中养成并保持诚实守信的美德。

◎**广览博学**

1. 搜索、阅读《增广贤文》。
2. 搜索、阅读《龙文鞭影》。
3. 搜索、阅读《春秋》。
4. 搜索、阅读《庄子》。
5. 搜索、阅读《荀子》。
6. 搜索、阅读《元曲三百首》。
7. 搜索、阅读《菜根谭》。
8. 搜索、选读《古文观止》。

# 编后记

以浙江大学、西泠印社、中国美术学院、中国围棋协会、浙江师范大学、浙江音乐学院等单位的知名学者为学术指导，由浙江大学出版社出版，新华书店重点推广发行的《中华人文素养教程》(简称《素养教程》)，历时三载，六易其稿，即将付梓出版。《素养教程》是二十多位学者专家、十多位专职编辑人员和三十多位国学才艺任课教师，以及浙江大学出版社专业人士心血和智慧的结晶，是人文素养教育“十三五”时期的重大研究成果，是我国深入实施中华文化伟大复兴大计和教育部行将颁布新教材之际重要的人文素养教程。

浙江大学以及文化部、全国文联、中华文化促进会、浙江大学出版社的有关领导、专家对《素养教程》的研发工作十分重视，多次对编著方案、编辑团队、课程大纲、教程体例等予以指导。乙未年仲秋，印发了《素养教程课程大纲》和《素养教程编辑标准、体例和工作方案》，向二十几位具有教材编著、出版经验的学者、专家征求意见，组织召开论证会，进行了三轮修正，最终经楼含松、余潇枫、潘新国、杨念迅、贺海涛、毛德宝等知名学者专家审定。《素养教程》编著工作由具有教材教法专业知识、教学教研实践经验和人文素养教育学术造诣的李德臻先生持纲主编，编审由具有深厚汉语言文字功底和丰富教材编辑经验的潘新国、杨念迅先生担任，国学、古筝、围棋(级位卷)、书法(楷书卷)、国画(花鸟卷)、生活美学六科教程分别由黄灵庚教授、盛秧教授、何云波教授、魏峰教授、蒋跃教授、陈云飞研究员担任学术指导，毛德宝教授任美学指导，张中宁女士任执行主编。张中宁、朱心怡、李云蕾、高阳梦觉、盛梦雪分别负责相关科目文献整理、基础编辑和校对工作，黄菊负责插画等工作，李晔子、李雨童分别负责编辑部行政、大纲论证、编辑通联和制图、摄影、版面初设等工作。编著期间，多次印发各科目教程篇目样章以征求相关学者专家和任课教师的意见，先后组织二十多次编审会议，精心修改，至戊戌年孟秋《素养教程》完稿，提交浙江大学出版社审定陆续付梓出版。三年来，诸专家学者和编辑人员，凭着对承扬中华优秀传统文化的高度使命感和责任感，为《素养教程》研发工作付出了不懈的辛劳。在此，表示衷心的感谢！

《素养教程》研发是一项庞大的系统工程，需要大量的财力、智力和时间投入，需要方方面面的配合和支持。在整个研发过程中，得到故宫博物馆、中华珍宝馆、中国知网、北京大学图书馆、浙江大学图书馆、中国美术学院图书馆、西泠印社、浙江省图书馆、浙江美术馆、杭州市图书馆等单位的文献支持；得到陈劲、李圣华、吴惠青、胡朝东、沈志权、王平、周刚、洛齐、王琦、古宗耀、田仙珺、董闺聪、晏鸰、汤汤、邹唯成等学者和葛玉丹、冯社宁、沈爱云等出版界专家的指导；得到胡荣达、邹志刚、陈军、何蒸、李真、颜天明、于顺喜、李向阳、王俊良、李志龙、叙音、董岩、颜永刚、林桂光、蔡唯敏、左睿、张尧、胡金、高飞等亲朋好友和业界同仁的帮助；得到袁秀粉、邓雅丹、王亦微、李淑媛、骆稽泓、徐亦林、江洁、吕京、金迅兆、董俐妤、韩云清等国学才艺教师的配合，许艳、沈玲、王鹏飞、陈翰丹、施双、吴莹等教师参与了教程研发前期的文献整理、编辑、插画、题款、摄影、制图等工作。在此，一并表示诚挚的感谢！

由于编著出版工作时间紧、任务重、体例新、现成文献缺乏、工作难度大，《素养教程》存有不足之处，恳请专家、学者、任课教师和广大读者予以批评指正，以便今后进一步修正完善。谢谢！

我们的联系方式：

电话：0571-88955339

邮箱：rwsydzmz@163.com　rwsyzzn@163.com

编　者

二〇一八年八月二十七日

# 专家评语荐言

§ 传承弘扬优秀传统文化，需要对传统文化进行分析鉴别，去芜存菁；需要通过当代化阐释，体悟式传播，让优秀传统文化精神深入人心。《中华人文素养教程》在这方面做了有益的探索。

——楼含松（浙江大学人文学院院长，古典文学理论家）

§ 德臻先生主编的《中华人文素养教程》从诗教、史学入手领悟汉字、乐曲、画面的意境，从而涵养学生的审美情怀和激发学艺兴趣，继而循序渐进地习修才艺。这是对传统才艺教学的一个创新，也是创新必备的人文艺术基础。

——陈劲（清华大学技术创新中心主任，教育部科技委管理学部委员）

§ 敦邀先生的责任担当在《中华人文素养教程》上得以完美诠释。“少年强则中国强，国学盛则中国盛。”本套教材中的琴棋书画诗礼以及茶艺、花艺、香艺、女红、服饰、妆容等才艺，无不彰显中华文化之博大精深。该教材编辑正规严谨，合乎规范，特荐为全国才艺海内外必用国标教材。

——贺海涛（全国才艺测评委员会主任，文化部中国书画院院长）

§ 上世纪八十年代，我与德臻先生合作过“学生整体素质教育实验”项目。时隔三十年，他仍不辞辛苦地耕耘在这方热土上。最近他主编出版的《中华人文素养教程》，将德育、美育、诗教、礼教、家学融进才艺教学中，真正体现了人文素养教育的本质，可以说是他不了的教育情怀、学术思想和淑世精神的一个完美结晶。

——董闺聪（全国优秀教师，浙江省首批功勋教师、特级教师）

§ 李德臻博士主编的《中华人文素养教程》集琴、棋、书、画、礼、仪、乐基础知识于一体，易学易懂，是少年儿童成长不可或缺的教科书。

——田仙君（中国人民大学少年新闻学院副院长，儿童诗歌著名诗人）

§ 李德臻院长主编的《中华人文素养教程》系统全面、丰富扎实，凝结众多专家学者的智慧和心血，能给当下青少年在家国情怀、人格修养、审美情趣等方面有趣、有效的熏陶和引领。

——汤汤（儿童文学著名作家、浙江省作家协会副主席）

§ 谁言文艺只言情？培铸根魂建世勋。笔底风云千万里，澄清玉宇大德行。——祝贺南木子先生主编的《中华人文素养教程》成功出版。

——王平（中国国家画院研究员，《中国美术报》执行总编辑）

§ 李德臻教授主编的《中华人文素养教程》不仅是一套艺术技法传授的教程，更是一套促进学生人文素养提升的教科书，强调的是中华优秀传统文化的传承，是我们实现“中国梦”的文化基石。

——毛德宝（中国美院出版社画册编辑室原主任、美术副编审）

**图书在版编目（CIP）数据**

中华人文素养教程·国学 / 李德臻主编 .— 杭州：浙江大学出版社，2021.6
ISBN 978-7-308-18864-7

Ⅰ.① 中… Ⅱ.① 李… Ⅲ.① 人文素质教育—中国—教材 ② 国学—教材 Ⅳ.①G40-012 ②Z126

中国版本图书馆 CIP 数据核字（2018）第 293881 号

**中华人文素养教程·国学**

北京（全国）艺术素质测评指定教程

李德臻 主编 潘新国 编审 黄灵庚 学术指导

---

**策划编辑** 葛玉丹
**责任编辑** 冯社宁
**文字编辑** 张中宁
**责任校对** 董雯兰
**封面设计** 项梦怡
**出版发行** 浙江大学出版社
（杭州市天目山路 148 号邮政编码 310007）
（网址：http：//www.zjupress.com）
**排　　版** 杭州青翊图文设计有限公司
**印　　刷** 浙江新华数码印务有限公司
**开　　本** 889mm×1194mm 1/16
**印　　张** 16.75
**字　　数** 383 千
**版 印 次** 2021 年 6 月第 1 版 2021 年 6 月第 1 次印刷
**书　　号** ISBN 978-7-308-18864-7
**定　　价** 48.00 元

---



浙江大学出版社市场运营中心联系方式：0571—88925591；http：//zjdxcbs.tmall.com